HMH

I0803900

expresiones en matemáticas

Dra. Karen C. Fuson

Observa cómo cobra vida el alce en su ambiente nevado a medida que descubres y resuelves retos matemáticos.

Descarga la aplicación *Math Worlds AR* disponible para dispositivos Android o iOs.

Grado 3

Volumen 2

This material is based upon work supported by the
National Science Foundation
under Grant Numbers
ESI-9816320, REC-9806020, and RED-935373.

Any opinions, findings, and conclusions, or recommendations expressed in this material are those of the author and do not necessarily reflect the views of the National Science Foundation.

Copyright © 2018 by Houghton Mifflin Harcourt Publishing Company

All rights reserved. No part of this work may be reproduced or transmitted in any form or by any means, electronic or mechanical, including photocopying or recording, or by any information storage or retrieval system, without the prior written permission of the copyright owner unless such copying is expressly permitted by federal copyright law. Requests for permission to make copies of any part of the work should be submitted through our Permissions website at https://customercare.hmhco.com/contactus/Permissions.html or mailed to Houghton Mifflin Harcourt Publishing Company, Attn: Intellectual Property Licensing, 9400 Southpark Center Loop, Orlando, Florida 32819-8647.

Printed in the U.S.A.

ISBN 978-1-328-51966-5

6 7 8 9 10 0928 27 26 25 24 23 22

4500848052 A B C D E F G

If you have received these materials as examination copies free of charge, Houghton Mifflin Harcourt Publishing Company retains title to the materials and they may not be resold. Resale of examination copies is strictly prohibited.

Possession of this publication in print format does not entitle users to convert this publication, or any portion of it, into electronic format.

Unidad 4 Fracciones, hora y datos

LA GRAN IDEA 1 - Conceptos sobre las fracciones

LA GRAN IDEA 2 - La hora

© Houghton Mifflin Harcourt Publishing Company

Unidad 4

Fracciones, hora y datos (continuación)

LA GRAN IDEA 3 - Pictografías, gráficas de barras y diagramas de puntos

© Houghton Mifflin Harcourt Publishing Company

Unidad 5 | Medición y fracciones

LA GRAN IDEA 1 - Área y perímetro

LA GRAN IDEA 2 - Fracciones equivalentes

LA GRAN IDEA 3 - Dinero y temperatura

© Houghton Mifflin Harcourt Publishing Company

Unidad 6

Escribir ecuaciones para resolver problemas

LA GRAN IDEA 1 - Tipos de problemas

LA GRAN IDEA 2 - Resolver problemas de dos pasos

© Houghton Mifflin Harcourt Publishing Company

Unidad 7 | Medición y polígonos

LA GRAN IDEA 1 - Capacidad, peso y masa

LA GRAN IDEA 2 - Analizar triángulos y cuadriláteros

© Houghton Mifflin Harcourt Publishing Company

Recursos del estudiante

© Houghton Mifflin Harcourt Publishing Company

Dear Family:

In this unit, your child will be introduced to fractions. Students will build fractions from Unidad fractions and explore fractions as parts of a whole.

Unit Fraction

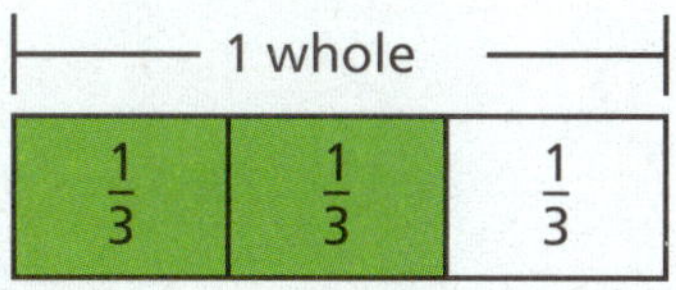

$\frac{1}{3} + \frac{1}{3} = \frac{2}{3}$

Fraction of a Whole

$\frac{3}{4}$ ← numerator, ← denominator

Students will compare and order fractions with either the same denominator or the same numerator.

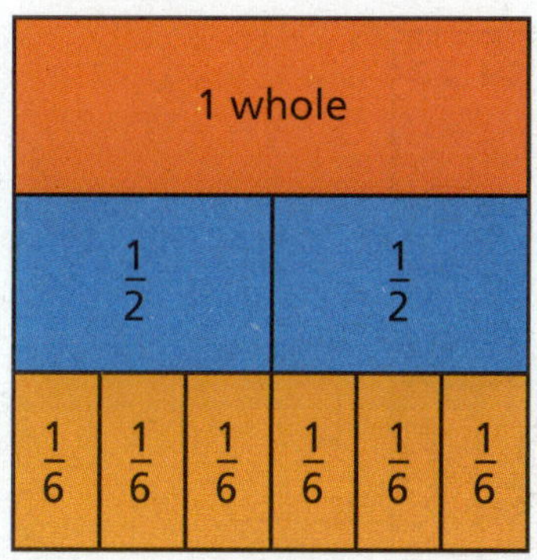

$\frac{2}{6} < \frac{3}{6}$

$\frac{1}{2} > \frac{1}{6}$

Students will also generate measurement data with halves and fourths and relate the fractions to length, time, and money. They graph their data in a line plot.

You can help your child become familiar with units of length, time, and money by working with these concepts together. For example, you might estimate and measure the length of something in inches or the amount of time something takes in seconds.

Please contact me if you have any questions or comments.

Sincerely,
Your child's teacher

© Houghton Mifflin Harcourt Publishing Company

Estimada familia:

En esta unidad, se le presentarán por primera vez las fracciones a su niño. Los estudiantes formarán fracciones con fracciones unitarias y explorarán las fracciones como partes de un entero.

Fracción unitaria

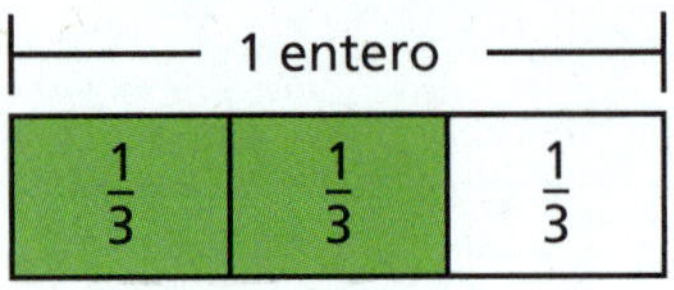

$\frac{1}{3} + \frac{1}{3} = \frac{2}{3}$

Fracción de un entero

$\frac{3}{4}$ ← numerador ← denominador

Los estudiantes compararán y ordenarán fracciones del mismo denominador o del mismo numerador.

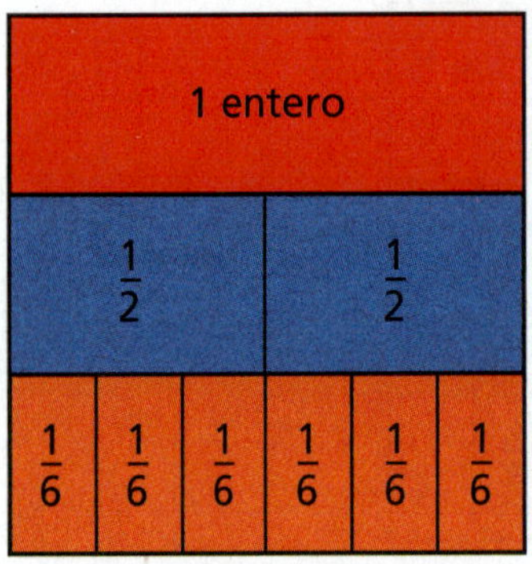

$\frac{2}{6} < \frac{3}{6}$

$\frac{1}{2} > \frac{1}{6}$

Los estudiantes también generarán datos de medición con mitades y cuartos y relacionarán las fracciones a longitud, tiempo y dinero. Graficarán sus datos en un diagrama de puntos.

Puede ayudar a su niño a familiarizarse con las unidades de longitud, tiempo y dinero trabajando con estos conceptos en conjunto. Por ejemplo, es posible estimar y medir la longitud de algo en pulgadas o el tiempo que toma algo en segundos.

Si tiene alguna duda o algún comentario, por favor comuníquese conmigo.

Atentamente,
El maestro de su niño

© Houghton Mifflin Harcourt Publishing Company

denominador	tabla de frecuencias
tiempo transcurrido	gráfica de barras horizontales
fracción	pulgada (pulg)

© Houghton Mifflin Harcourt Publishing Company

Tabla que muestra cuántas veces ocurre cada suceso, elemento o categoría.

Tabla de frecuencias	
Edad	**Conteo**
7	1
8	3
9	5
10	4
11	2

Número de abajo de una fracción que muestra el número total de partes iguales del entero.

Ejemplo:

$\frac{1}{3}$ ← denominador

Gráfica de barras con barras horizontales.

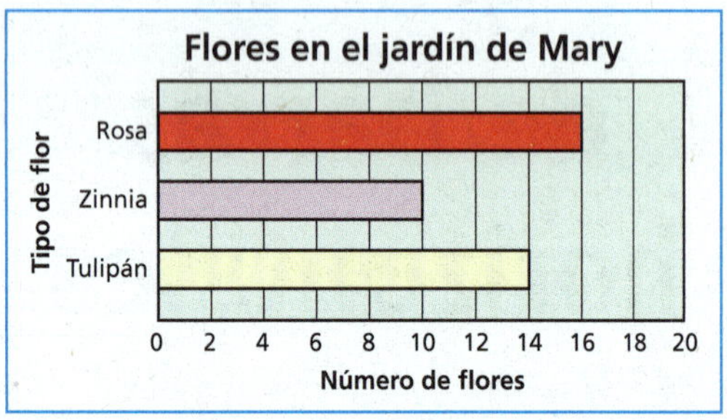

Tiempo que pasa entre el comienzo y el final de una actividad.

Unidad del sistema usual de EE.UU. para medir longitud.

12 pulgadas = 1 pie

Número que denota parte de un entero o parte de un conjunto.

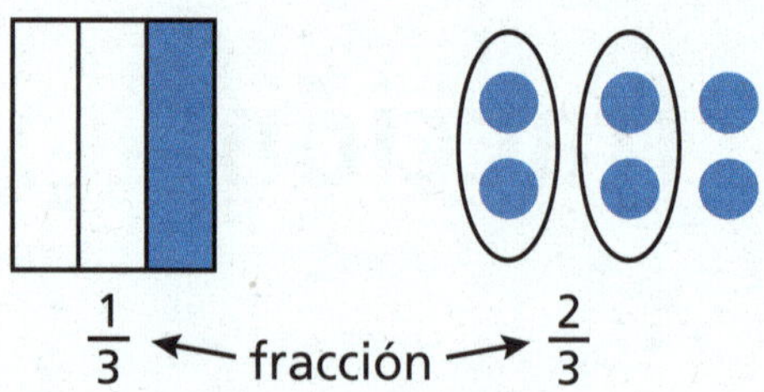

© Houghton Mifflin Harcourt Publishing Company

clave	**número mixto**
diagrama de puntos	**numerador**
segmento de recta	**tabla de conteo**

© Houghton Mifflin Harcourt Publishing Company

Un número entero y una fracción.

$1\frac{3}{4}$ es un número mixto.

Parte de un mapa, gráfica o tabla que explica lo que significan los símbolos.

Número de arriba de una fracción que muestra la cantidad de partes iguales que se cuentan.

Ejemplo:

$\frac{1}{3}$ ← numerador

Diagrama que muestra la frecuencia de los datos en una recta numérica.

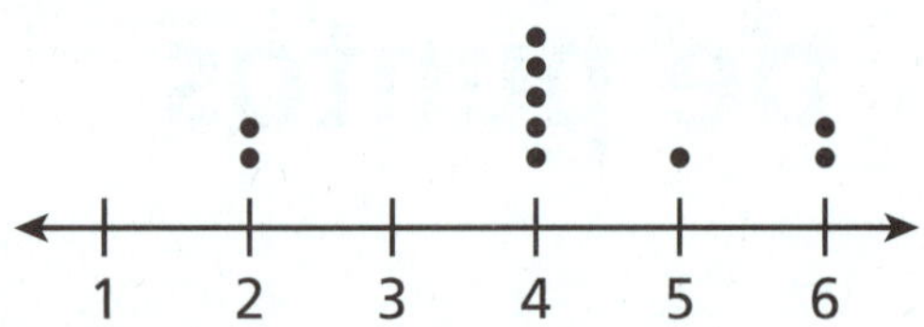

Tabla en la que se registran y organizan datos usando marcas de conteo.

Tabla de conteo	
Edad	**Conteo**
7	I
8	III
9	卌
10	IIII
11	II

Parte de una recta. Un segmento de recta tiene dos extremos.

© Houghton Mifflin Harcourt Publishing Company

fracción unitaria

gráfica de barras verticales

© Houghton Mifflin Harcourt Publishing Company

Fracción cuyo numerador es 1. Muestra una parte igual de un entero.

Ejemplo:

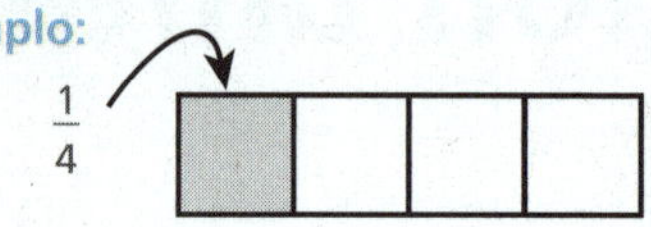

Gráfica de barras con barras verticales.

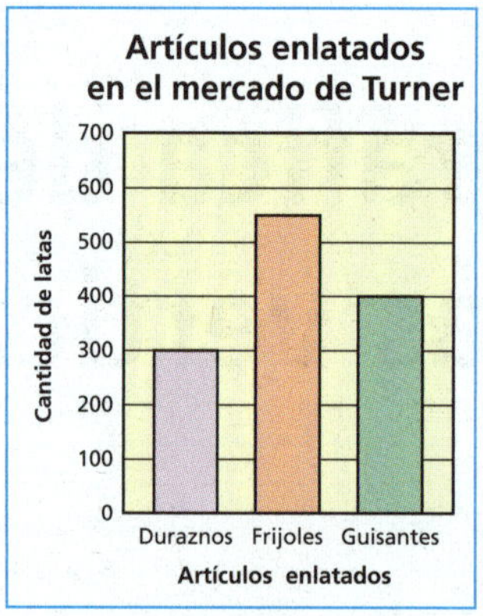

© Houghton Mifflin Harcourt Publishing Company

Nombre ____________________

Rectángulos de fracciones

Recorta el rectángulo de abajo primero.
Luego corta por las líneas punteadas para formar 4 rectángulos.
Espera para recortar el rectángulo de arriba.

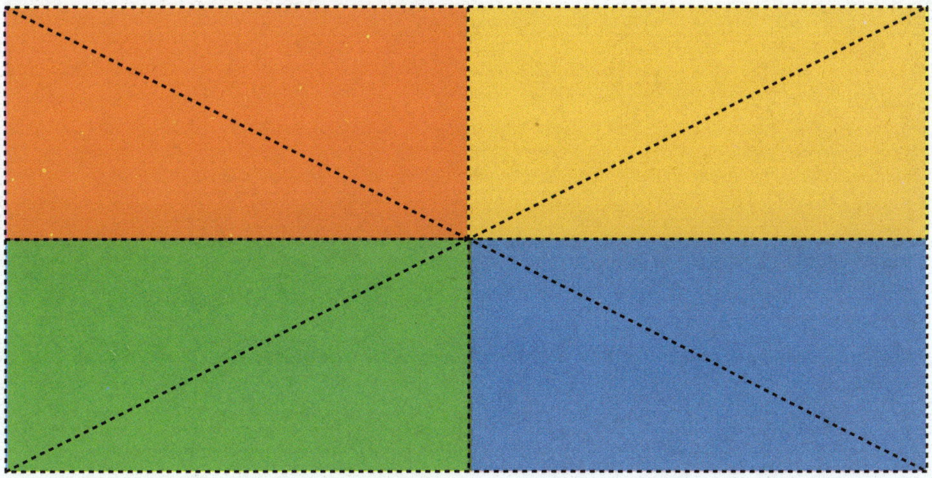

© Houghton Mifflin Harcourt Publishing Company

© Houghton Mifflin Harcourt Publishing Company

Nombre ______________________________

Explorar fracciones unitarias

Usa los rectángulos de la página 263A para hacer la figura completa. Cuenta las partes iguales. ¿Qué fracción unitaria de la figura completa es uno de los rectángulos?

1

Número de partes iguales ______ Fracción unitaria ______

2

Número de partes iguales ______ Fracción unitaria ______

3

Número de partes iguales ______ Fracción unitaria ______

© Houghton Mifflin Harcourt Publishing Company

Explorar fracciones unitarias (continuación)

Usa los triángulos de la página 263A para formar una figura completa como se muestra en el modelo. Cuenta las partes iguales de la figura completa. ¿Qué fracción unitaria de toda la figura es el triángulo azul?

4. 

Hay _______ partes iguales en toda la figura.

El triángulo azul es _______ de toda la figura.

5. 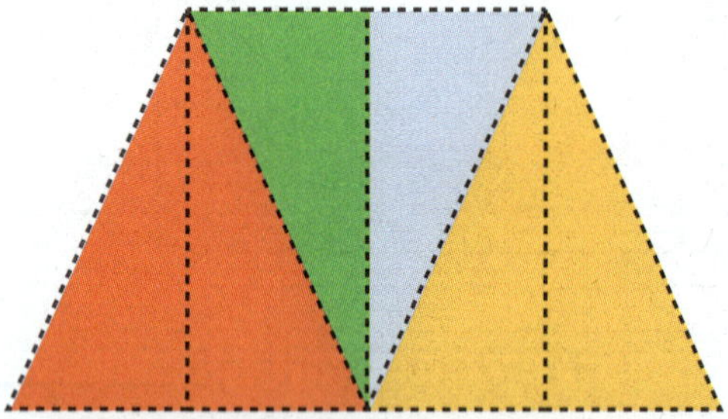

Hay _______ partes iguales en toda la figura.

El triángulo azul es _______ de toda la figura.

6. 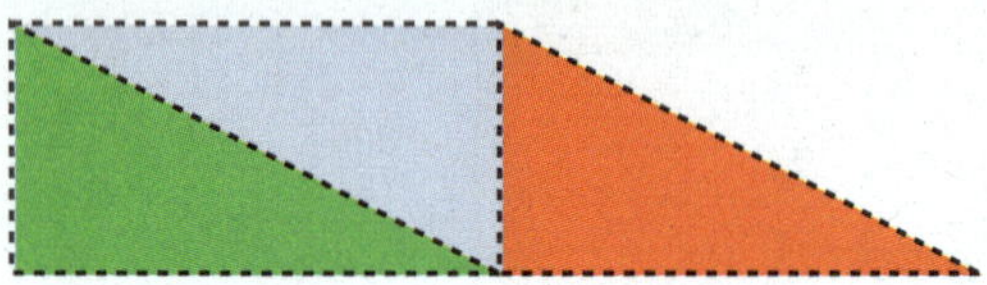

Hay _______ partes iguales en toda la figura.

El triángulo azul es _______ de toda la figura.

7. 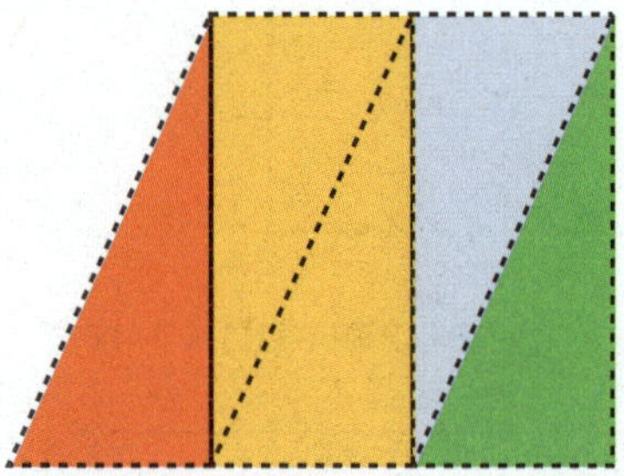

Hay _______ partes iguales en toda la figura.

El triángulo azul es _______ de toda la figura.

8. 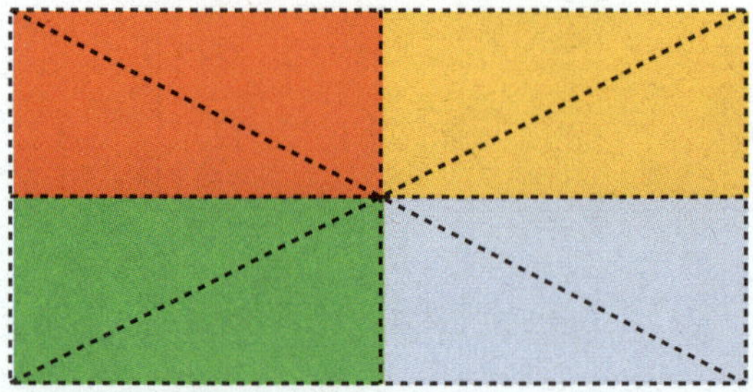

Hay _______ partes iguales en toda la figura.

El triángulo azul es _______ de toda la figura.

© Houghton Mifflin Harcourt Publishing Company

Nombre ______________________________

Fracciones unitarias y barras de fracciones

VOCABULARIO
- fracción
- denominador
- numerador
- fracción unitaria

Una **fracción** se puede representar con una barra de fracciones. El **denominador** dice en cuántas partes iguales se divide el entero. El **numerador** indica a cuántas partes iguales nos referimos.

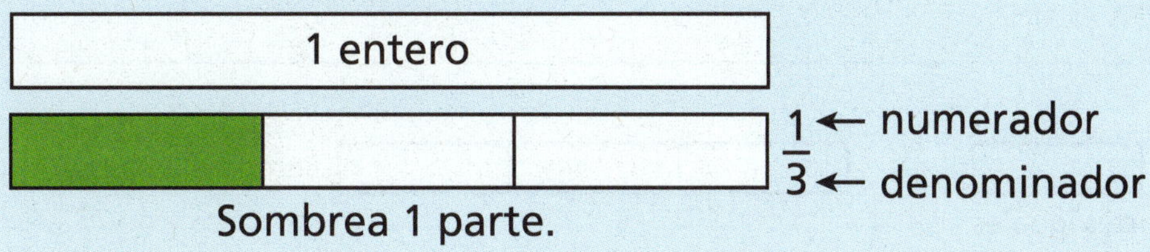

Una **fracción unitaria** tiene un numerador de 1. Sombrea las otras barras de fracciones abajo a la derecha para representar fracciones unitarias. ¿Qué patrones observas?

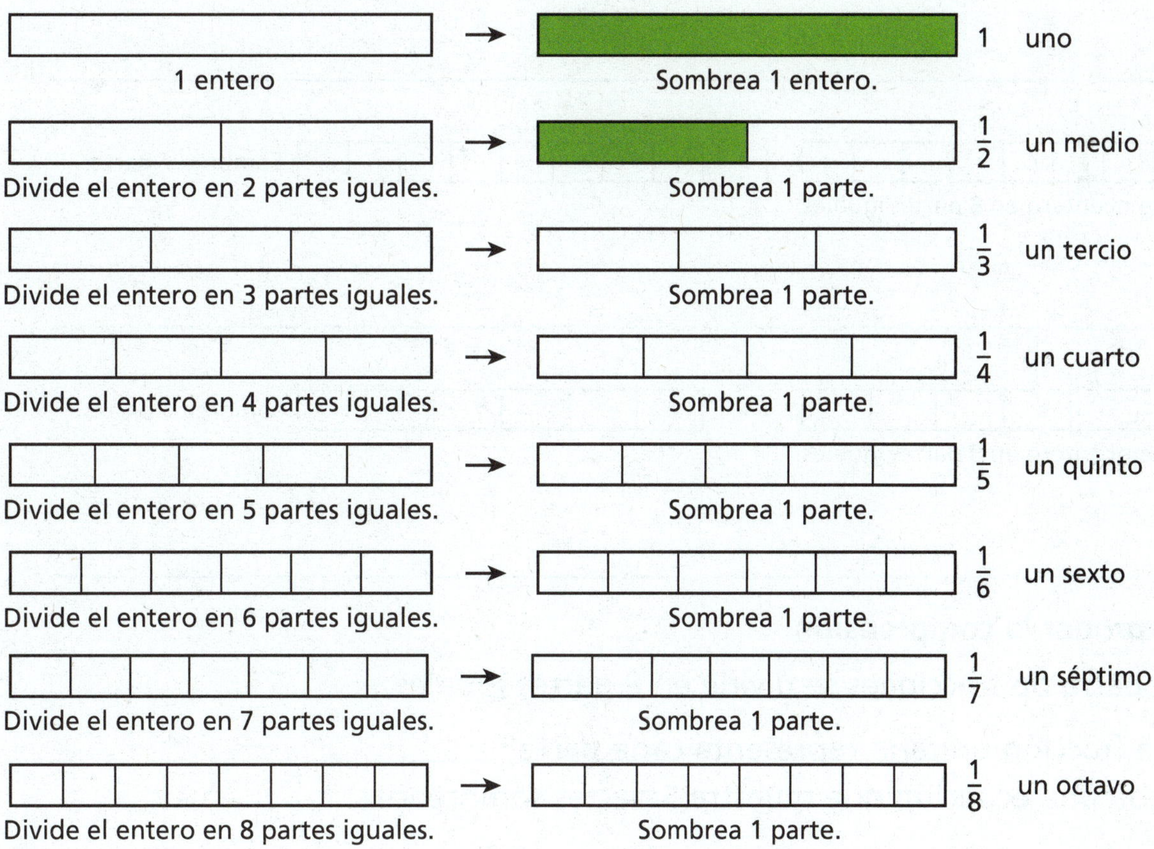

© Houghton Mifflin Harcourt Publishing Company

Formar fracciones a partir de fracciones unitarias

Escribe las fracciones unitarias para cada entero. Luego, sombrea el número correcto de partes. Después, muestra cada fracción sombreada como una suma de fracciones unitarias.

9 

Divide el entero en 5 partes iguales. Sombrea 2 partes.

$\frac{1}{5} + \frac{1}{5} + \frac{1}{5} + \frac{1}{5} + \frac{1}{5}$ $\frac{1}{5} + \frac{1}{5} = \frac{2}{5}$

10 

Divide el entero en 3 partes iguales. Sombrea 2 partes.

11 

Divide el entero en 7 partes iguales. Sombrea 5 partes.

12 

Divide el entero en 8 partes iguales. Sombrea 7 partes.

13 

Divide el entero en 6 partes iguales. Sombrea 3 partes.

Comprobar la comprensión

Una barra de fracciones se divide en 8 partes iguales.

¿Qué fracción unitaria representa cada parte? ____.

Escribe una ecuación que muestre 5 partes sombreadas.

© Houghton Mifflin Harcourt Publishing Company

Nombre ____________________

Usar barras de fracciones

Divide la barra de fracciones en fracciones unitarias. Sombrea cada barra de fracciones para mostrar la fracción. Escribe la suma de las fracciones unitarias debajo de las partes sombreadas.

1. $\frac{1}{6}$ — 1 entero

2. $\frac{2}{3}$ — 1 entero

3. $\frac{7}{8}$ — 1 entero

4. $\frac{2}{4}$ — 1 entero

5. $\frac{5}{6}$ — 1 entero

6. $\frac{3}{8}$ — 1 entero

© Houghton Mifflin Harcourt Publishing Company

Usar rectas numéricas

Primero, divide cada recta numérica en las fracciones unitarias correctas. Luego, rotula cada punto. Muestra la fracción objetivo encerrando en un círculo las fracciones unitarias que la forman.

7. $\frac{1}{6}$

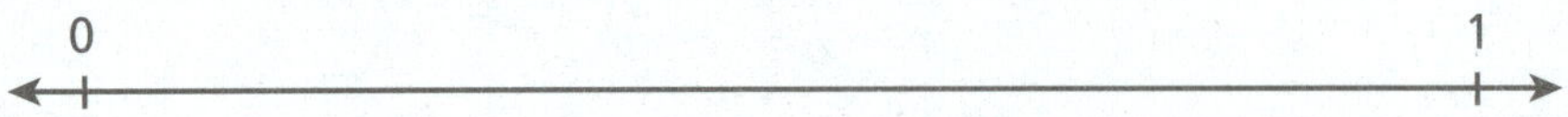

8. $\frac{2}{3}$

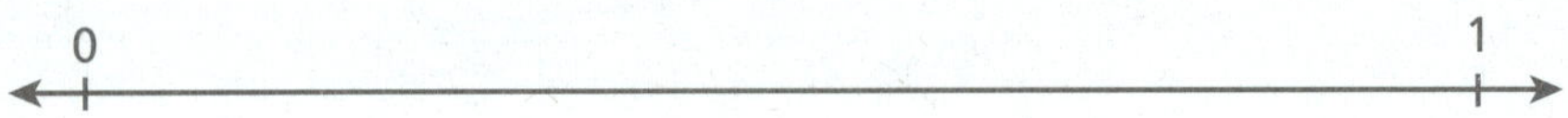

9. $\frac{7}{8}$

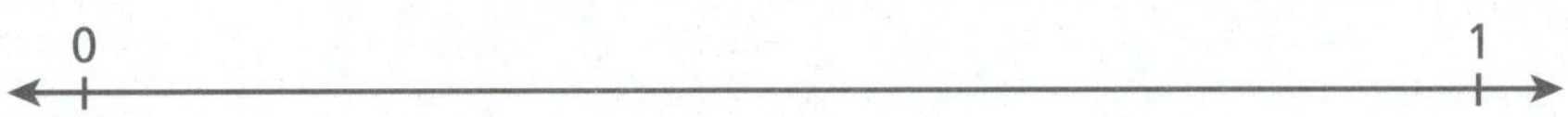

10. $\frac{2}{4}$

11. $\frac{5}{6}$

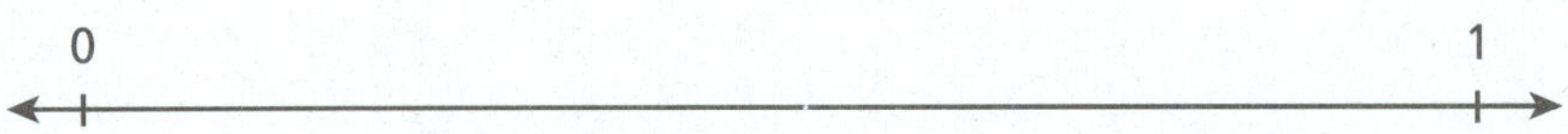

12. $\frac{3}{8}$

Comprobar la comprensión

Explica cómo el Ejercicio 6 y el Ejercicio 12 sirven para mostrar $\frac{3}{8}$.

© Houghton Mifflin Harcourt Publishing Company

Nombre ______________________________

Ubicar fracciones menores que 1

Divide cada recta numérica en las fracciones unitarias correctas. Luego, rotula cada punto. Muestra la fracción objetivo encerrando en un círculo las fracciones unitarias que la forman.

1. $\frac{1}{4}$

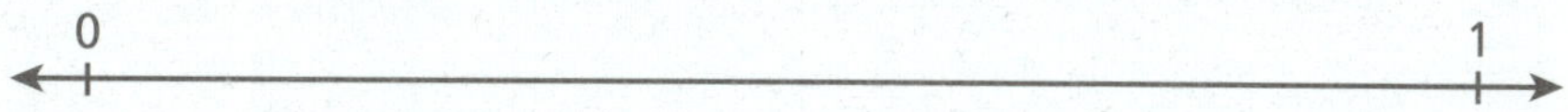

2. $\frac{1}{8}$

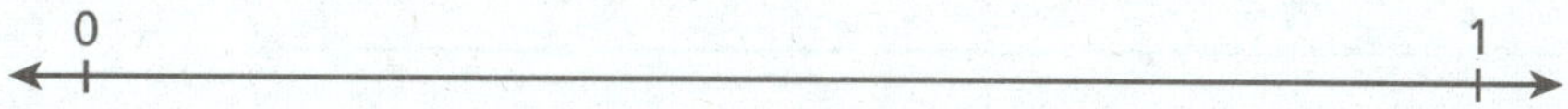

3. $\frac{3}{4}$

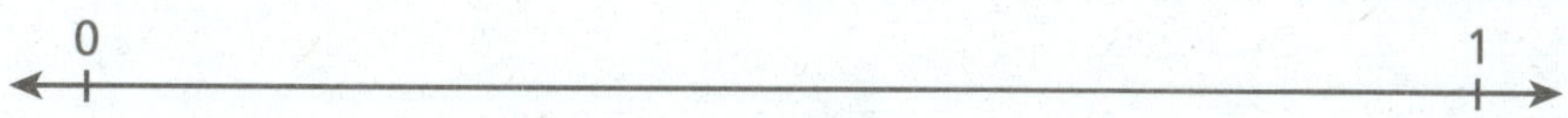

4. $\frac{5}{6}$

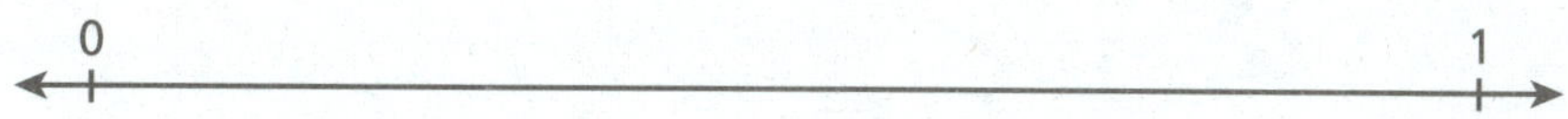

5. $\frac{2}{3}$

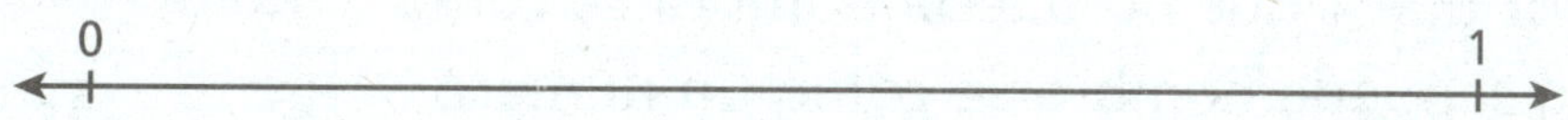

Representa las fracciones objetivo $\frac{2}{3}$ y $\frac{5}{6}$ en la recta numérica.

6.

© Houghton Mifflin Harcourt Publishing Company

Ubicar fracciones mayores que 1

VOCABULARIO
número mixto

Divide cada recta numérica en las fracciones unitarias correctas. Luego, rotula cada punto. Muestra la fracción objetivo encerrando en un círculo las fracciones unitarias que la forman.

7 $\frac{5}{4}$

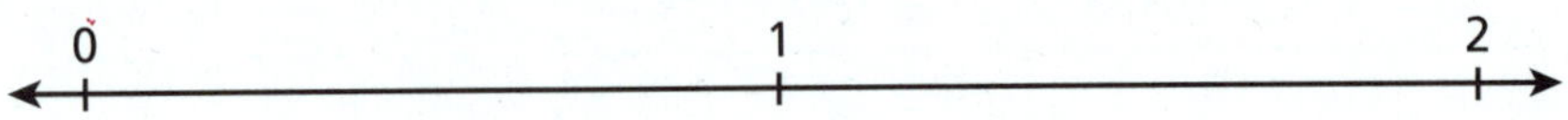

8 $\frac{8}{3}$

9 $\frac{5}{1}$

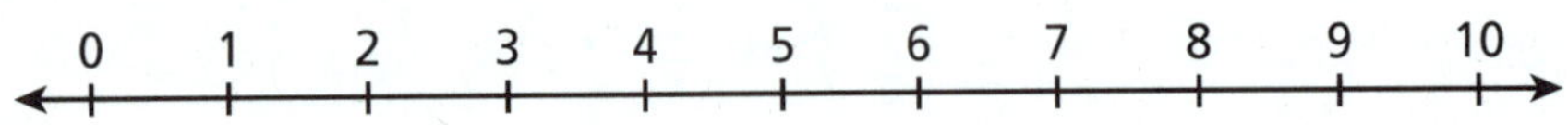

10 $\frac{6}{2}$

Presentar números mixtos

Una fracción mayor que 1 que no pueda nombrarse como un número entero sí puede nombrarse como un número mixto. Los **números mixtos** están formados por una parte entera y una parte fraccionaria.

Ejemplos de números mixtos:

$1\frac{1}{2}$

$3\frac{2}{3}$

$4\frac{2}{4}$

Completa.

11 $\frac{5}{4} = \frac{4}{4} + \frac{1}{4}$

$= 1 + \frac{1}{4}$

$= \square$

$\frac{8}{3} = \frac{3}{3} + \frac{3}{3} + \frac{\square}{3}$

$= 1 + 1 + \square$

$= \square$

$\frac{8}{6} = \frac{\square}{6} + \frac{\square}{6}$

$= 1 + \square$

$= \square$

© Houghton Mifflin Harcourt Publishing Company

Nombre ______________________________

Hallar el 1

Divide cada recta numérica en las fracciones unitarias correctas. Rotula cada punto. Luego, ubica el 1 en la recta numérica.

12 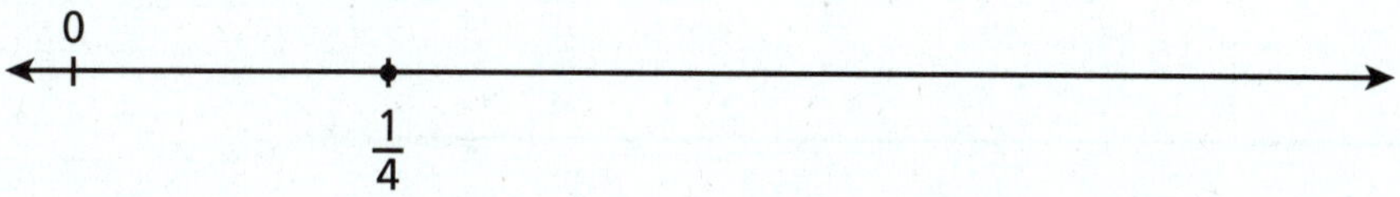

13 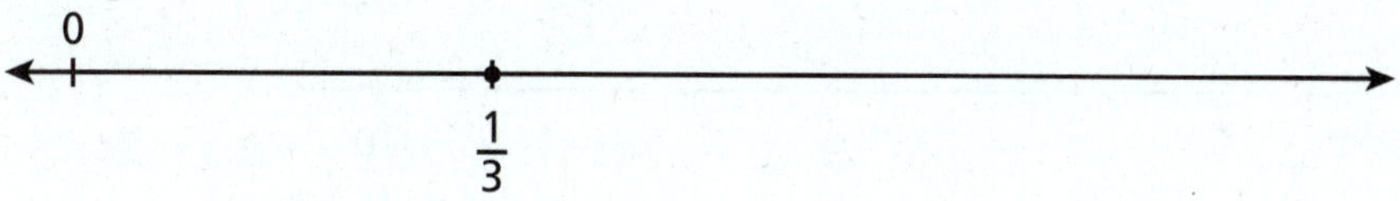

14 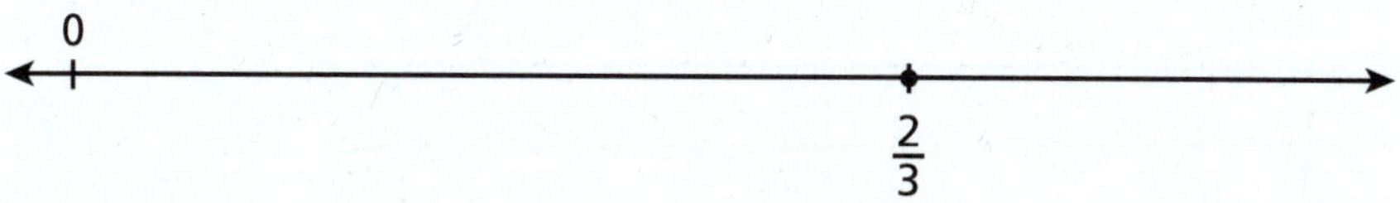

15 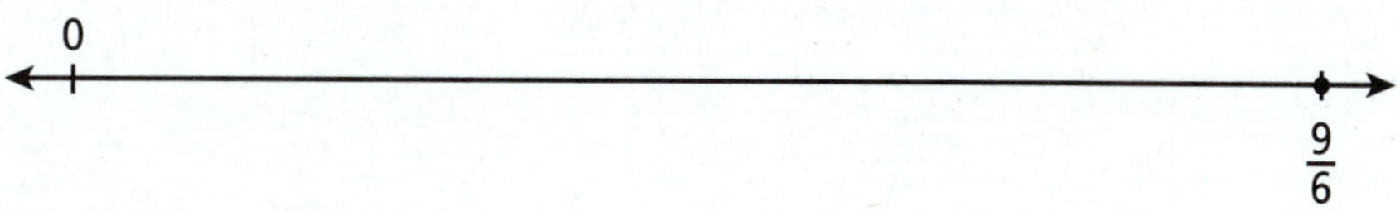

16 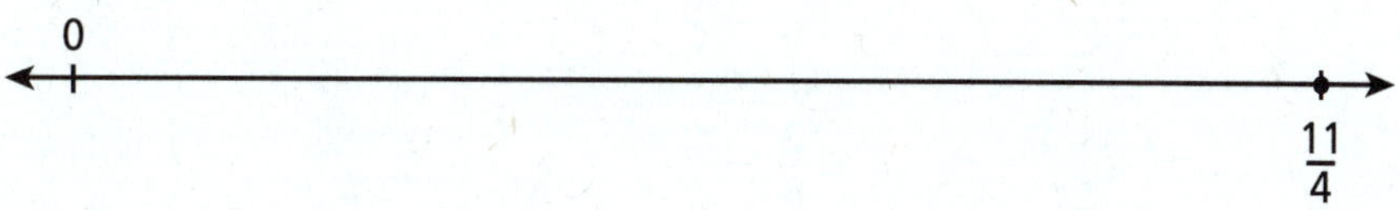

17 Explica cómo ubicaste el 1 en el Ejercicio 15.

____

____

____

© Houghton Mifflin Harcourt Publishing Company

Hallar fracciones

Divide cada recta numérica en las fracciones unitarias correctas. Rotula cada punto. Usa círculos para mostrar la fracción objetivo.

18) $\frac{3}{4}$

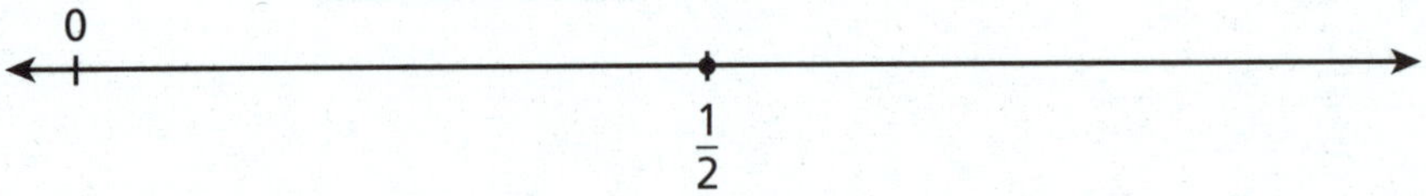

19) $\frac{5}{6}$

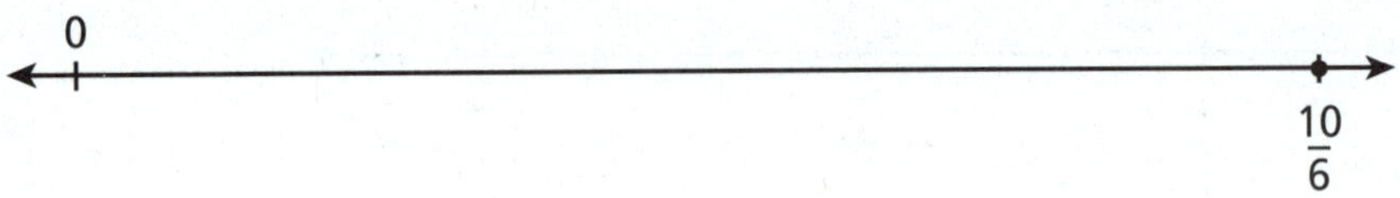

20) $\frac{3}{8}$

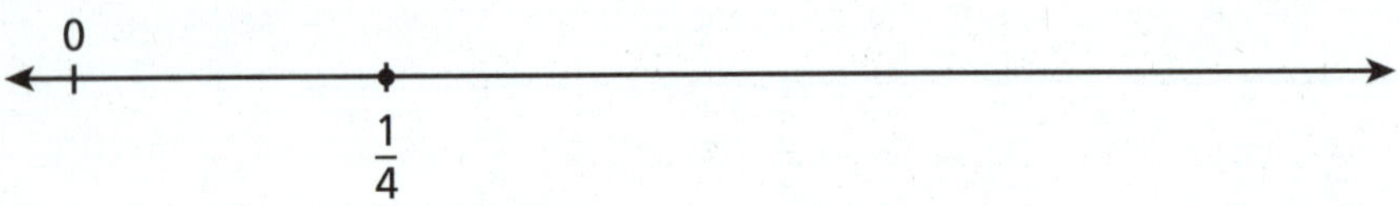

21) $\frac{5}{3}$

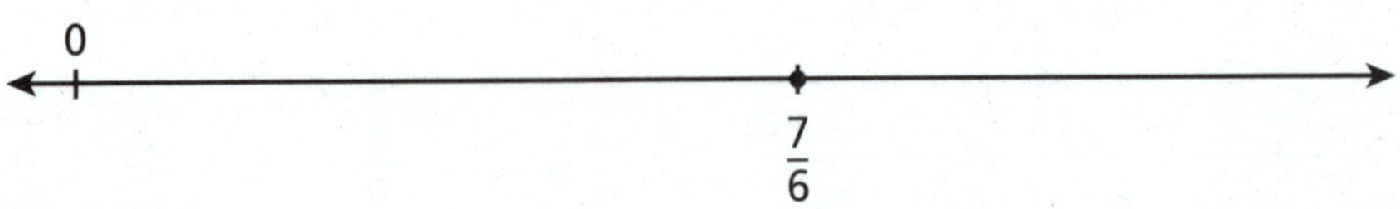

22) $\frac{1}{6}$

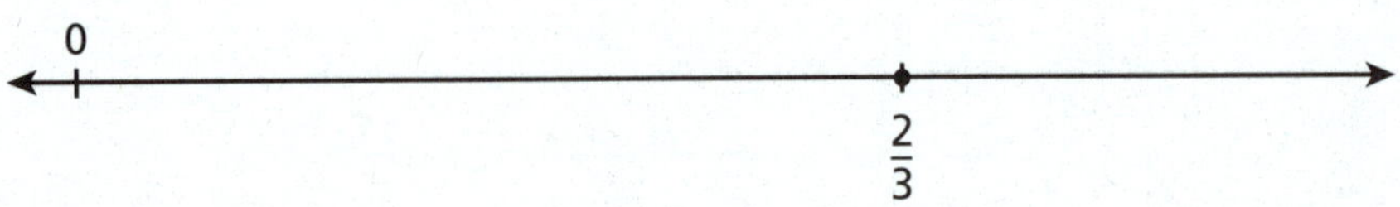

23) $\frac{10}{8}$

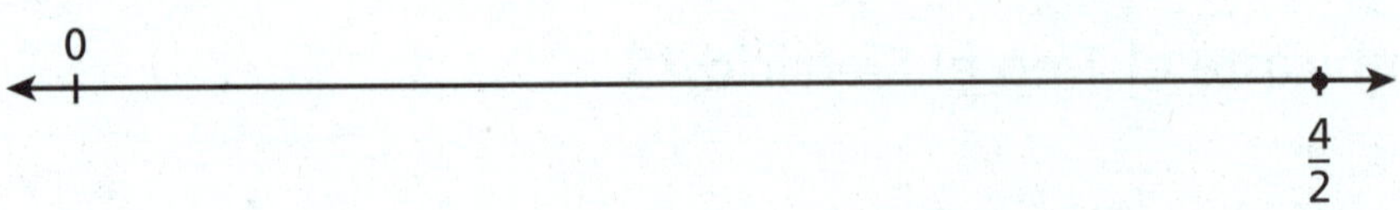

© Houghton Mifflin Harcourt Publishing Company

Comprobar la comprensión

Completa la oración. Las dos fracciones que se usan para hallar el 1 en la recta numérica en el Problema 23 son ________ y ________.

Nombre ____________________

Comparar fracciones unitarias con barras de fracciones

Las barras de fracciones se componen de fracciones unitarias. Busca patrones.

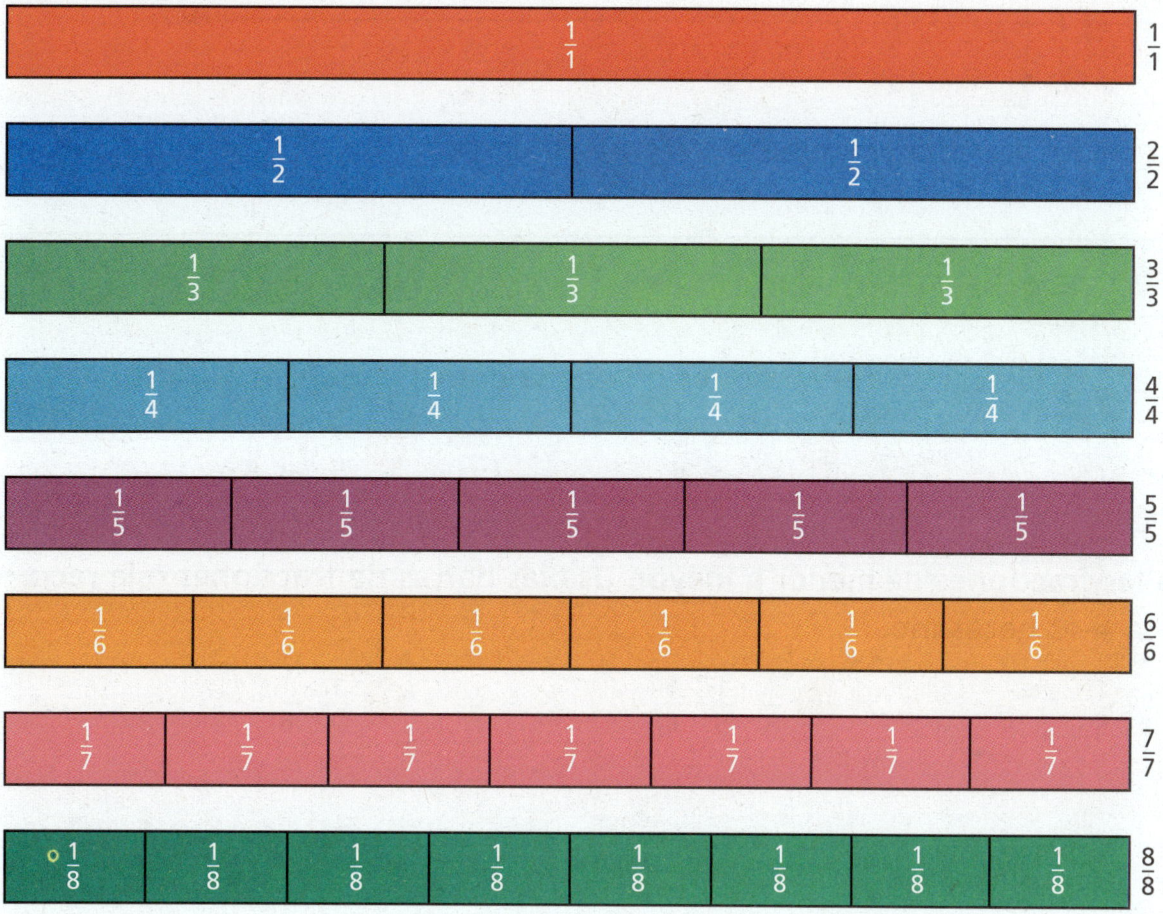

1 Describe dos patrones que veas en las barras de fracciones.

____

____

____

____

Compara. Usa <, > o =.

2 $\frac{1}{3} \bigcirc \frac{1}{7}$ **3** $\frac{1}{3} \bigcirc \frac{1}{2}$ **4** $\frac{1}{6} \bigcirc \frac{1}{7}$

© Houghton Mifflin Harcourt Publishing Company

Comparar y ordenar fracciones unitarias con rectas numéricas

La recta numérica muestra fracciones unitarias.
Busca patrones en la recta numérica.

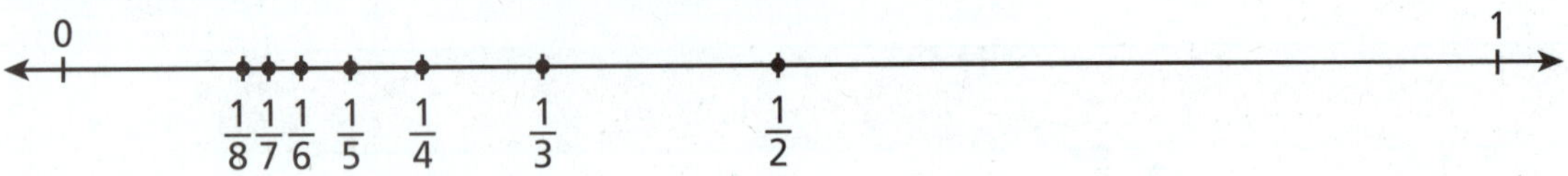

5 Describe un patrón que ves en la recta numérica.

____

____

Compara. Usa las barras de fracciones o la recta numérica si es necesario.

6 $\frac{1}{3}$ ○ $\frac{1}{8}$

7 $\frac{1}{4}$ ○ $\frac{1}{2}$

8 $\frac{1}{5}$ ○ $\frac{1}{8}$

Ordena las fracciones de menor a mayor. Usa las barras de fracciones o la recta numérica si es necesario.

9 $\frac{1}{3}$ $\frac{1}{2}$ $\frac{1}{5}$

____, ____, ____

10 $\frac{1}{8}$ $\frac{1}{5}$ $\frac{1}{6}$

____, ____, ____

11 $\frac{1}{4}$ $\frac{1}{6}$ $\frac{1}{7}$

____, ____, ____

Resuelve. Usa las barras de fracciones o la recta numérica.

12 ¿Entre qué dos fracciones se halla $\frac{1}{5}$ en la recta numérica? ____________

13 Piensa en hacer una barra de fracciones para los décimos.

a. ¿Cuántas fracciones unitarias habría en la barra de fracciones? ____________

b. ¿Cómo se escribe la fracción unitaria? ____________

Comprobar la comprensión

Haz un dibujo que muestre cómo puedes comparar $\frac{1}{6}$ y $\frac{1}{8}$.

© Houghton Mifflin Harcourt Publishing Company

Nombre ____________________

Círculos fraccionarios

Cada círculo es del mismo tamaño y representa el mismo entero. Entonces, puedes usar estos círculos para comparar fracciones. Rotula cada fracción unitaria. Luego recorta los círculos fraccionarios por las líneas punteadas.

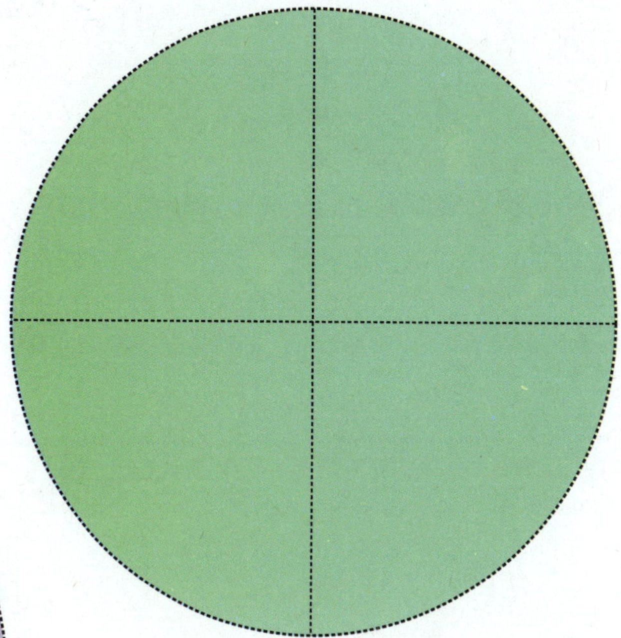

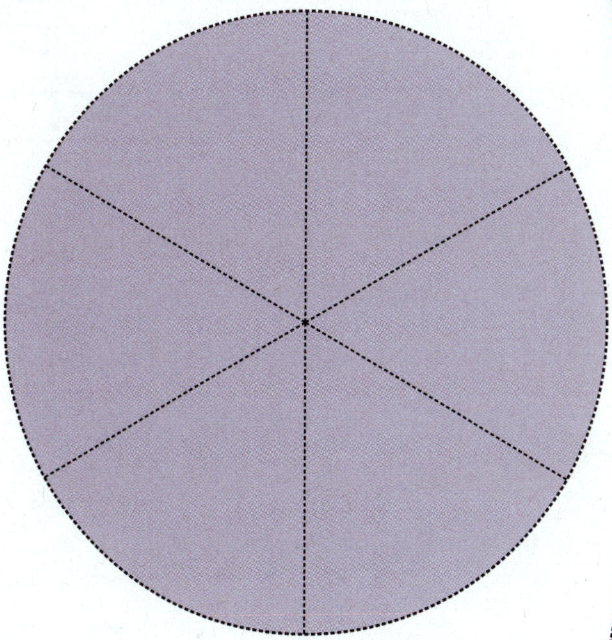

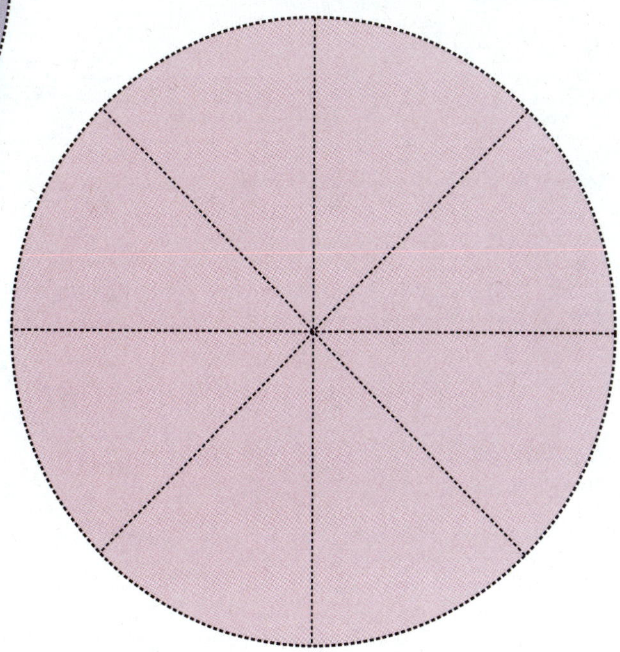

© Houghton Mifflin Harcourt Publishing Company

© Houghton Mifflin Harcourt Publishing Company

Nombre ______________________________

Comparar fracciones

Estos círculos son del mismo tamaño. También son del mismo tamaño que los círculos en la página 275A. Usa cada círculo como 1 entero.

Trabajaja con un compañero. Usa tus círculos fraccionarios para comparar fracciones durante la actividad en clase.

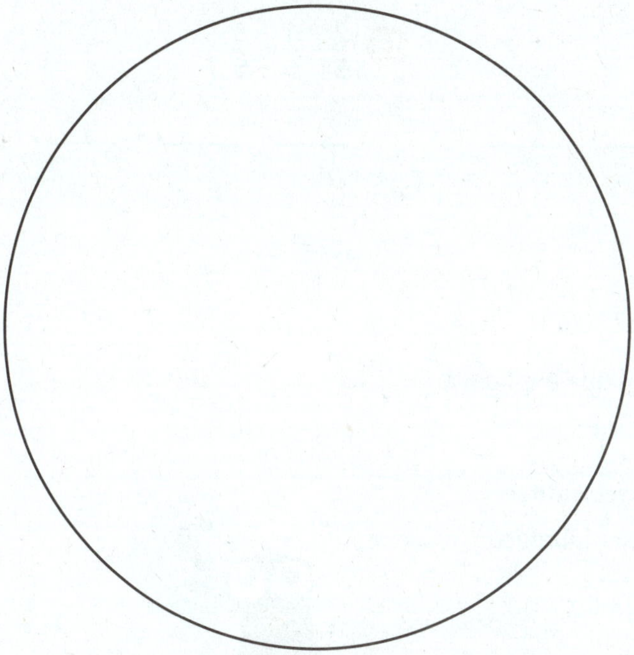

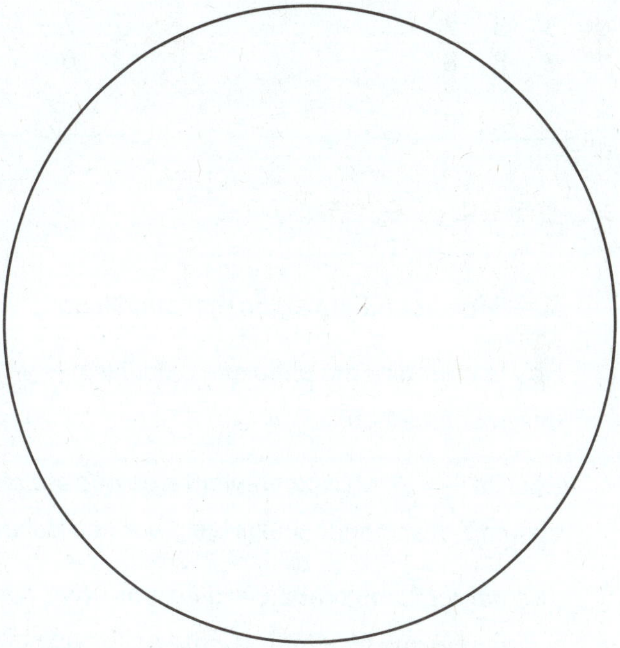

Anota tu trabajo durante la actividad en clase.

1. $\frac{7}{8} \bigcirc \frac{5}{8}$

2. $\frac{3}{6} \bigcirc \frac{5}{6}$

3. Explica cómo comparar dos fracciones que tienen el mismo denominador.

   ____

   ____

4. $\frac{3}{4} \bigcirc \frac{3}{8}$

5. $\frac{5}{8} \bigcirc \frac{5}{6}$

6. Explica cómo comparar dos fracciones que tienen el mismo numerador.

   ____

   ____

© Houghton Mifflin Harcourt Publishing Company

Comparar y ordenar fracciones

Compara. Usa <, > o =.

7. $\frac{2}{2} \bigcirc \frac{2}{3}$ 8. $\frac{1}{3} \bigcirc \frac{5}{3}$ 9. $\frac{3}{2} \bigcirc \frac{3}{6}$ 10. $\frac{5}{6} \bigcirc \frac{4}{6}$

Ordena las fracciones de menor a mayor.

11. $\frac{5}{8}$ $\frac{3}{8}$ $\frac{7}{8}$

____, ____, ____

12. $\frac{7}{3}$ $\frac{7}{6}$ $\frac{7}{5}$

____, ____, ____

13. $\frac{2}{5}$ $\frac{1}{5}$ $\frac{3}{5}$

____, ____, ____

¿Cuál es el error?

Queridos estudiantes de matemáticas:

Hoy la maestra me pidió que calculara $\frac{3}{7}$ y $\frac{3}{9}$ y que explicara mi razonamiento.

Escribí $\frac{3}{7} = \frac{3}{9}$. Mi razonamiento es que ambas fracciones tienen 3 fracciones unitarias y por eso deben ser iguales.

¿Es correcto mi trabajo? Si no, por favor corríjanlo y díganme qué hice mal. ¿Cómo saben que la respuesta está mal?

Su amigo,
El Pingüino Confundido

14. Escribe una respuesta para el Pingüino Confundido.

____

____

____

Comprobar la comprensión

Explica por qué comparar dos fracciones con el mismo denominador es diferente de comparar dos fracciones con el mismo numerador.

© Houghton Mifflin Harcourt Publishing Company

Nombre ______________________

VOCABULARIO
segmento de recta

Unidades de longitud

Encierra en un círculo las unidades de longitud y las fracciones de unidades para mostrar la longitud del segmento de recta. Escribe la longitud.

1

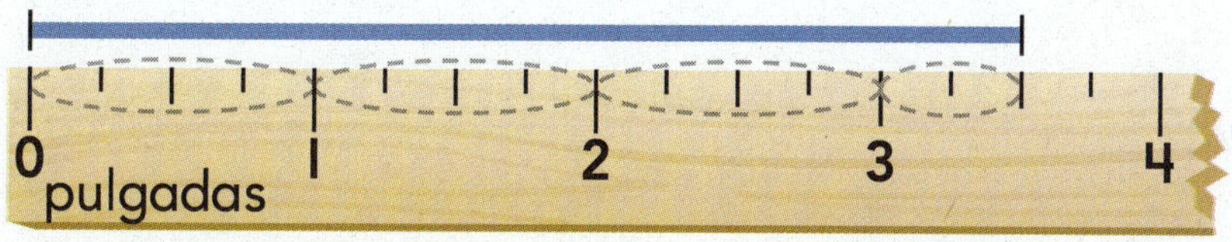

____

2

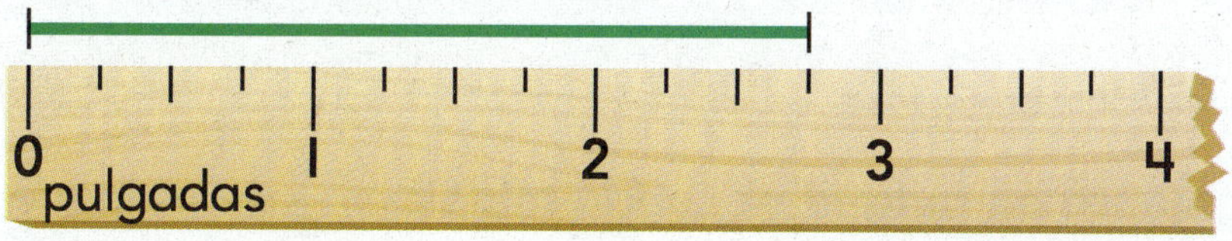

____

3

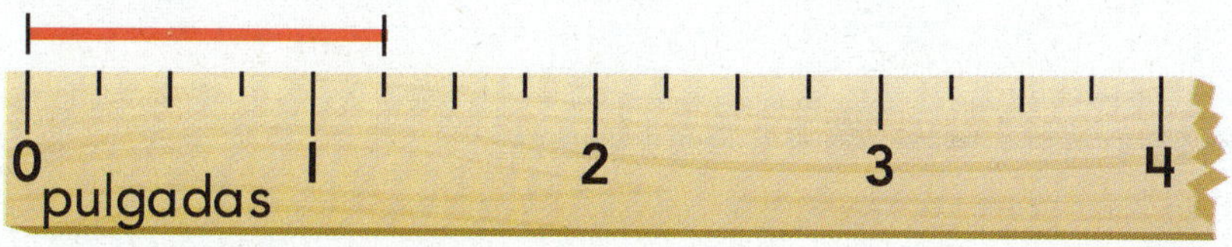

____

4

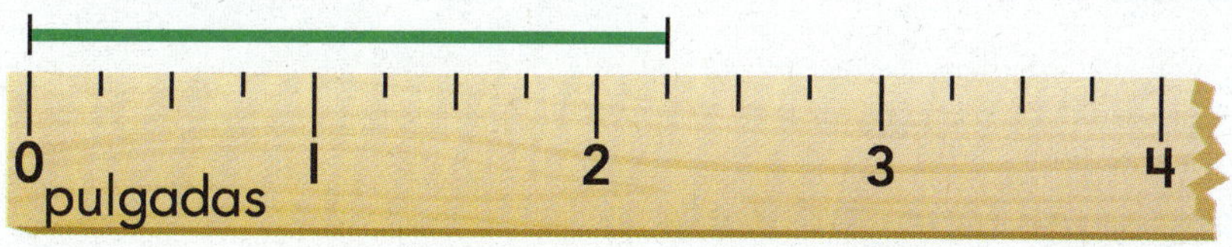

____

5

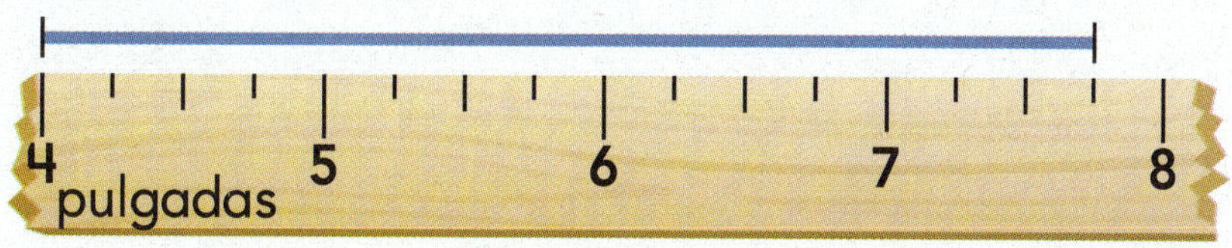

____

6 ¿Por qué está mal la regla?

____

© Houghton Mifflin Harcourt Publishing Company

Estimar y medir longitud

VOCABULARIO
pulgada (pulg)

pulg

Estima la longitud de cada segmento en pulgadas. Luego mídela hasta la $\frac{1}{2}$ pulgada más cercana.

7

Estimación: ____________ Real: ____________

8

Estimación: ____________ Real: ____________

Estima la longitud del segmento en pulgadas. Luego mídela al $\frac{1}{4}$ de pulgada más cercano.

9

Estimación: ____________ Real: ____________

Trazar segmentos

Traza un segmento que tenga una longitud dada.

10 5 pulgadas

11 $4\frac{1}{2}$ pulgadas

12 $4\frac{3}{4}$ pulgadas

13 Traza un segmento que mida entre $1\frac{1}{4}$ y $3\frac{3}{4}$ pulgadas de longitud.
Intercambia libros con un compañero y mide el segmento que el otro trazó.

____

© Houghton Mifflin Harcourt Publishing Company

Nombre ______________________________

Diagramas de puntos con fracciones

VOCABULARIO
diagrama de puntos

Un **diagrama de puntos** muestra la frecuencia de los datos en una recta numérica. En la clase de ciencias, los estudiantes midieron las longitudes de las hojas en una colección. Midieron las longitudes hasta el $\frac{1}{4}$ de pulgada más cercano. El diagrama de puntos muestra los resultados.

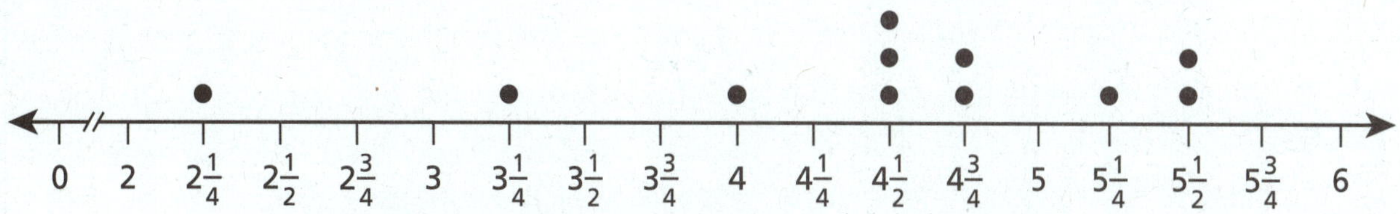

Longitud de las hojas (en pulgadas)

Usa el diagrama de puntos para contestar las preguntas.

14 ¿Cuántas hojas tienen una longitud de $4\frac{1}{2}$ pulgadas? ________

15 ¿Cuántas hojas tienen una longitud menor que 5 pulgadas? ________

16 Escribe una pregunta que pueda responderse usando el diagrama de puntos.

____

____

____

____

____

____

© Houghton Mifflin Harcourt Publishing Company

Hacer un diagrama de puntos

Usa el cuadro siguiente para anotar la medida real de los segmentos que trazó cada compañero en la página 278.

17 Usa los datos de medición en el cuadro anterior para completar el diagrama de puntos siguiente.

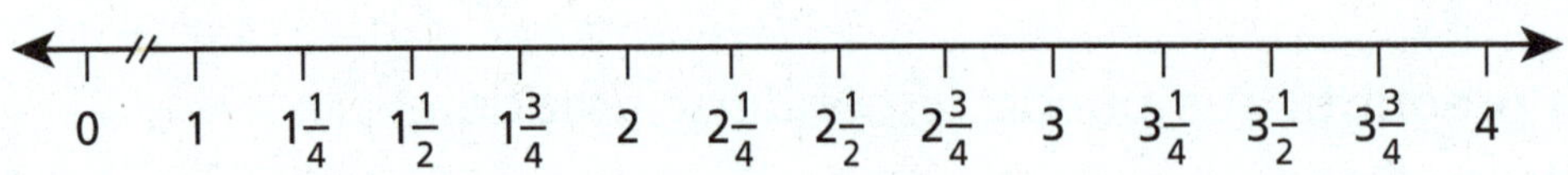

Longitud de los segmentos (en pulgadas)

18 ¿Cuántos de los segmentos tienen una medida de $2\frac{1}{2}$ pulgadas? ____________________

19 ¿Qué longitud aparece con más frecuencia en el diagrama de puntos? ____________________

Comprobar la comprensión

Describe cómo medir un segmento al $\frac{1}{4}$ de pulgada más cercano.

© Houghton Mifflin Harcourt Publishing Company

Nombre ______________________ Fecha ______________

Muestra la fracción sombreada como una suma de fracciones unitarias.

1

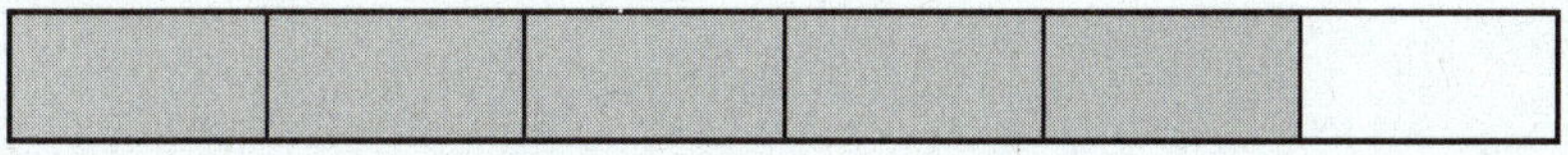

____

Divide la barra de fracciones en el número correcto de partes iguales.

2 8 partes iguales

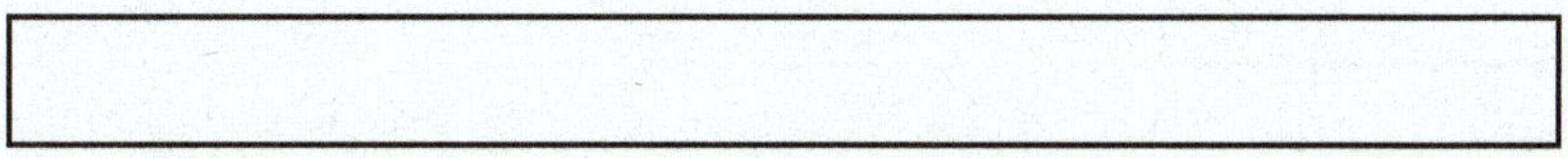

Sombrea la barra de fracciones para mostrar la fracción. Primero divide la barra de fracciones en las fracciones unitarias correctas.

3 $\frac{1}{3}$

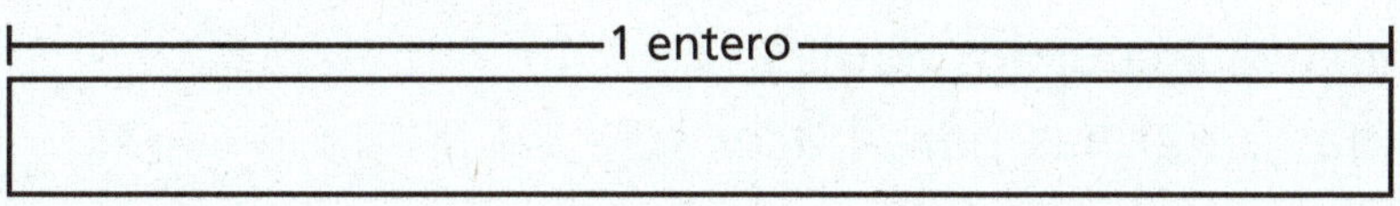

Marca la recta numérica para mostrar la fracción. Primero divide la recta numérica en las fracciones unitarias correctas.

4 $\frac{5}{3}$

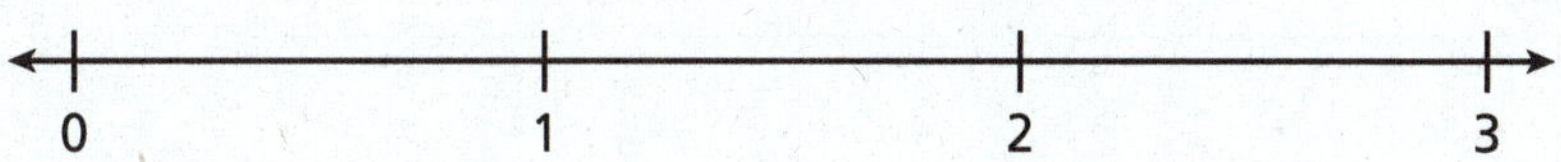

© Houghton Mifflin Harcourt Publishing Company

Compara. Usa $<$, $>$ o $=$.

5 $\frac{1}{6}$ ◯ $\frac{1}{2}$

Comprobar la estrategia 5

Nombre ______________________ Fecha ______________

1 Flavien usa cuerda en los colores y longitudes que se muestran a continuación para crear un patrón. Mide la longitud de las cuerdas que se muestran al $\frac{1}{4}$ de pulgada más cercano.

☐ pulgadas

☐ pulgadas

☐ pulgadas

☐ pulgadas

2 Flavien usa 3 cuerdas verdes, 2 cuerdas azules, 4 cuerdas rojas y 2 cuerdas amarillas para hacer su patrón. Usa los datos de medición de la pregunta anterior para completar el diagrama de puntos a continuación.

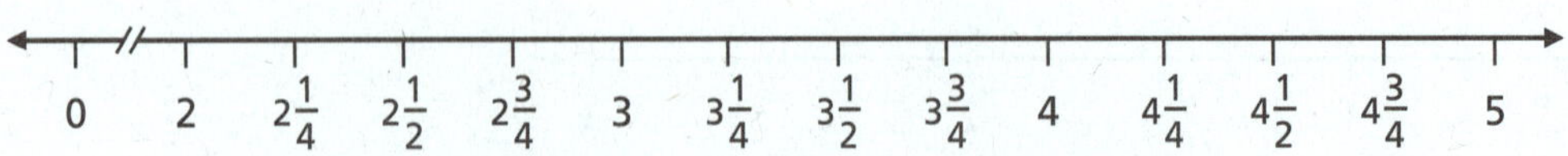

Longitud de las cuerdas (en pulgadas)

© Houghton Mifflin Harcourt Publishing Company

Dear Family:

In math class, your child is beginning lessons about time. This topic is directly connected to home and community and involves skills your child will use often in everyday situations.

Students are reading time to the hour, half-hour, quarter-hour, five minutes, and minute, as well as describing the time before the hour and after the hour.

For example, you can read 3:49 both as minutes after the hour and minutes before the hour.

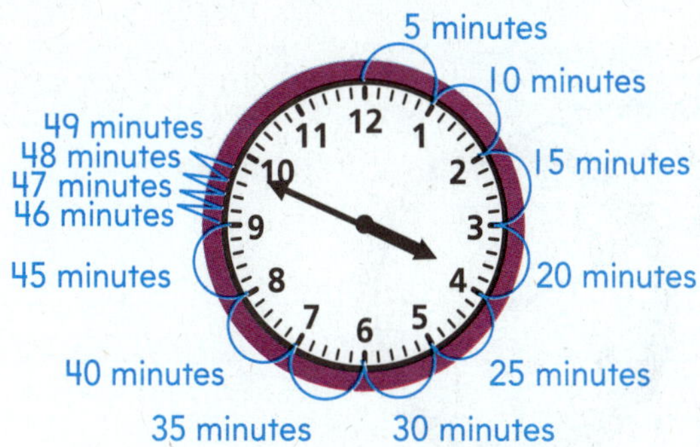

Forty-nine minutes after three

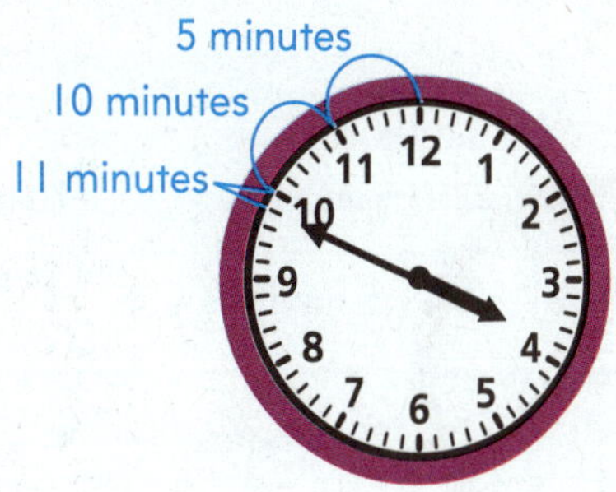

Eleven minutes before four

Students will be using clocks to solve problems about elapsed time.

Help your child read time and find elapsed time. Ask your child to estimate how long it takes to do activities such as eating a meal, traveling to the store, or doing homework. Have your child look at the clock when starting an activity and then again at the end of the activity. Ask how long the activity took.

Your child will also learn to add and subtract time on a number line.

If you have any questions or comments, please contact me.

Sincerely,
Your child's teacher

© Houghton Mifflin Harcourt Publishing Company

Estimada familia:

En la clase de matemáticas su niño está comenzando lecciones que le enseñan sobre la hora. Este tema se relaciona directamente con la casa y la comunidad, y trata de destrezas que su niño usará a menudo en situaciones de la vida diaria.

Los estudiantes leerán la hora, la media hora, el cuarto de hora, los cinco minutos y el minuto; también describirán la hora antes y después de la hora en punto.

Por ejemplo, 3:49 se puede leer de dos maneras:

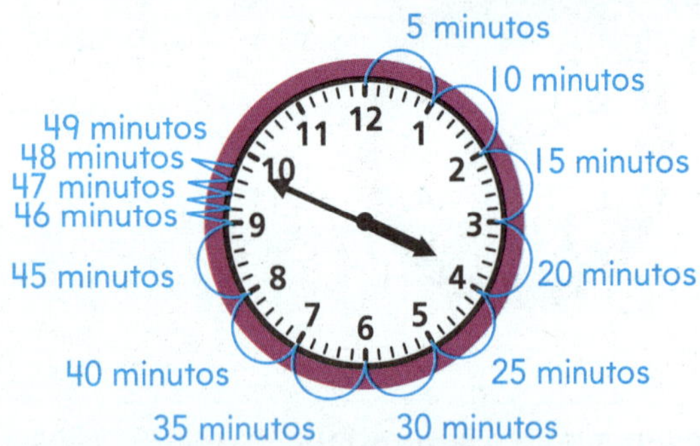

Las tres y cuarenta y nueve

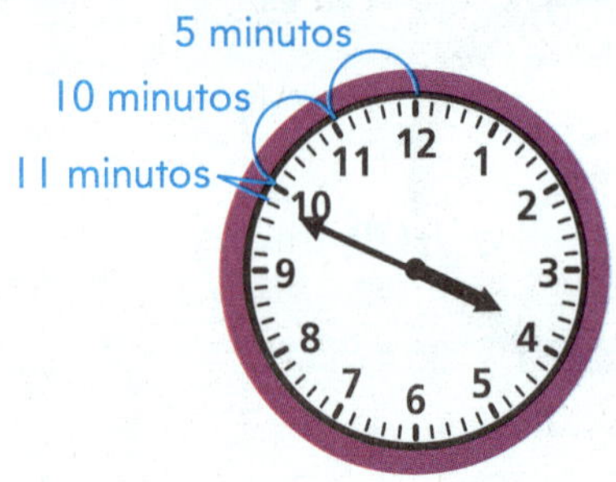

Once para las cuatro

Los estudiantes usarán relojes para resolver problemas acerca del tiempo transcurrido en diferentes situaciones.

Ayude a su niño a leer la hora y hallar el tiempo transcurrido. Pídale que estime cuánto tiempo tomarán ciertas actividades, tales como comer una comida completa, ir a la tienda o hacer la tarea. Pida a su niño que vea el reloj cuando comience la actividad y cuando la termine. Pregúntele cuánto tiempo tomó la actividad.

Su niño también aprenderá a sumar y restar tiempo en una recta numérica.

Si tiene alguna pregunta o algún comentario, por favor comuníquese conmigo.

Atentamente,
El maestro de su niño

© Houghton Mifflin Harcourt Publishing Company

Nombre ______________________________

Hacer un reloj analógico

Fija las manecillas a la esfera del reloj con un gancho de patitas.

© Houghton Mifflin Harcourt Publishing Company

© Houghton Mifflin Harcourt Publishing Company

Nombre ______________________

La hora hasta los 15 minutos

Escribe la hora en el reloj digital. Luego escribe cómo decir la hora.

1 
____

2 
____

3 
____

4 
____

Escribe la hora en el reloj digital. Escribe cómo se dice la hora de dos maneras diferentes.

5 
____
____

6 
____
____

7 
____
____

8 
____
____

9 
____
____

10 
____
____

11 
____
____

12 
____
____

© Houghton Mifflin Harcourt Publishing Company

Mostrar la hora hasta los 15 minutos

Dibuja las manecillas en el reloj analógico. Escribe la hora en el reloj digital.

13 las nueve y quince

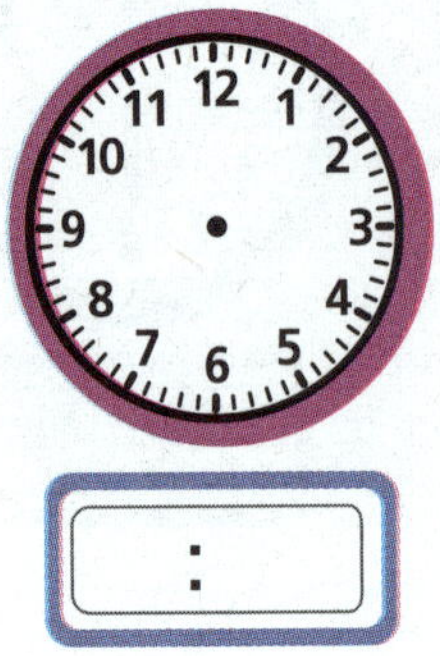

14 las siete y media

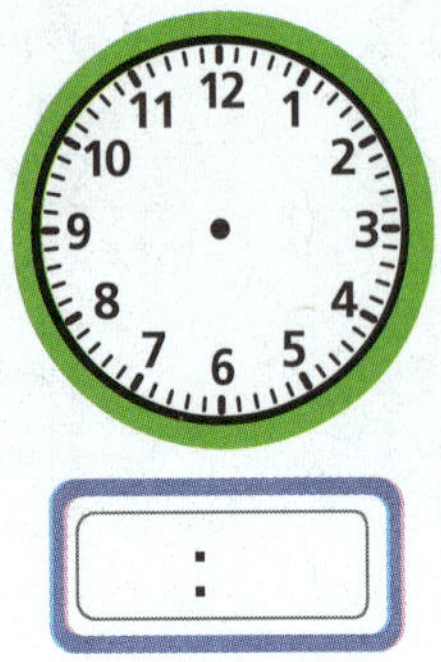

15 las tres en punto

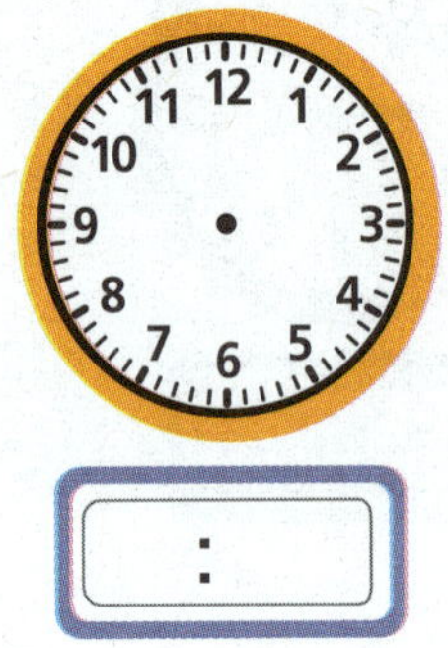

16 las siete y media

17 la una y cuarenta y cinco

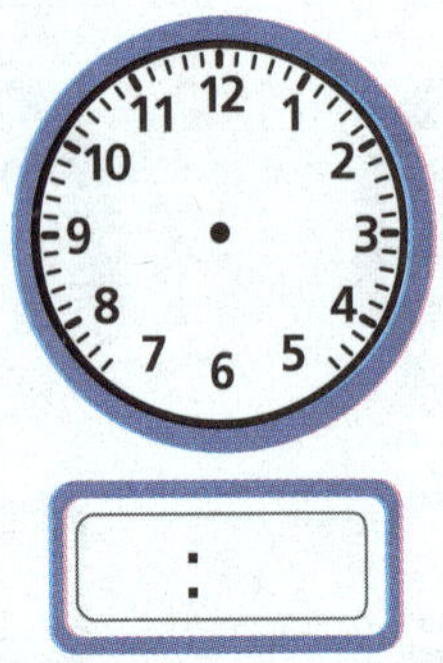

18 las dos y quince

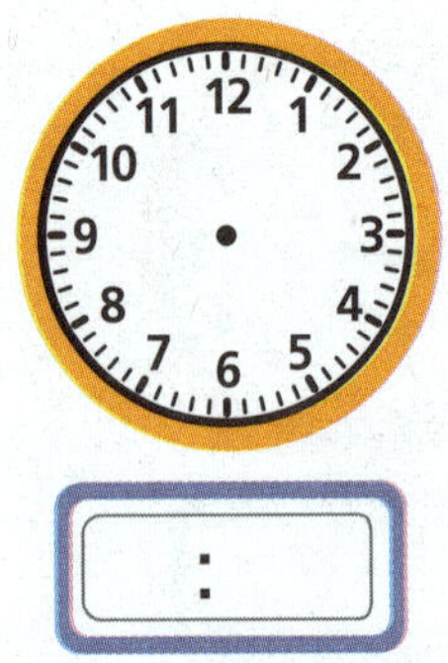

Las horas de las actividades diarias

19 Completa la tabla.

Hora	Claro u oscuro	Parte del día	Actividad
3:15 a. m.			
8:00 a. m.			
2:30 p. m.			
6:15 p. m.			
8:45 p. m.			

© Houghton Mifflin Harcourt Publishing Company

Nombre ______________________

La hora hasta los 5 minutos

Escribe la hora en el reloj digital. Luego escribe cómo decir la hora.

20 

[:]

____

____

21 

[:]

____

____

22 

[:]

____

____

23 

[:]

____

____

24 

[:]

____

____

25 

[:]

____

____

Escribe la hora en el reloj digital.

26 las ocho y diez

[:]

27 las siete y veinticinco

[:]

28 las once y cincuenta

[:]

29 las seis y cuarenta

[:]

30 las tres y cinco

[:]

31 las cuatro y cincuenta y cinco

[:]

© Houghton Mifflin Harcourt Publishing Company

La hora hasta el minuto

Escribe la hora en el reloj digital. Luego escribe cómo decir la hora.

32 

:

33 

:

34 

:

35 

:

36 

:

37 

:

Escribe la hora en el reloj digital.

38 las diez y catorce

:

39 las ocho y cincuenta y dos minutos

:

40 las siete y veintiocho

:

41 las nueve y treinta y uno

:

Comprobar la comprensión
Usa tu reloj analógico para mostrar la 1:26 y escribe la hora en forma verbal en tu MathBoard.

© Houghton Mifflin Harcourt Publishing Company

Nombre ______________________________

Antes y después de la hora hasta los 5 minutos

Escribe la hora en minutos *después* de una hora y en minutos *antes* de una hora.

1 

2 

3 

4 

5 

6 

7 

8 

9 

© Houghton Mifflin Harcourt Publishing Company

Antes y después de la hora hasta 1 minuto

Escribe la hora en minutos *después* de una hora y en minutos *antes* de una hora.

10 

11 

12 

13 

14 

15 

Comprobar la comprensión

Usa el reloj analógico para mostrar las 7:31. Escribe la hora como minutos *después* de la hora y minutos *antes* de la hora.

© Houghton Mifflin Harcourt Publishing Company

Nombre ______________________________

Tiempo transcurrido en minutos y horas

VOCABULARIO
tiempo transcurrido

1 Halla la hora final.

Hora inicial	Tiempo transcurrido	Hora final
1:00 p. m.	2 horas	
4:15 a. m.	4 horas	
4:55 p. m.	18 minutos	
2:15 a. m.	1 hora y 55 minutos	
11:55 a. m.	2 horas y 17 minutos	

2 Halla el **tiempo transcurrido**.

Hora inicial	Tiempo transcurrido	Hora final
2:30 p. m.		4:42 p. m.
7:45 a. m.		8:15 a. m.
2:17 p. m.		7:17 p. m.
11:00 a. m.		2:00 p. m.
11:55 a. m.		4:25 p. m.

3 Halla la hora inicial.

Hora inicial	Tiempo transcurrido	Hora final
	3 horas	4:15 p. m.
	15 minutos	2:45 p. m.
	2 horas y 35 minutos	11:55 a. m.
	1 hora y 20 minutos	3:42 a. m.

© Houghton Mifflin Harcourt Publishing Company

Resolver problemas sobre tiempo transcurrido en un reloj

Resuelve. Usa tu reloj si es necesario. *Muestra tu trabajo.*

4 Loretta salió de la casa de su amiga a las 3:45 p. m. Estuvo allí 2 horas y 20 minutos. ¿A qué hora llegó allí?

____

5 Berto estuvo de las 3:45 p. m. a las 4:15 p. m. haciendo tareas de matemáticas y de las 4:30 p. m. a las 5:10 p. m. haciendo tareas de estudios sociales. ¿Cuánto tiempo pasó en sus tareas de matemáticas y estudios sociales?

____

6 Ed llegó al sendero de ciclismo a las 9:00 a. m. Montó en bicicleta 1 hora y 45 minutos. Gastó 20 minutos en llegar a su casa en la bicicleta. ¿A qué hora llegó a la casa?

____

7 Mario terminó de nadar a las 10:45 a. m. Nadó 1 hora y 15 minutos. ¿A qué hora comenzó?

____

8 Eric tiene práctica de básquetbol de 3:30 p. m. a 4:15 p. m. Tiene práctica de violín a las 5:30 p. m. Hoy la práctica de básquetbol terminó 30 minutos tarde y Eric tarda 15 minutos en llegar a su práctica de violín. ¿Llegará a tiempo? Explica.

____

____

© Houghton Mifflin Harcourt Publishing Company

Comprobar la comprensión

Explica cómo puedes hallar el tiempo transcurrido entre las 3:15 p. m. y las 4:45 p. m.

Nombre ______________________________

Sumar horas

Resuelve usando una recta numérica.

Muestra tu trabajo.

1. Keisha llegó a un parque a la 1:30 p. m. Estuvo caminando durante 1 hora 35 minutos. Luego fue a la zona de pícnic. Estuvo allí 45 minutos y se fue del parque. ¿A qué hora se fue Keisha del parque?

____

2. Loren llegó al museo de los niños a la 1:15 p. m. Primero, pasó 30 minutos mirando la exhibición de dinosaurios. Luego vio una película durante 20 minutos. Después pasó 15 minutos en la tienda de regalos del museo. ¿A qué hora se fue Loren del museo? ¿Cuánto tiempo estuvo en el museo?

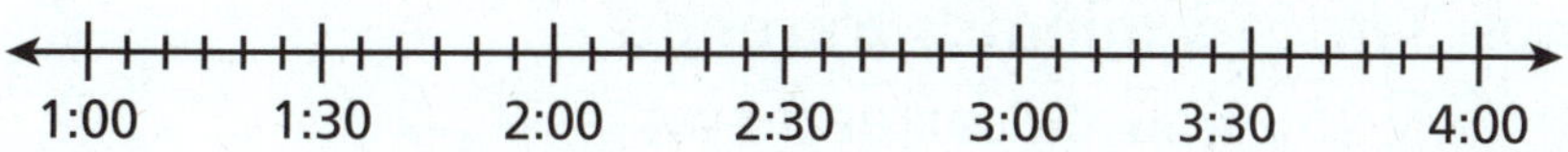

____

3. Caleb comenzó a trabajar en el jardín a las 8:45 a. m. Recogió hojas durante 1 hora 45 minutos y cortó el césped durante 45 minutos. Luego entró en su casa. ¿A qué hora entró a su casa? ¿Cuánto tiempo estuvo trabajando en el jardín?

____

© Houghton Mifflin Harcourt Publishing Company

Restar horas

Resuelve usando una recta numérica.

Muestra tu trabajo.

4. Hank terminó de jugar bolos a las 7:15 p. m. Jugó durante 2 horas 35 minutos. ¿A qué hora empezó a jugar?

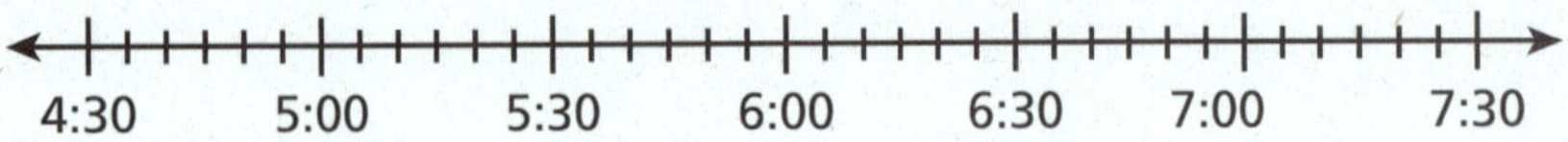

5. El programa musical en la escuela terminó a las 8:35 p. m. Duró 1 hora 50 minutos. ¿A qué hora comenzó el programa?

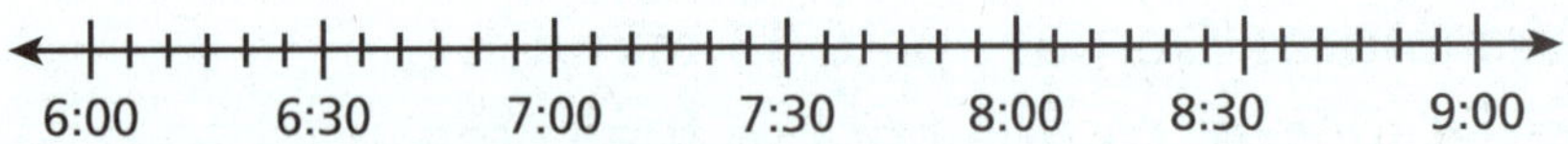

6. Lía sirvió la ensalada a las 3:15 p. m. Estuvo enfriándose en la nevera 35 minutos. Tardó 15 minutos trayendo ingredientes de la huerta y 15 minutos cortando los vegetales. ¿A qué hora empezó Lía a trabajar en la ensalada?

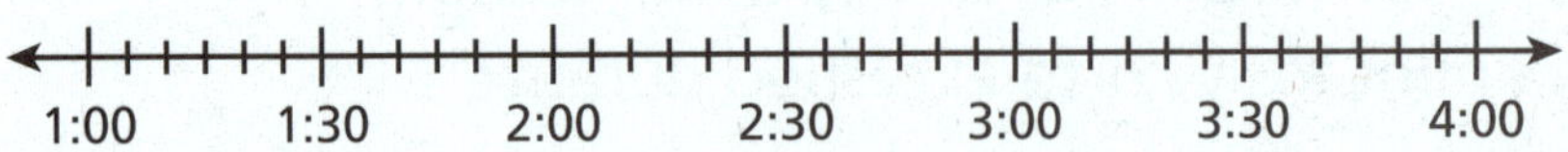

© Houghton Mifflin Harcourt Publishing Company

Comprobar la comprensión

Explica cómo sabes que debes ir hacia adelante o hacia atrás para sumar y restar en la recta numérica.

Nombre ______________________________

Razonar problemas con intervalos de tiempo

Resuelve. Usa un reloj o dibuja un diagrama de recta numérica si es necesario.

Muestra tu trabajo.

1. El Sr. Cox tomó el tren a la 1:45 p. m. para visitar a sus nietos. El viaje en tren duró 35 minutos. Luego pasó 10 minutos esperando un taxi y otros 15 minutos en el taxi. ¿A qué hora llegó el Sr. Cox a la casa de sus nietos?

   ____

2. Hilda salió de la casa a las 9:45 a. m. y regresó a las 11:20 a. m. Pasó 55 minutos en el gimnasio y el resto del tiempo en la biblioteca. ¿Cuánto tiempo pasó Hilda en la biblioteca?

   ____

3. Diego llegó a su práctica de fútbol a las 8:45 a. m. La práctica duró 45 minutos y luego tardó 10 minutos en regresar a pie a su casa. ¿A que hora llegó Diego a su casa?

   ____

4. Jan empezó sus tareas a las 6:25 p. m. y terminó a las 7:30 p. m. Pasó 45 minutos haciendo una reseña de un libro y el resto del tiempo haciendo matemáticas. ¿Cuánto tiempo pasó haciendo matemáticas?

   ____

5. Shanna terminó sus quehaceres a las 4:25 p. m. Pasó 35 minutos limpiando su cuarto, 20 minutos bañando al perro y 15 minutos doblando ropa. ¿A qué hora comenzó Shanna sus quehaceres?

   ____

© Houghton Mifflin Harcourt Publishing Company

¿Cuál es el error?

Queridos estudiantes de matemáticas:

Hoy me pidieron que calculara a qué hora llegó Jim al consultorio médico si se despertó a las 7:55 a. m., pasó 45 minutos alistándose y luego viajó 20 minutos en carro hasta el consultorio.

Así es como resolví el problema.

Comenzando a las 7:55 en un reloj, conté 45 minutos hasta las 8:45, luego conté 20 minutos hasta las 9:05. Jim llegó al consultorio médico a las 9:15 a. m.

¿Es correcta mi respuesta? Si no, por favor corrijan mi trabajo y díganme qué hice mal. ¿Cómo saben que mi respuesta está mal?

Su amigo,
El Pingüino Confundido

6 **Escribe una respuesta para el Pingüino Confundido.**

____

____

____

Resuelve.

7 Wayne salió de la casa a las 3:50 p. m. para ir al parque. Tardó 30 minutos en llegar. Pasó 45 minutos en el parque. ¿A qué hora se vino del parque?

____

8 Leslie terminó su proyecto a las 11:05 a. m. Duró 1 hora 10 minutos haciendo un cartel y 35 minutos escribiendo un informe. ¿A qué hora empezó Leslie su proyecto?

____

© Houghton Mifflin Harcourt Publishing Company

Nombre ____________________

Partes de una hora

Usa los relojes como ayuda para resolver cada problema.

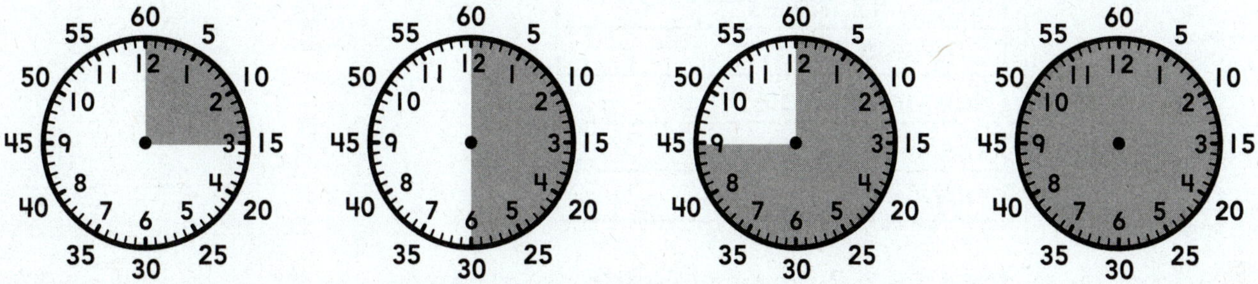

9 Erin trota $\frac{1}{4}$ de hora. ¿Cuántos minutos trota?

____

10 Franklin empieza sus tareas a las 4:15 p. m. Hace tareas durante $\frac{3}{4}$ de hora. ¿A qué hora termina?

____

11 Jason y Amy pintan una cerca. Jason pinta 1 hora. Amy pinta $\frac{1}{2}$ hora. ¿Cuántos minutos más pinta Jason que Amy?

____

12 Spencer empieza a caminar a su casa a las 3:15 p. m. Tarda $\frac{1}{2}$ hora en llegar a la casa. ¿A qué hora llega?

____

13 Becca pasea a su perro $\frac{1}{4}$ de hora por la mañana y $\frac{1}{2}$ hora por la tarde. ¿Cuántos minutos tarda paseando al perro?

____

© Houghton Mifflin Harcourt Publishing Company

Relaciones de tiempo

Usa la tabla como ayuda para resolver los problemas.

Muestra tu trabajo.

1 año = 12 meses
1 año = 365 días
1 semana = 7 días
1 día = 24 horas
1 hora = 60 minutos

14. Víctor lleva dos años y 3 meses viviendo en Albany. ¿Cuántos meses ha vivido allí?

____

15. Katherine pasa 3 semanas visitando a sus abuelos. ¿Cuántos días pasa visitando a sus abuelos?

____

16. La excursión de la escuela se retrasó 3 días por una tormenta de nieve. ¿Cuántas horas se retrasó la excursión?

____

17. Camille pasa 2 semanas y 4 días en un campamento de verano. ¿Cuántos días pasa en el campamento?

____

18. Seth tiene práctica de fútbol durante 2 horas. El equipo hace un descanso de 20 minutos. ¿Cuántos minutos practicó el equipo.

____

© Houghton Mifflin Harcourt Publishing Company

Comprobar la comprensión

Explica cómo calcular el número de horas en una semana.

Prueba rápida 2 de la Unidad 4

Nombre ______________________ **Fecha** ______________

Escribe la respuesta correcta.

1. Escribe la hora como minutos *después* de una hora.

____

2. Escribe la hora como minutos *antes* de una hora.

____

3. Carol sale de su casa a las 4:30 p. m. y viaja en carro una hora hasta el mercado. Hace compras durante 20 minutos y luego viaja en carro una hora hasta su casa. ¿A qué hora llega a su casa?

Muestra tu trabajo.

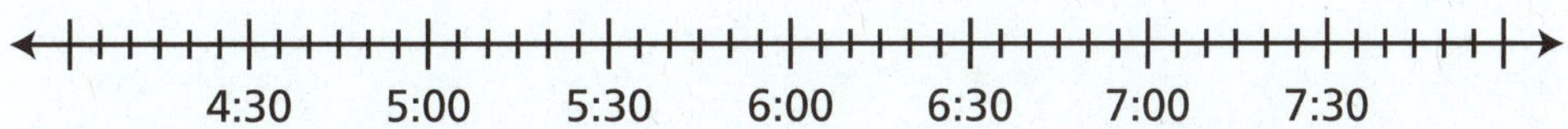

____

4. Stephen sale de su casa a las 2:00 p. m. para caminar hasta el parque con el perro. Camina una hora. Deja que el perro juegue en el parque 50 minutos y luego se regresa con él a pie. Llega a su casa a las 5:30 p. m. ¿Cuánto tiempo tardó Stephen en regresar a su casa?

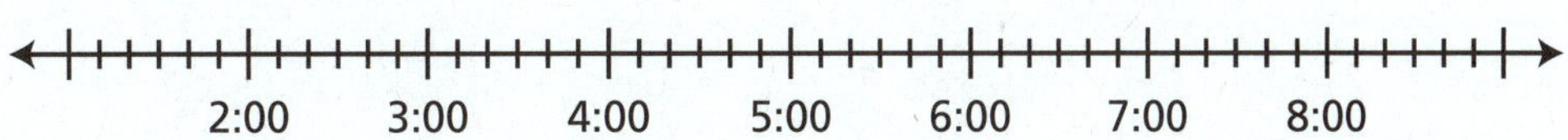

____

© Houghton Mifflin Harcourt Publishing Company

5. La práctica de banda comienza a las 3:15 p. m. y termina a las 3:50 p. m. ¿Cuánto tiempo dura la práctica?

____

Comprobar el conocimiento 7

Nombre ______________________ Fecha ______________

Camino al conocimiento

Suma o resta.

1. $14 + 23 = \square$
2. $48 - 20 = \square$
3. $27 + 11 = \square$
4. $56 - 32 = \square$
5. $30 + 16 = \square$
6. $49 - 43 = \square$
7. $\begin{array}{r} 46 \\ +\ 25 \\ \hline \end{array}$
8. $\begin{array}{r} 42 \\ -\ 19 \\ \hline \end{array}$
9. $\begin{array}{r} 59 \\ +\ 18 \\ \hline \end{array}$
10. $\begin{array}{r} 60 \\ -\ 35 \\ \hline \end{array}$
11. $\begin{array}{r} 44 \\ +\ 38 \\ \hline \end{array}$
12. $\begin{array}{r} 74 \\ -\ 69 \\ \hline \end{array}$
13. $\begin{array}{r} 76 \\ +\ 19 \\ \hline \end{array}$
14. $\begin{array}{r} 91 \\ -\ 58 \\ \hline \end{array}$
15. $\begin{array}{r} 53 \\ +\ 47 \\ \hline \end{array}$

© Houghton Mifflin Harcourt Publishing Company

Dear Family:

In the rest of the lessons in this unit, your child will be learning to show information in various ways. Students will learn to read and create pictographs and bar graphs. They will organize and display data in frequency tables and line plots. Students will also learn how to use graphs to solve real world problems.

Examples of pictographs, bar graphs, and line plots are shown below.

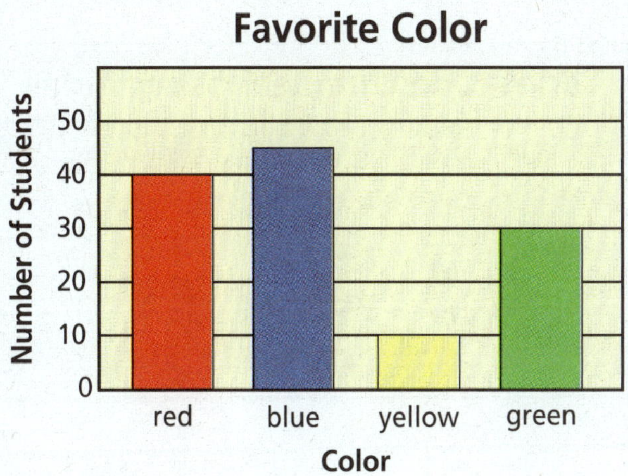

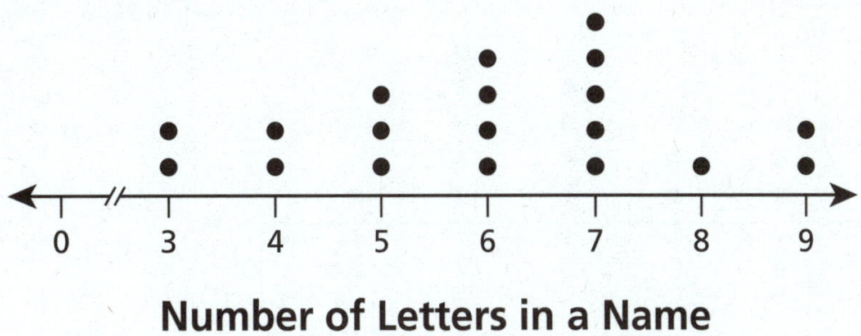

Your child is learning how graphs are used in the world around us. You can help your child learn by sharing graphs that appear in newspapers, magazines, or online.

Thank you for helping your child learn how to read, interpret, and create graphs.

Sincerely,
Your child's teacher

© Houghton Mifflin Harcourt Publishing Company

Estimada familia:

Durante el resto de las lecciones de esta unidad, su niño aprenderá a mostrar información de varias maneras. Los estudiantes aprenderán a leer y a crear pictografías y gráficas de barras. Organizarán y mostrarán datos en tablas de frecuencia y en diagramas de puntos. También aprenderán cómo usar las gráficas para resolver problemas cotidianos.

Debajo se muestran ejemplos de pictografías, gráficas de barras y diagramas de puntos.

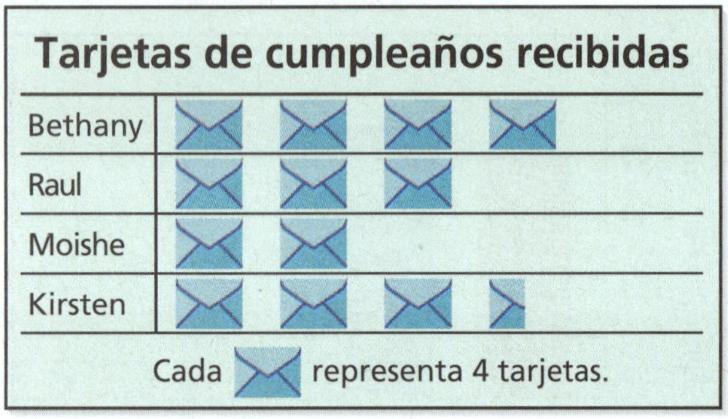

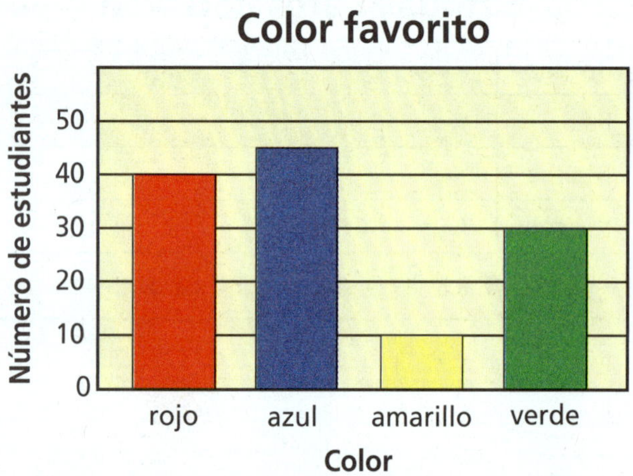

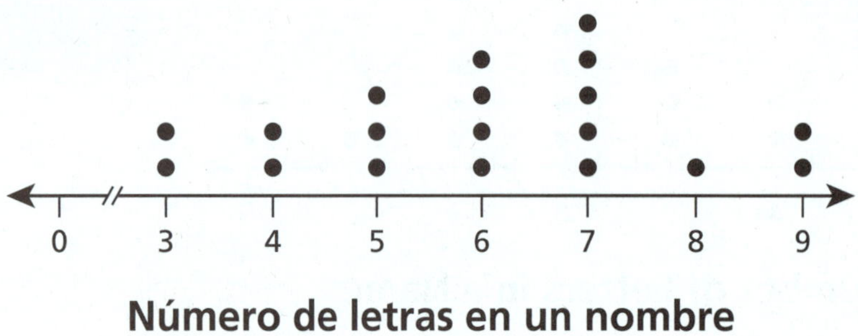

Su niño está aprendiendo cómo se usan las gráficas en la vida cotidiana. Puede ayudarlo mostrándole gráficas que aparezcan en periódicos, revistas o Internet.

Gracias por ayudar a su niño a aprender cómo leer, interpretar y crear gráficas.

Atentamente,
El maestro de su niño

© Houghton Mifflin Harcourt Publishing Company

Nombre ____________________

Lee una pictografía

Una pictografía es una gráfica que usa imágenes o símbolos para representar datos. La siguiente pictografía muestra el número de votos para los sabores de helado preferidos. La **clave** dice que cada símbolo de un cono de helado representa los votos de 4 estudiantes.

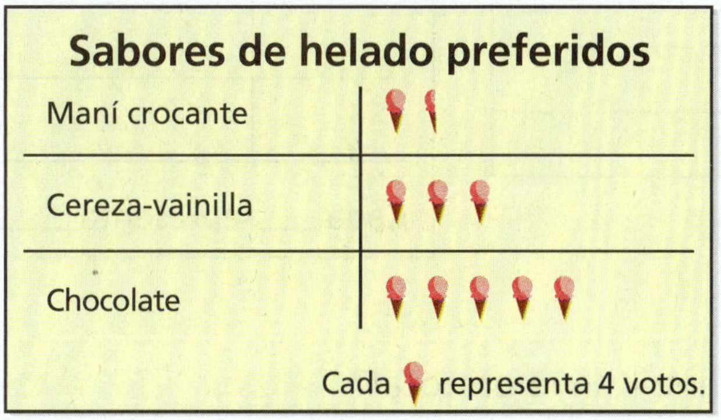

Usa la pictografía para contestar las preguntas.

1. ¿Cuántos votos hubo por chocolate?

   ____

2. ¿Cuántas personas en total votaron por su sabor de helado preferido?

   ____

3. ¿Cuántos votos hubo por cereza-vainilla?

   ____

4. ¿Cuántas personas no votaron por chocolate?

   ____

5. ¿Cuántos votos menos hubo por maní crocante que por chocolate?

   ____

6. ¿Cuántas personas más votaron por chocolate que por maní crocante y cereza-vainilla combinados?

   ____

© Houghton Mifflin Harcourt Publishing Company

Hacer una pictografía

7 **Usa los datos sobre las listas de música de Kanye para hacer tu propia pictografía.**

Lista de música de Kanye	
Tipo	**Número de listas de reproducción**
Jazz	12
Rap	16
Clásica	4

Cada ____ representa ________________.

8 ¿Cuántas listas de música tiene Kanye en total?

____

9 ¿Cuántas listas de rap más que de clásica tiene Kanye?

____

10 ¿Cuántas listas de jazz menos que de rap tiene Kanye?

____

11 ¿Cuántos dibujos harías para mostrar que Kanye tiene 9 listas de música country?

____

© Houghton Mifflin Harcourt Publishing Company

Nombre ______________________

Leer gráficas de barras

VOCABULARIO
gráfica de barras horizontales
gráfica de barras verticales

Observa esta gráfica de barras horizontales y contesta las preguntas.

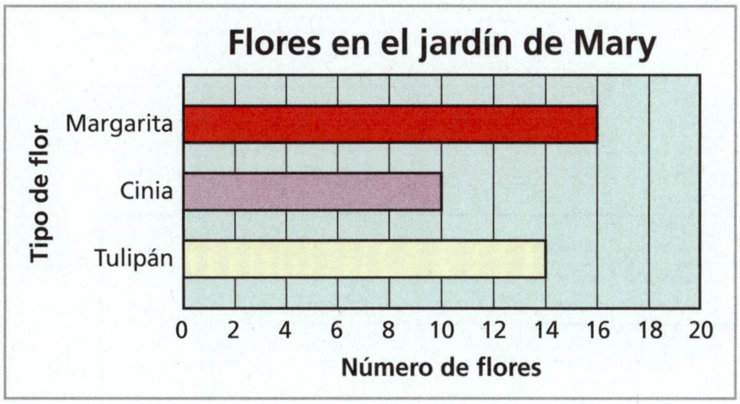

12 ¿Qué representan las barras?

____

____

13 ¿Cuántos tulipanes hay en el jardín de Mary?

____

Observa esta gráfica de barras verticales y contesta las preguntas.

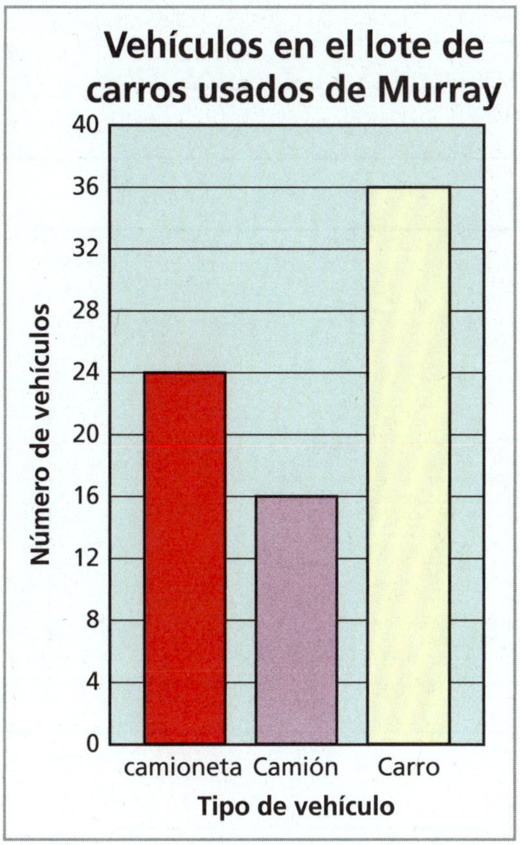

14 ¿Qué representan las barras?

____

____

____

15 ¿Cuántas camionetas más que camiones hay en el lote?

____

© Houghton Mifflin Harcourt Publishing Company

Crear gráficas de barras

16 **Usa la información de esta tabla para completar la gráfica de barras horizontales.**

Ejercicio preferido	
Actividad	**Número de estudiantes**
Bicicleta	12
Natación	14
Caminar	10

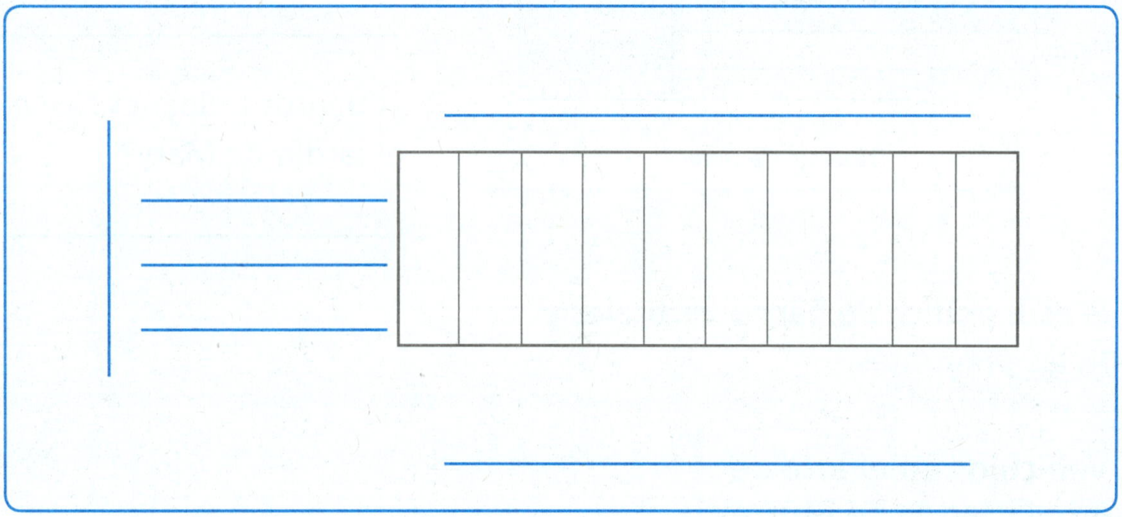

17 **Usa la información de esta tabla para completar la gráfica de barras verticales.**

Deporte de equipo favorito	
Deporte	**Número de estudiantes**
Béisbol	35
Fútbol	60
Básquetbol	40

© Houghton Mifflin Harcourt Publishing Company

Nombre ______________________________

Resolver problemas de comparación usando datos de pictografías

Usa la siguiente pictografía para contestar las preguntas.

18 ¿Cuántos estudiantes más tocan guitarra que violín?

____

19 ¿Cuántos estudiantes no tocan batería?

____

20 ¿Hay más estudiantes que tocan batería o que tocan guitarra y violín combinados?

____

21 ¿Cuántos estudiantes más tocan guitarra y piano combinados que batería?

____

22 Doce estudiantes menos tocan este instrumento que batería.

____

23 ¿Cuántos estudiantes fueron encuestados en total?

____

© Houghton Mifflin Harcourt Publishing Company

Resolver problemas de comparación usando datos de una gráfica de barras

Usa la siguiente gráfica de barras para contestar las preguntas.

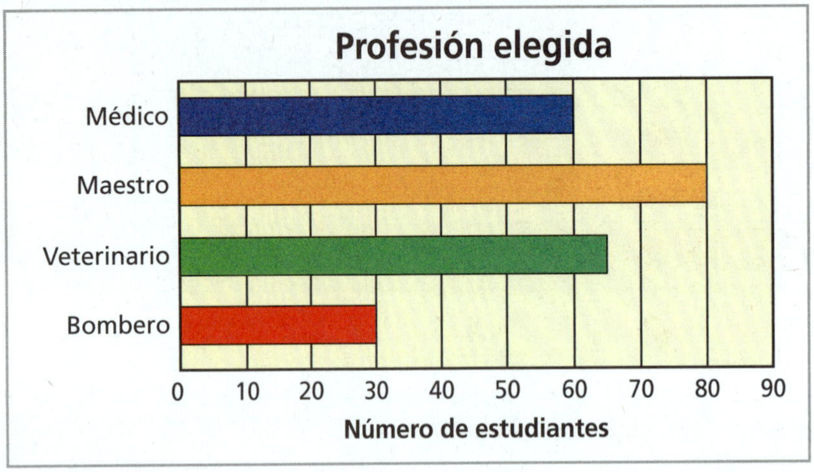

24 Veinte estudiantes menos eligieron esta carrera que la de maestro.

25 ¿Hubo más estudiantes que eligieron veterinario y bombero combinados o que eligieron maestro?

26 ¿Cuántos estudiantes más eligieron médico que bombero?

27 ¿Cuántos estudiantes no eligieron maestro?

28 ¿Cuántos estudiantes fueron encuestados en total?

29 ¿Cuántos estudiantes más eligieron médico y bombero combinados que veterinario?

Comprobar la comprensión

¿Qué ecuación puedes escribir para resolver el Problema 27?

© Houghton Mifflin Harcourt Publishing Company

 Nombre ______________________

Gráficas de barras horizontales

Usa esta gráfica de barras horizontales para contestar las preguntas.

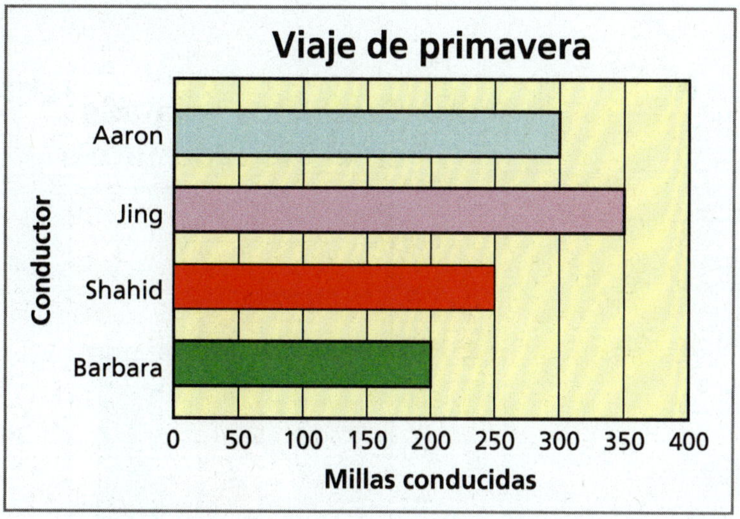

1. ¿Cuántas millas condujo Shahid?

____

2. ¿Quién condujo 100 millas más que Barbara?

____

3. ¿Cuántas millas más condujeron Aaron y Barbara combinados que Jing?

____

4. ¿Cuántas millas más condujeron Shahid y Aaron combinados que Barbara?

____

5. ¿Cuántas millas menos condujo Barbara que Jing?

____

6. Escribe otra pregunta que se pueda responder con la gráfica.

____

© Houghton Mifflin Harcourt Publishing Company

Gráficas de barras verticales con números de varios dígitos

Usa la gráfica de barras verticales a la derecha para contestar las preguntas.

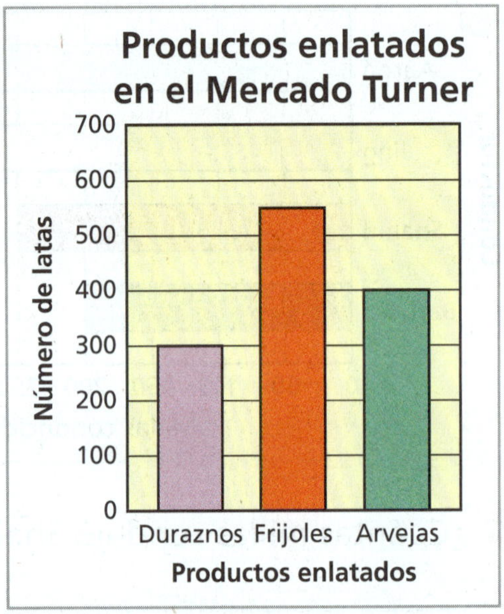

7. ¿Cuántas latas de arvejas hay en el Mercado Turner?

____

8. ¿Hay más latas de frijoles o de arvejas y duraznos combinados?

____

9. ¿Cuántas latas de frijoles y duraznos hay en total?

____

10. ¿Cuántas latas más hay de frijoles que de arvejas?

____

11. ¿Cuántas latas menos hay de duraznos que de arvejas y frijoles combinados?

____

12. Escribe otra pregunta que se pueda responder con la gráfica.

____

____

____

____

____

© Houghton Mifflin Harcourt Publishing Company

Nombre ______________________

Crear gráficas de barras con números de varios dígitos

13 Usa la información de la tabla a la derecha para hacer una gráfica de barras horizontales.

Colección de gorras de Joe	
Tipo	**Gorras**
Béisbol	60
Básquetbol	35
Golf	20

14 Usa la información de la tabla a la derecha para hacer una gráfica de barras verticales.

Venta de bicicletas en el verano	
Tipo de bicicleta	**Número vendido**
Bicicleta de carretera	200
Bicicleta de montaña	600
Bicicleta híbrida	450

© Houghton Mifflin Harcourt Publishing Company

Resolver problemas usando gráficas de barras

Usa la gráfica de barras horizontales para contestar las preguntas.

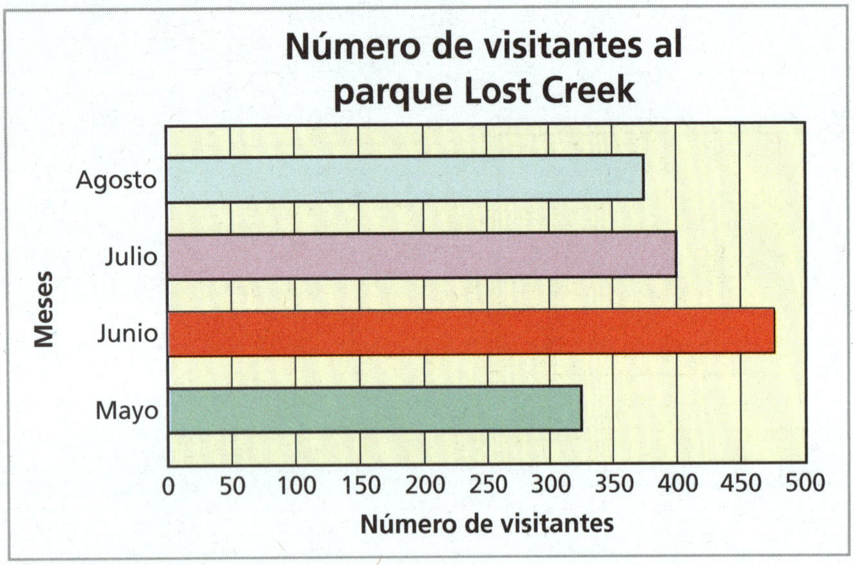

15 ¿Cuántos visitantes más fueron al parque Lost Creek en junio que en mayo?

16 ¿Cuántos visitantes hubo en el parque durante los meses de mayo y junio combinados?

17 ¿Cuántos visitantes más fueron al parque en julio que en agosto?

18 ¿Hubo más visitantes en el parque en junio o en mayo y agosto combinados?

Comprobar la comprensión

Imagina que hubo 225 visitantes en septiembre. Dibuja una gráfica de barras que incluya septiembre.

© Houghton Mifflin Harcourt Publishing Company

Nombre ______________________

VOCABULARIO
tabla de conteo
tabla de frecuencias

Tablas de frecuencias y diagramas de puntos

Las edades de los jugadores de un equipo de básquetbol se pueden mostrar de diferentes maneras.

Podemos usar una **tabla de conteo** para anotar y organizar datos.

Tabla de conteo	
Edad	**Conteo**
7	I
8	III
9	~~IIII~~
10	IIII
11	II

Una **tabla de frecuencias** muestra cuántas veces ocurren eventos.

Tabla de frecuencias	
Edad	**Número de jugadores**
7	1
8	3
9	5
10	4
11	2

Un diagrama de puntos muestra la frecuencia de los datos en una recta numérica.

Diagrama de puntos

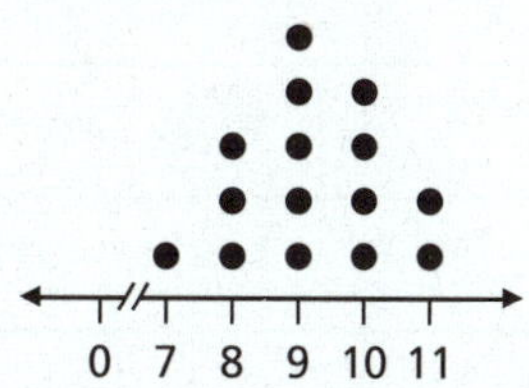

Edades de los jugadores de básquetbol

Razonar las representaciones de datos

Usa las representaciones de datos anteriores para completar los Ejercicios 1 a 4.

1. ¿Cuántos jugadores de básquetbol tienen 10 años?

   ____

2. ¿Qué edad aparece con mayor frecuencia?

   ____

3. ¿Hay más jugadores menores de 9 años o más jugadores que son mayores de 9 años?

   ____

4. Escribe otra pregunta que se pueda responder usando las representaciones de datos.

   ____

   ____

© Houghton Mifflin Harcourt Publishing Company

Crear diagramas de puntos con fracciones

5 Pide a 10 estudiantes que separen los dedos lo más posible y mide de la punta del pulgar a la punta del meñique a la $\frac{1}{2}$ pulgada más cercana. Anota los datos en la tabla de conteo a continuación y luego haz una tabla de frecuencias.

Tabla de conteo	
Longitud	**Conteo**

Tabla de frecuencias	
Longitud	**Número de estudiantes**

6 Usa los datos para hacer un diagrama de puntos.

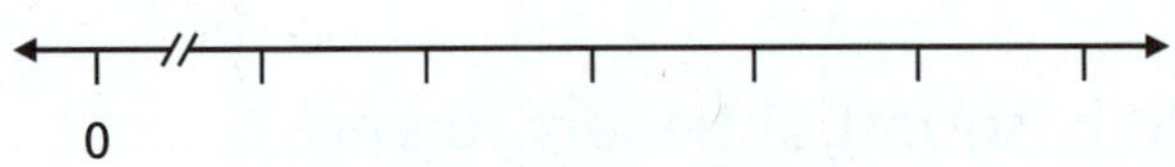

Longitud de las manos extendidas (en pulgadas)

7 ¿Qué longitud ocurrió con mayor frecuencia? ________________

8 ¿Cuál es la diferencia entre la longitud mayor y la longitud menor?

____

9 Escribe una pregunta que se pueda responder usando los datos en el diagrama de puntos.

____

____

© Houghton Mifflin Harcourt Publishing Company

Nombre ____________________

Hacer una encuesta y una pictografía

10 Pide a 10 estudiantes que digan si su estación preferida es el invierno, la primavera, el verano o el otoño. Anota sus respuestas en la tabla de conteo abajo y luego haz una tabla de frecuencias.

Estación preferida

Tabla de conteo	
Estación	**Conteo**
Invierno	
Primavera	
Verano	
Otoño	

Estación preferida

Tabla de frecuencias	
Estación	**Número de estudiantes**
Invierno	
Primavera	
Verano	
Otoño	

11 Usa los datos para hacer un pictografía.

____________________	
__________	
__________	
__________	
__________	
Clave: Cada  **representa** ____________.	

12 Supón que preguntas a otros dos estudiantes cuál es su estación preferida y que ambos responden "invierno". ¿Cómo tendría que cambiar la pictografía?

____

____

© Houghton Mifflin Harcourt Publishing Company

Usar datos de medición para hacer una gráfica de barras

13 Estima en centímetros la distancia alrededor de la muñeca de 4 compañeros de clase. Luego mide la distancia alrededor de sus muñecas al centímetro más cercano. Completa la tabla.

Distancia alrededor de la muñeca al centímetro más cercano		
Estudiante	**Estimación en centímetros**	**Medida en centímetros**

14 Usa los datos de medición para hacer una gráfica de barras.

Comprobar la comprensión

Completa.

La gráfica de barras anterior muestra que ______ estudiantes tienen una distancia alrededor de la muñeca menor que 14 centímetros.

© Houghton Mifflin Harcourt Publishing Company

Nombre ______________________________

Usar una gráfica de barras para resolver problemas

Cinco equipos de estudiantes montan en bicicleta después de clases para recaudar dinero para el laboratorio de computadoras. Cada milla que completen gana $2 para el laboratorio. La gráfica de barras muestra el número de millas completadas en una semana.

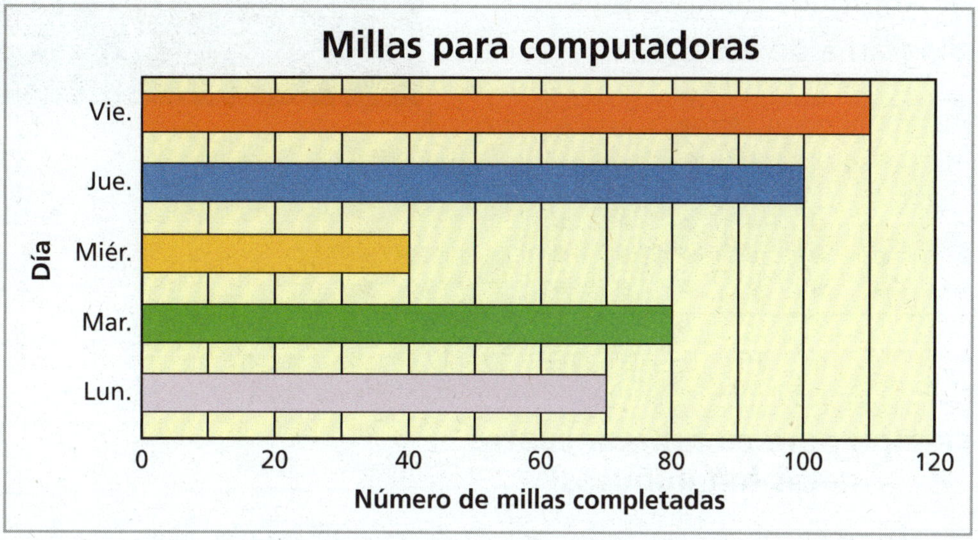

Usa la gráfica de barras para resolver los problemas.

1. ¿Cuánto dinero se ganó para el laboratorio de computadoras el martes?

   ____

2. ¿Cuántas millas menos se completaron el lunes que el viernes?

   ____

3. ¿Cuántas millas en total completaron los estudiantes?

   ____

4. ¿Cuántas millas más completaron los estudiantes el lunes y el martes combinados que el viernes?

   ____

5. Hay 4 ciclistas en cada uno de los 5 equipos. Si cada estudiante completó el mismo número de millas, ¿cuántas millas completó cada estudiante el miércoles?

   ____

6. ¿Completaron los estudiantes más millas el lunes y el miércoles combinados o el jueves?

   ____

   ____

© Houghton Mifflin Harcourt Publishing Company

Usar un diagrama de puntos para resolver problemas

La entrenadora de gimnasia pidió que las estudiantes caminaran alrededor de la pista cuatro veces. Cuatro vueltas equivalen a una milla. Anotó los tiempos en el siguiente diagrama de puntos.

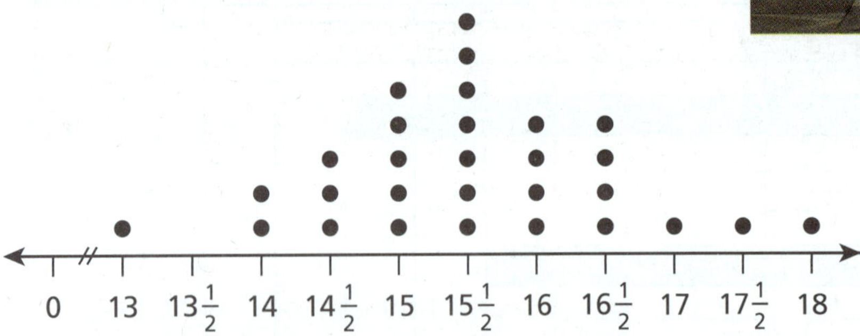

Tiempo para completar cuatro vueltas (en minutos)

Usa el diagrama de puntos para resolver los problemas.

7 ¿Cuál es la diferencia entre la cantidad de tiempo mayor y menor que tardaron las estudiantes en dar cuatro vueltas?

____

8 ¿Hubo más estudiantes que completaron las vueltas en 16 minutos o más, o en $15\frac{1}{2}$ minutos o menos?

____

9 ¿Cuántas estudiantes completaron cuatro vueltas en 16 minutos?

____

10 ¿De cuántas estudiantes anotó los tiempos la entrenadora?

____

11 ¿Cuántas estudiantes completaron cuatro vueltas en menos de 15 minutos?

____

Comprobar la comprensión

Completa las oraciones. La mayoría de las estudiantes completaron las vueltas en ________ minutos. Los ________ puntos arriba de ese tiempo representan ________ estudiantes.

© Houghton Mifflin Harcourt Publishing Company • Image Credits: ©Nata_Snow/iStock/Getty Images

Nombre ______________________________

Las matemáticas y los deportes

Muchos estudiantes participan en un día de atletismo en la escuela cada año. Un evento es el salto largo sin carrera. En este salto, el saltador se coloca directamente detrás de la línea de salida y luego salta. Se mide la longitud del salto desde la línea de salida hasta la primera marca donde el saltador tocó el suelo.

Completa.

1. Tu maestro te dirá cuándo hacer un salto largo sin carrera. Otro estudiante debe medir la longitud de tu salto al $\frac{1}{2}$ pie más cercano y anotarlo en un papel.

2. Anota las longitudes de los saltos de los estudiantes en la casilla siguiente.

© Houghton Mifflin Harcourt Publishing Company

¿Qué distancia puede saltar un estudiante de tercer grado?

Para analizar la distancia que puede saltar un estudiante de tercer grado, hay que organizar y representar los datos.

3 Usa las longitudes de los saltos de los estudiantes para completar la tabla de conteo y la tabla de frecuencias.

Tabla de conteo	
Longitud	**Conteo**

Tabla de frecuencias	
Longitud	**Número de estudiantes**

4 Haz un diagrama de puntos.

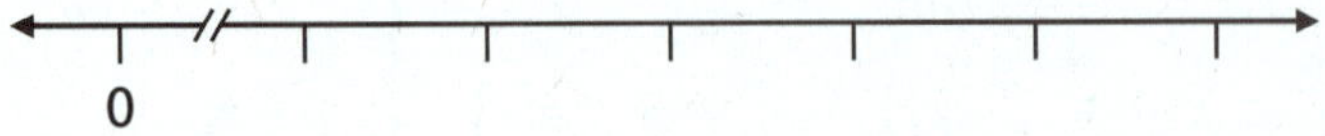

© Houghton Mifflin Harcourt Publishing Company

Prueba rápida 3 de la Unidad 4

Nombre ______________________ Fecha ______________

1 Usa los datos de la tabla para completar la gráfica de barras.

Estudiantes	
Grado	**Número de estudiantes**
2.º	25
3.º	40
4.º	80
5.º	50

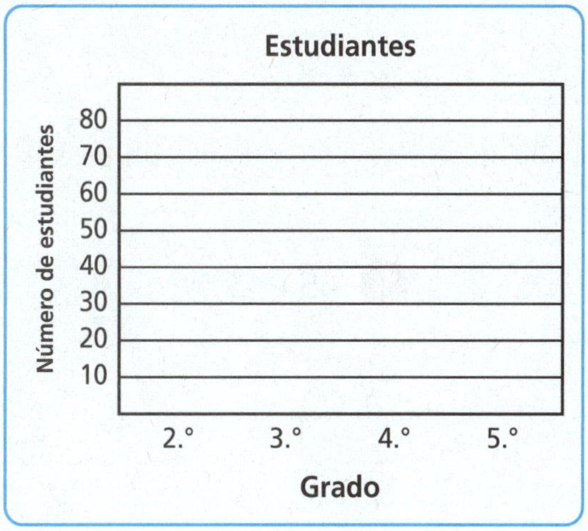

2 Usa los datos de la tabla para completar el diagrama de puntos.

Tiempo dedicado a actividades después de clases	
Estudiantes	**Número de estudiantes**
$\frac{1}{2}$	4
1	3
$1\frac{1}{2}$	2
2	1
$2\frac{1}{2}$	3
3	5

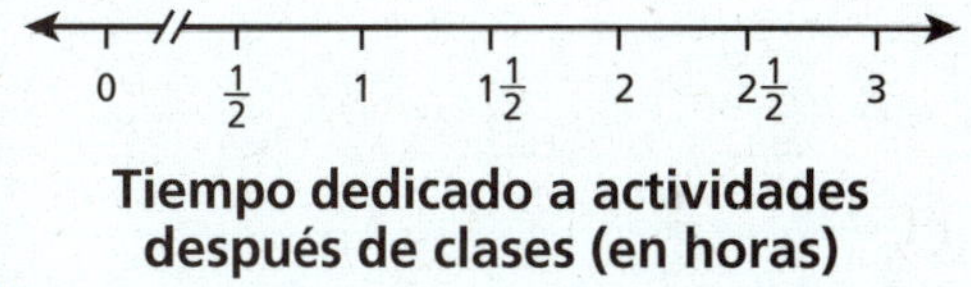

Los animales que Gary vio en una excursión aparecen en la pictografía a la derecha. Usa la pictografía para contestar las preguntas 3 y 4.

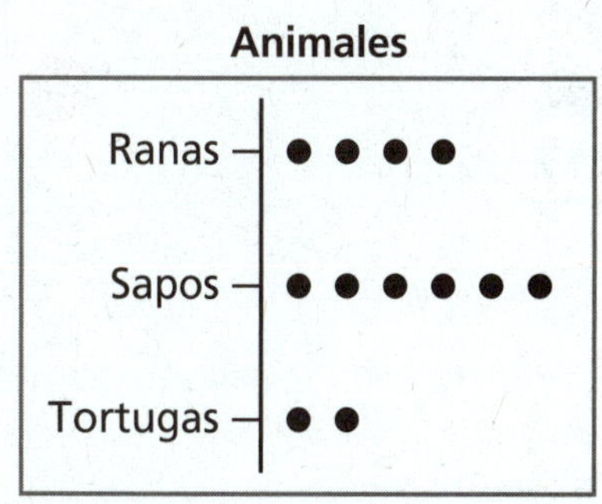

Cada ● representa 2 animales.

3 ¿Cuántos sapos vio Gary?

____

4 ¿Cuántos sapos más que tortugas vio Gary?

____

© Houghton Mifflin Harcourt Publishing Company

Comprobar el conocimiento 8

Nombre ____________________ Fecha ____________________

Camino al conocimiento

Multiplica o divide.

1. $8 \div 2 = \square$
2. $3 \times 5 = \square$
3. $7 \times 6 = \square$
4. $4 \times 10 = \square$
5. $60 \div 10 = \square$
6. $7 \div 1 = \square$
7. $64 \div 8 = \square$
8. $6 \times 9 = \square$
9. $45 \div 5 = \square$

Suma o resta.

10. $342 + 117$
11. $754 - 342$
12. $263 + 474$
13. $556 - 438$
14. $387 + 476$
15. $803 - 598$

© Houghton Mifflin Harcourt Publishing Company

Repaso/Prueba de la Unidad 4 Nombre ______________________ Fecha ____________

1 Elige la letra que muestra la fracción sombreada. Marca todas las que correspondan.

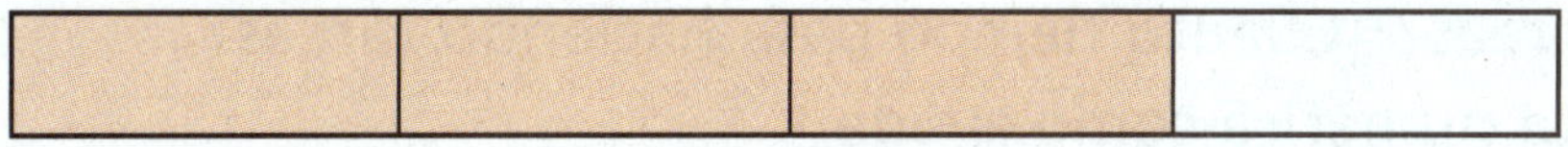

Ⓐ $\frac{1}{4}$

Ⓑ $\frac{4}{3}$

Ⓒ $\frac{3}{4}$

Ⓓ $\frac{1}{4} + \frac{1}{4} + \frac{1}{4}$

Ⓔ $\frac{4}{1} + \frac{4}{1} + \frac{4}{1}$

2 Para los números 2a a 2d, elige Sí o No para indicar si las palabras dicen la hora en el reloj.

2a. veintiséis minutos antes de las once ○ Sí ○ No

2b. treinta y cuatro minutos después de las doce ○ Sí ○ No

2c. treinta y cuatro minutos después de las once ○ Sí ○ No

2d. veintiséis minutos antes de las doce ○ Sí ○ No

3 Usa una regla para dividir la barra de fracciones en 6 partes iguales. Luego sombrea cuatro partes.

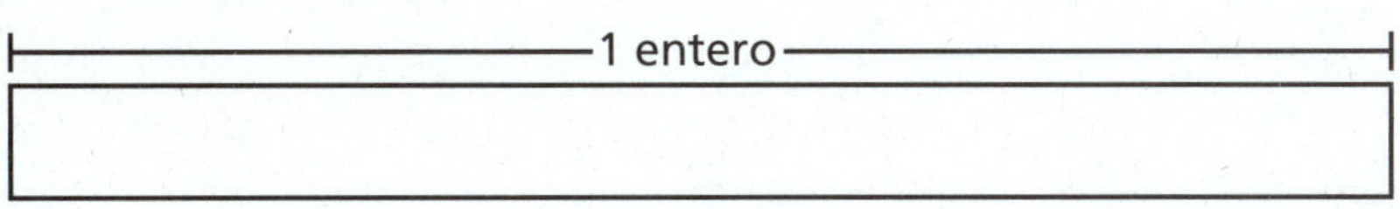

¿Qué fracción representa la barra de fracciones sombreada?

____

Muestra la fracción como la suma de fracciones unitarias.

____

© Houghton Mifflin Harcourt Publishing Company

Nombre ______________________ Fecha ______________

4 Kyle comienza sus tareas a las 6:30 p. m. Pasa 35 minutos haciendo la tarea de matemáticas y 40 minutos haciendo la tarea de ciencias. ¿A qué hora termina Kyle sus tareas? ¿Cuánto tiempo pasa haciendo tareas? Usa la recta numérica como ayuda.

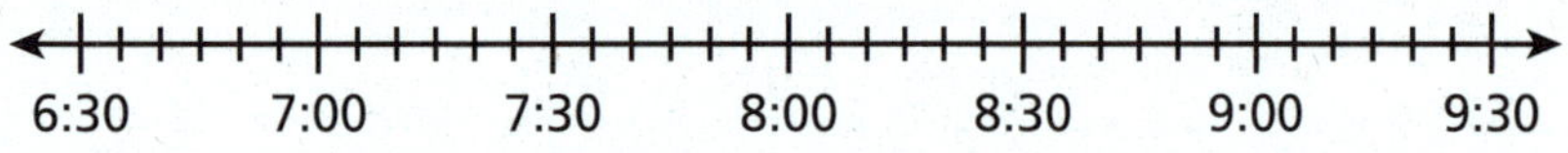

Kyle termina sus tareas a las ______________ p. m.

Tarda [1 hora 5 minutos / 1 hora 15 minutos / 1 hora 25 minutos] en sus tareas.

5 Ubica la fracción en la recta numérica.

$\frac{3}{4}$

© Houghton Mifflin Harcourt Publishing Company

Nombre ________________ Fecha ________

6 La gráfica de barras muestra el número de plantas vendidas en una tienda.

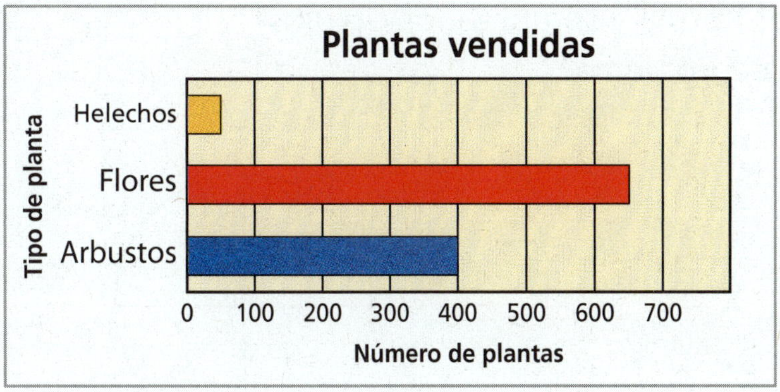

¿Cuántas flores más que helechos y arbustos combinados vende la tienda?

________________ flores más

Escribe y contesta otra pregunta usando datos de la gráfica.

7 Estima la longitud del marcador en pulgadas. Luego mídelo al $\frac{1}{4}$ de pulgada más cercano.

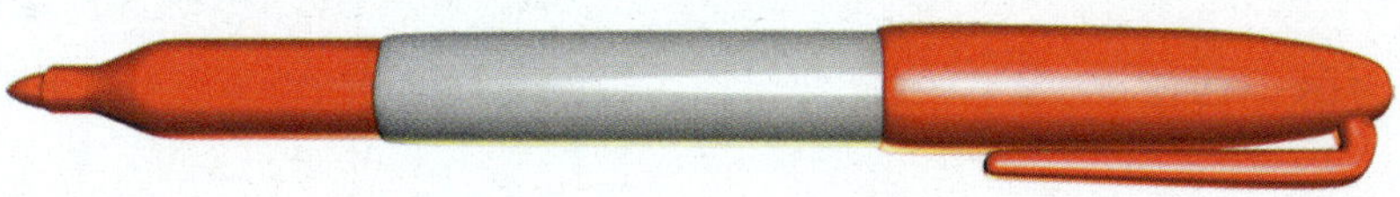

Estimación: ________ pulg Real: ________ pulg

© Houghton Mifflin Harcourt Publishing Company

Nombre ______________________ Fecha ______________

8 Jeff tiene dos estantes. La longitud del estante de madera es $\frac{2}{4}$ de metro y la longitud del estante de metal es $\frac{2}{8}$ de metro.

¿Qué estante es más largo? Rotula y sombrea los círculos como ayuda para resolver el problema.

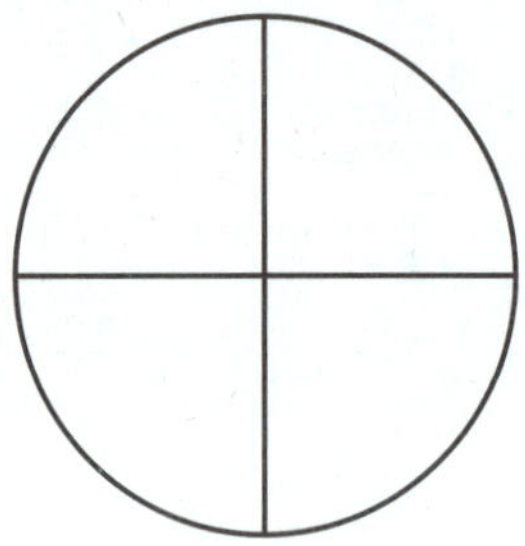

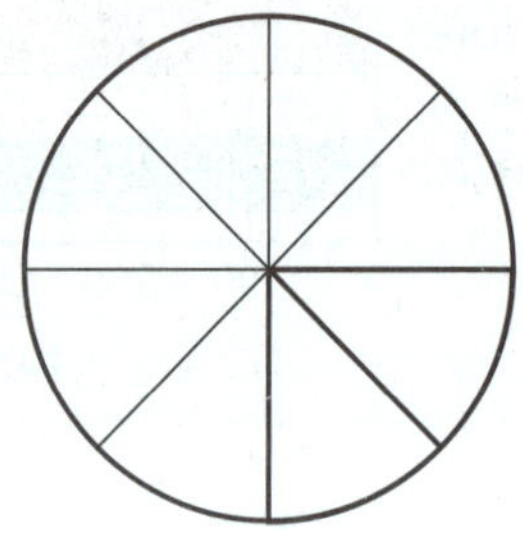

El estante de ______________ es más largo.

9 Tom midió las distancias a la que se lanzaron unas pelotas de softbol desde el *home plate*. Los resultados aparecen en el diagrama de puntos. Para los números 9a a 9d, elige Verdadero o Falso para cada oración.

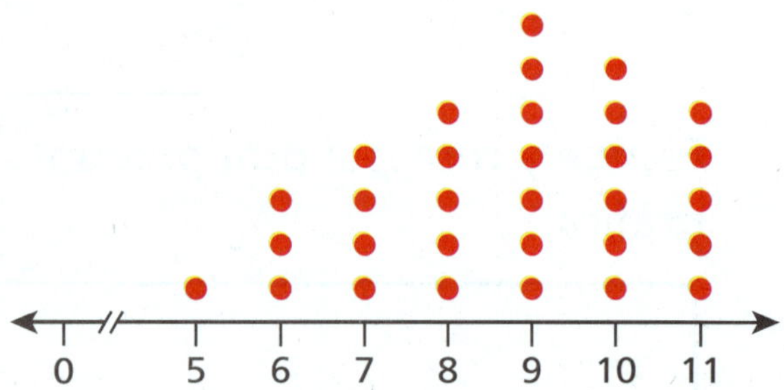

Distancia desde el *home plate* (en pies)

9a. Se lanzan 8 pelotas 5 pies. ○ Verdadero ○ Falso

9b. Se lanzan 13 pelotas menos de 9 pies. ○ Verdadero ○ Falso

9c. Se lanzan 11 pelotas más de 9 pies. ○ Verdadero ○ Falso

9d. 4 pies es la diferencia entre las distancias de lanzamiento mayor y menor. ○ Verdadero ○ Falso

© Houghton Mifflin Harcourt Publishing Company

 Nombre Fecha

10 Usa los datos de la tabla para completar la pictografía y la gráfica de barras.

Ventas de camisetas			
Talla	**Pequeña**	**Mediana**	**Grande**
Número de camisetas	40	70	50

Ventas de camisetas	
Pequeña	
Mediana	
Grande	

Clave:

¿Qué gráfica elegirías para mostrar los datos? ¿Por qué?

11 Escribe la hora inicial o la hora final para completar la tabla.

8:48 a. m. 3:25 a. m. 12:50 p. m.

8:53 a. m. 3:35 p. m. 1:10 p. m.

Hora inicial	Tiempo transcurrido	Hora final
8:15 a. m.	38 minutos	
	55 minutos	4:20 a. m.
10:45 a. m.	2 horas 25 minutos	

© Houghton Mifflin Harcourt Publishing Company

Nombre ______________________ Fecha ____________

12 Diane tiene $\frac{5}{4}$ de metro de cinta azul y $\frac{3}{4}$ de metro de cinta roja. Escribe una comparación. ¿Qué cinta es más larga?

Comparación: ____________

La cinta ____________ es más larga.

13 La tabla de frecuencias muestra las longitudes de unos libros en un salón de clase.

Parte A

Usa la tabla de frecuencias para completar el diagrama de puntos.

Tabla de frecuencias	
Longitud (en pulgadas)	**Número de libros**
5	2
$5\frac{1}{2}$	3
6	6
$6\frac{1}{2}$	5
7	8
$7\frac{1}{2}$	5
8	7

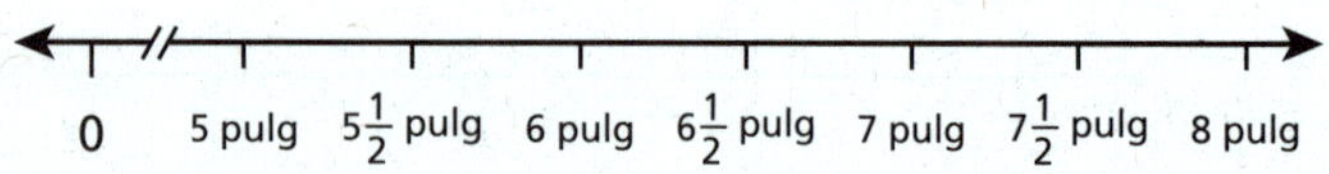

____

Parte B

¿Entre qué dos medidas están la mayoría de las longitudes de los libros?

____________ pulgadas y ____________ pulgadas

Supón que mides las longitudes de tres libros más y son $7\frac{1}{2}$ pulgadas. Si agregas los datos al diagrama de puntos, ¿cómo cambiaría tu respuesta?

© Houghton Mifflin Harcourt Publishing Company

 Nombre ____________________ Fecha ____________

Planificar una feria artesanal de la clase

Supón que tu clase va a hacer una feria artesanal. Ayudarás a planificar el horario para todas las actividades. Usa la información de la tabla y de los Pasos A a C para determinar la hora inicial de cada evento.

1. Completa la tabla mostrando el tiempo inicial para cada evento y su duración.

Paso A Agregar 10 minutos entre actividades para preparar la siguiente artesanía.

Paso B Incluir un tiempo razonable para montar la primera actividad y para asear al final de la feria.

Paso C Decidir una buena hora para que comience la feria artesanal.

Horario de la feria artesanal

Evento	Hora inicial	Cantidad de tiempo
Montaje		
Hacer torres de palitos		35 minutos
Hacer marionetas		25 minutos
Pintar cuadros		20 minutos
Aseo		

2. Explica cómo decidiste a qué hora empezaría la feria artesanal.

____

____

3. La tabla muestra los nombres de los estudiantes y las alturas de sus torres de palitos. Usa los datos de la tabla para completar la gráfica de barras.

Torres de palitos

Nombre del estudiante	Altura de la torre
Lee	25 pulgadas
Juan	15 pulgadas
Mei	10 pulgadas

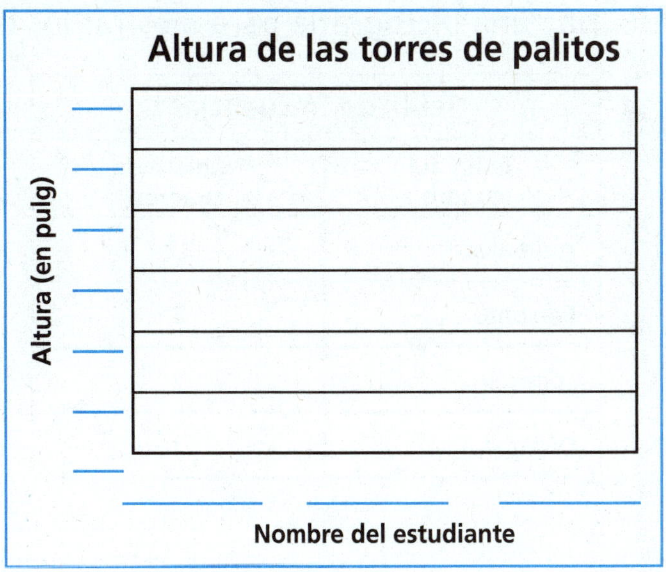

© Houghton Mifflin Harcourt Publishing Company

Nombre ____________________ **Fecha** ____________

4 Para hacer marionetas, la mayoría de los estudiantes tardó más tiempo que los 25 minutos previstos. Esta tabla muestra el tiempo que tardaron los estudiantes haciendo marionetas.

Haz un diagrama de puntos para mostrar los tiempos.

Tabla de frecuencias	
Tiempo (en minutos)	**Número de estudiantes**
25	2
26	5
27	3
28	7
29	3
30	9
31	1

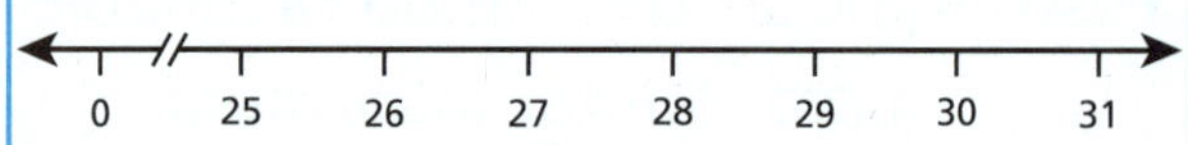

____

¿Crees que la clase debe planificar más tiempo para hacer las marionetas el año entrante? Explica.

____

____

5 La maestra hizo una tabla para mostrar el número de cada tipo de cuadro que pintaron los estudiantes.
Haz una pictografía para mostrar los datos de la tabla.

Tabla de frecuencias	
Tema del cuadro	**Número de cuadros**
Animales	12
Personas	8
Lugares	7
Diseños	3

Tipos de cuadros	
Animales	
Personas	
Lugares	
Diseños	
Clave: Cada = ________.	

© Houghton Mifflin Harcourt Publishing Company

Dear Family:

Your child is currently learning about perimeter and area. Students find the area of a rectangle by counting the number of square units inside the figure and find the perimeter of a rectangle by counting linear units around the outside of the figure. They develop methods to find the perimeter and area of a rectangle.

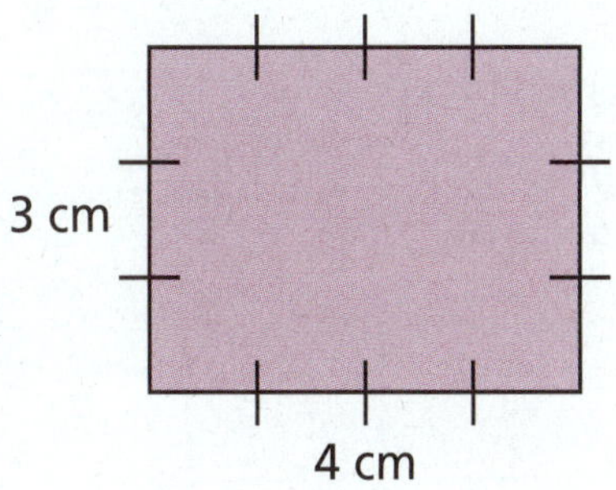

Perimeter = distance around the rectangle

Perimeter = *side length* + *side length* + *side length* + *side length*

$P = 4$ cm + 3 cm + 4 cm + 3 cm

$P = 14$ cm

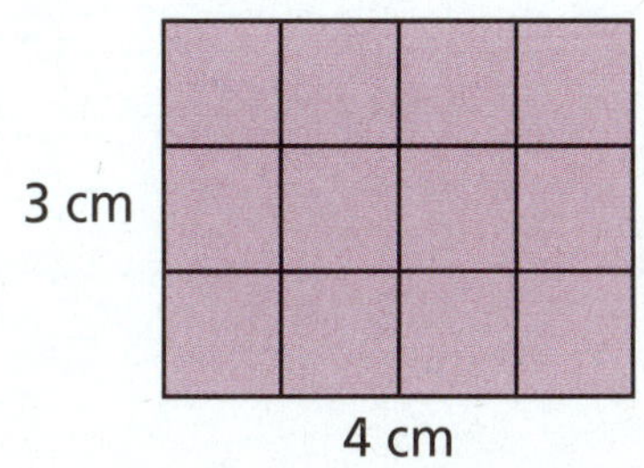

Area = square units inside the rectangle

Area = *side length* × *side length*

$A = 4$ cm × 3 cm

$A = 12$ sq cm

Students draw rectangles and discover relationships between perimeter and area, such as for a given area, the longest, skinniest rectangle has the greatest perimeter and the rectangle with sides closest to the same length or the same length has the least perimeter.

Students create shapes with tangrams and use the shapes as improvised units to measure area.

In this unit, students use fraction bars and number lines to find equivalent fractions and solve real world problems using their understanding of fraction concepts.

$$\frac{1}{2} = \frac{3}{6}$$

If you have any questions or comments, please contact me.

Thank you.

Sincerely,
Your child's teacher

© Houghton Mifflin Harcourt Publishing Company

Estimada familia:

Su niño está aprendiendo acerca de perímetro y área. Los estudiantes encontrarán el área de un rectángulo contando las unidades cuadradas que caben en la figura y hallarán el perímetro de un rectángulo contando las unidades lineales alrededor de la figura. Desarrollarán métodos para hallar el perímetro y el área de un rectángulo.

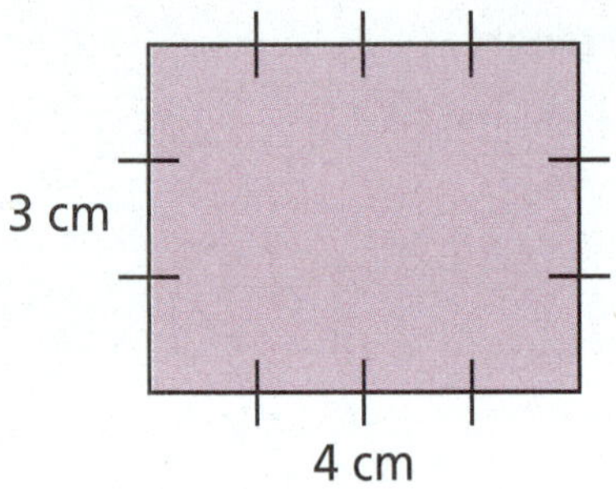

Perímetro = distancia alrededor del rectángulo

Perímetro = largo del lado + largo del lado + largo del lado + largo del lado

$P = 4$ cm + 3 cm + 4 cm + 3 cm

$P = 14$ cm

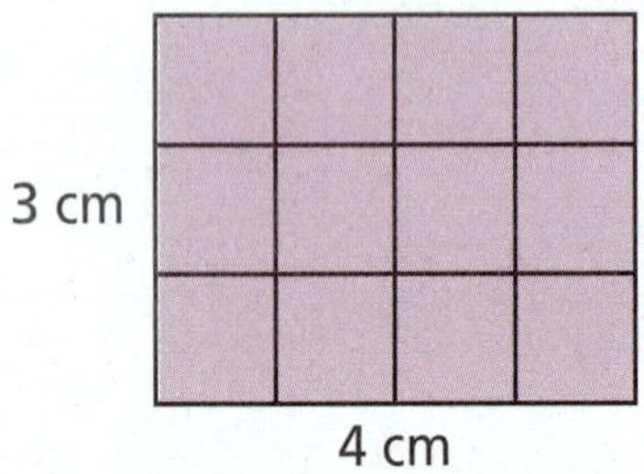

Área = unidades cuadradas dentro del rectángulo

Área = largo del lado × largo del lado

$A = 4$ cm × 3 cm

$A = 12$ cm cuad

Los estudiantes dibujarán rectángulos y descubrirán cómo se relacionan el perímetro y el área, por ejemplo, para un área determinada, el rectángulo más largo y angosto tiene el perímetro mayor y el rectángulo con lados de igual o casi igual longitud, tiene el perímetro menor.

Los estudiantes crearán figuras con tangramas y las usarán como medidas improvisadas para medir área.

En esta unidad, los estudiantes usarán barras de fracciones y rectas numéricas para hallar fracciones equivalentes y resolver problemas cotidianos usando los conceptos que aprendan sobre fracciones.

$$\frac{1}{2} = \frac{3}{6}$$

Si tiene alguna duda o algún comentario, por favor comuníquese conmigo.

Atentamente,
El maestro de su niño

© Houghton Mifflin Harcourt Publishing Company

Celsius (°C)	**Fahrenheit (°F)**
descomponer	**perímetro**
fracciones equivalentes	**temperatura**

© Houghton Mifflin Harcourt Publishing Company

Escala que se usa para medir la temperatura.

Ejemplos:

El agua se congela a 32 °F.

El agua hierve a 212 °F.

Escala que se usa para medir la temperatura.

Ejemplos:

El agua se congela a 0 °C.

El agua hierve a 100 °C.

Distancia alrededor de una figura.

Ejemplo:

Perímetro = 3 cm + 5 cm + 3 cm + 5 cm

= 16 cm

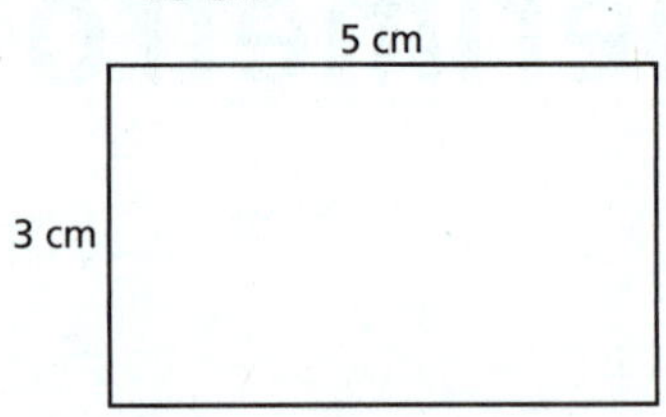

Separar en partes más pequeñas una figura geométrica o un número.

Medida de qué tan caliente o frío está algo.

Fracciones que denotan la misma cantidad.

Ejemplo:

$\frac{1}{2}$ y $\frac{2}{4}$

fracciones equivalentes

© Houghton Mifflin Harcourt Publishing Company

termómetro

© Houghton Mifflin Harcourt Publishing Company

Instrumento que se usa para medir la temperatura.

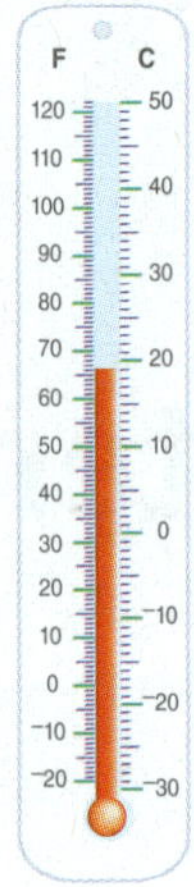

© Houghton Mifflin Harcourt Publishing Company

Nombre ______________________

Reconocer perímetro y área

VOCABULARIO
perímetro

En esta página, los puntos en el papel punteado están a distancias de 1 cm. Usa el rectángulo para los Ejercicios 1 a 4.

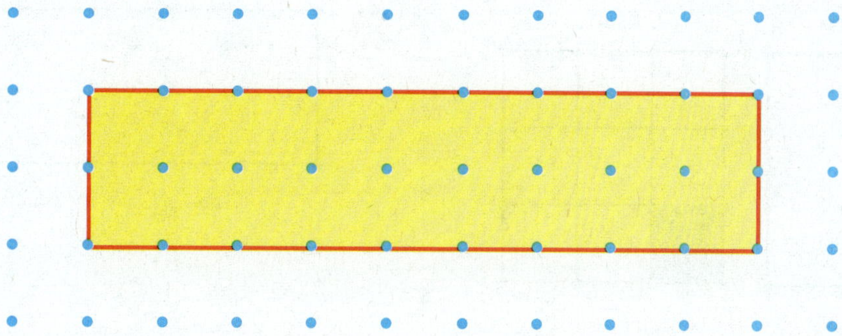

1. ¿Qué parte del rectángulo es su **perímetro**?

____

2. ¿Qué parte del rectángulo es su área?

____

3. Halla el perímetro. Dibuja marcas como ayuda.

____

4. Halla el área. Dibuja cuadrados unitarios como ayuda.

____

5. Dibuja un rectángulo que mida 4 cm de largo y 3 cm de ancho en el papel punteado. Busca el perímetro y el área.

Perímetro ____________

Área ____________

6. Explica cómo hallaste el área del rectángulo en el Ejercicio 5.

____

____

____

____

____

____

© Houghton Mifflin Harcourt Publishing Company

Hallar el perímetro y el área

Halla el perímetro y el área de cada figura.
Acuérdate de incluir las unidades correctas en tus respuestas.

7

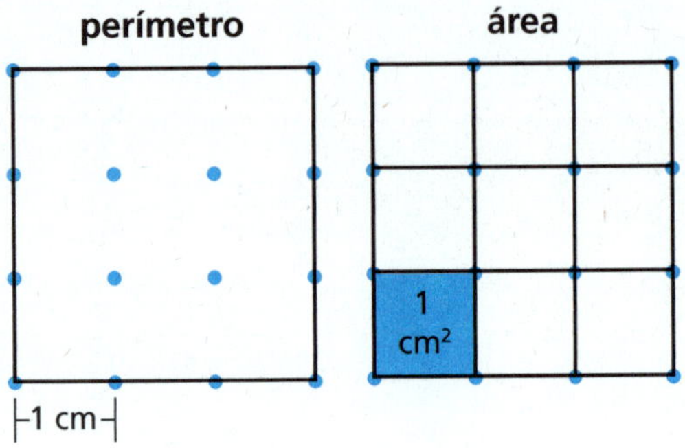

Perímetro = ____________

Área = ____________

8

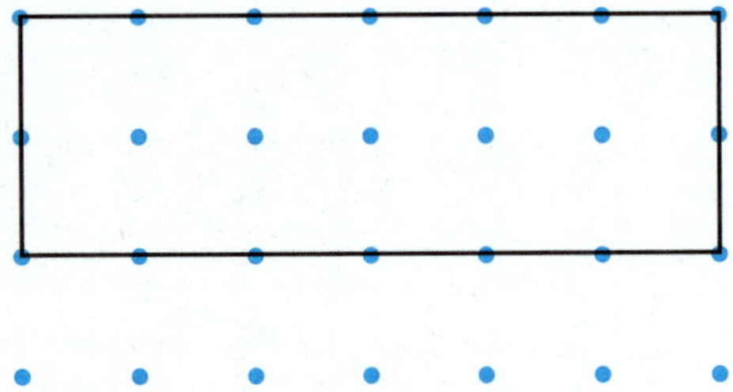

Perímetro = ____________

Área = ____________

9

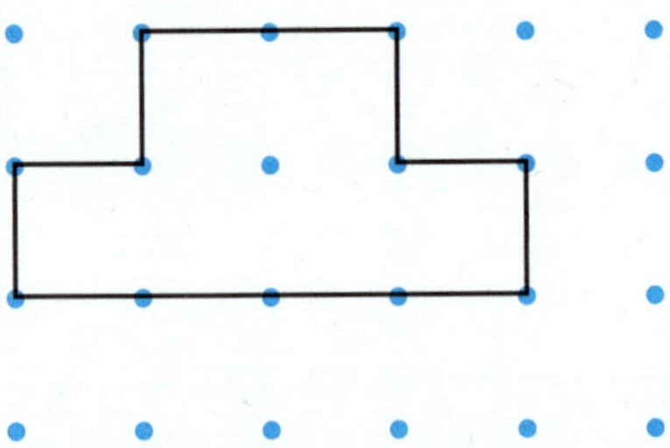

Perímetro = ____________

Área = ____________

10

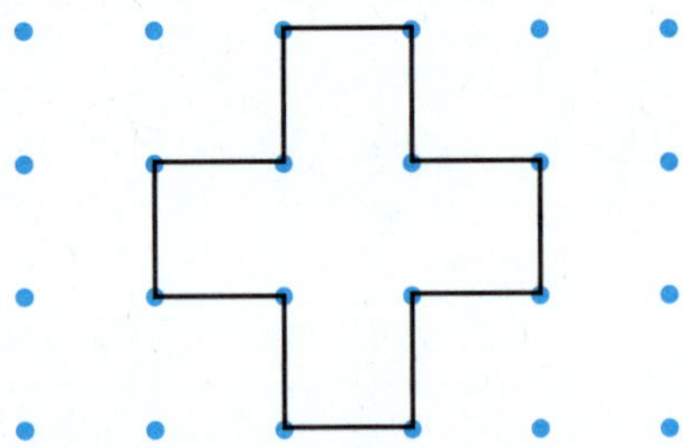

Perímetro = ____________

Área = ____________

11

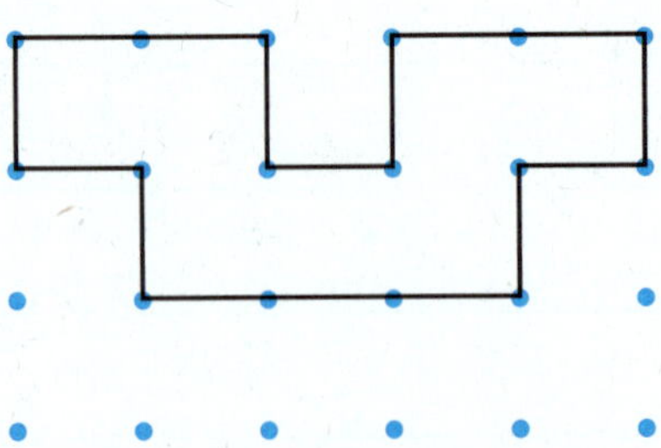

Perímetro = ____________

Área = ____________

12

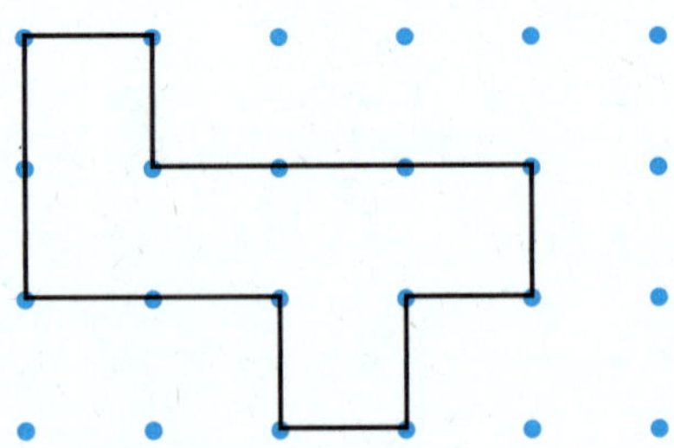

Perímetro = ____________

Área = ____________

© Houghton Mifflin Harcourt Publishing Company

Nombre ____________________

Colocar fichas en un rectángulo

Recorta los cuadrados unitarios de 1 pulgada por las líneas punteadas. Corta lo más derecho y cuidadosamente que puedas.

© Houghton Mifflin Harcourt Publishing Company

© Houghton Mifflin Harcourt Publishing Company

Nombre ____________________

Colocar fichas en un rectángulo

13 Usa los cuadrados unitarios de 1 pulgada de la página 335A para cubrir el rectángulo abajo.

No dejes espacios entre los cuadrados unitarios.

No dejes que los cuadrados unitarios se sobrepongan.

14 Traza rectas con una escuadra para mostrar los cuadrados unitarios. El número de cuadrados unitarios es el área en pulgadas cuadradas. ¿Cuál es el área?

____

15 Usa una regla en pulgadas para medir las longitudes de los lados del rectángulo. Rotula la longitud y el ancho.

____

____

© Houghton Mifflin Harcourt Publishing Company

16 Escribe una ecuación de multiplicación para mostrar el área.

____

Colocar fichas en un rectángulo (continuación)

Cubre cada rectángulo con cuadrados unitarios de 1 pulgada. Cuenta los cuadrados para hallar el área. Luego escribe una ecuación para mostrar el área.

17 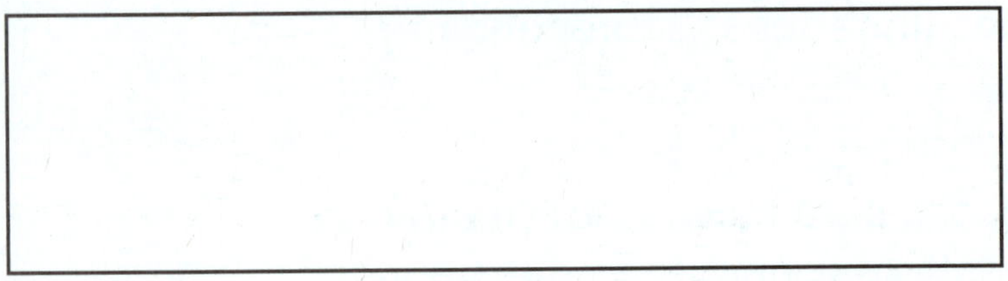

El área es ______. La ecuación es ______.

18 

El área es ______. La ecuación es ______.

19 ¿Cuántos cuadrados unitarios de 1 pulgada se necesitan para cubrir un rectángulo que mide 7 pulgadas de largo y 4 pulgadas de ancho?

______

20 ¿Cuál es el área de un rectángulo que mide 7 pulgadas de largo y 4 pulgadas de ancho?

______

© Houghton Mifflin Harcourt Publishing Company

Comprobar la comprensión

Completa los enunciados.

El perímetro mide ______.

El área mide ______.

Nombre ______________________

Ecribir diferentes ecuaciones para área

1. Usa los dibujos. Muestra dos maneras de hallar el área de un rectángulo que mida 10 unidades de largo y 6 unidades de ancho.

2. Escribe ecuaciones para los dos rectángulos que dibujaste.

______________________ ______________________

3. Imagina que el rectángulo mide 10 pies de largo y 6 pies de ancho. ¿Cuál es su área?

____

4. Imagina que el rectángulo mide 10 metros de largo y 6 metros de ancho. ¿Cuál es su área?

____

5. Usa dibujos y escribe ecuaciones para mostrar dos maneras de hallar el área de un rectángulo que mide 9 yardas de largo y 5 yardas de ancho.

______________________ ______________________

© Houghton Mifflin Harcourt Publishing Company

Ecuaciones y dibujos de rectángulos

Escribe una ecuación para cada rectángulo.

6
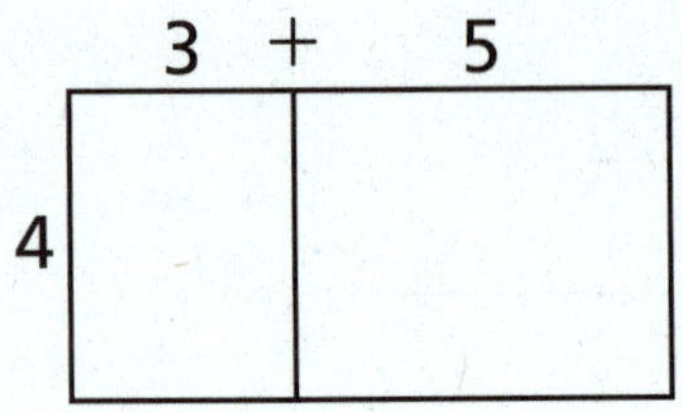

7
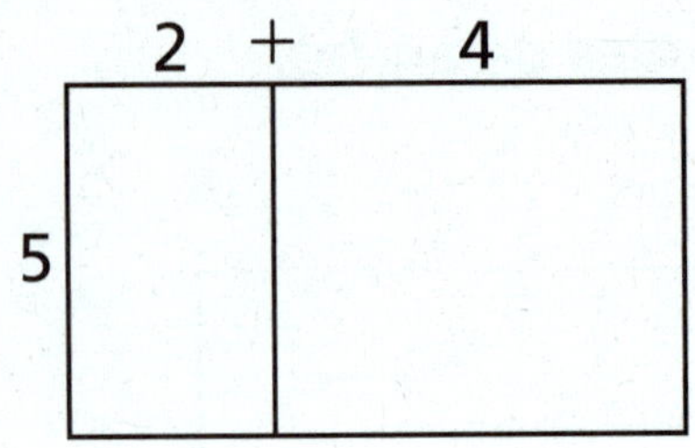

8
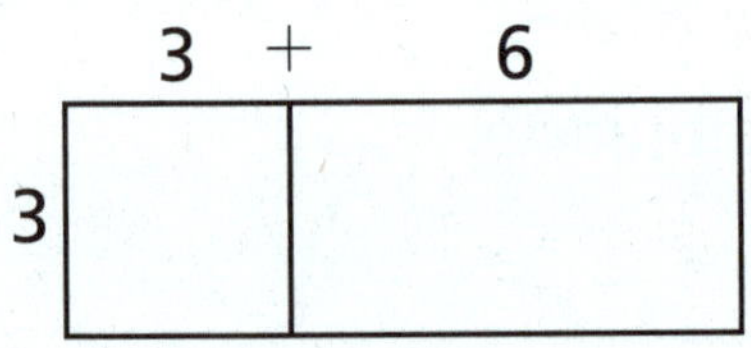

9
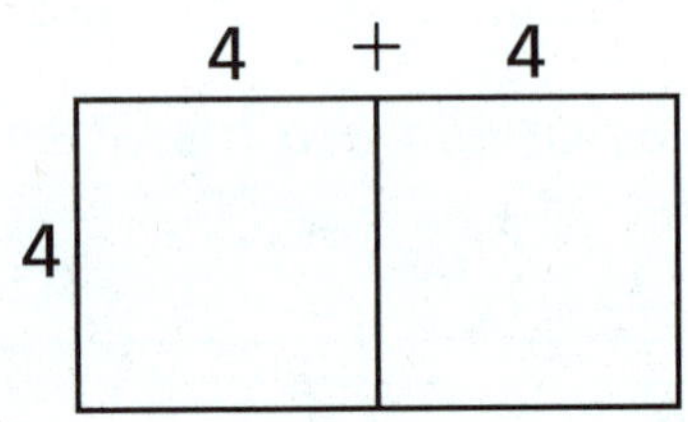

Dibuja un rectángulo para cada ecuación.

10 $(3 \times 3) + (3 \times 5) = 3 \times 8$

11 $(4 \times 5) + (4 \times 3) = 4 \times 8$

12 $(5 \times 3) + (5 \times 6) = 5 \times 9$

13 $(4 \times 6) + (4 \times 4) = 4 \times 10$

© Houghton Mifflin Harcourt Publishing Company

Nombre ______________________

Hallar longitudes de lado desconocidas

Determina la longitud del lado desconocido en cada rectángulo.

14

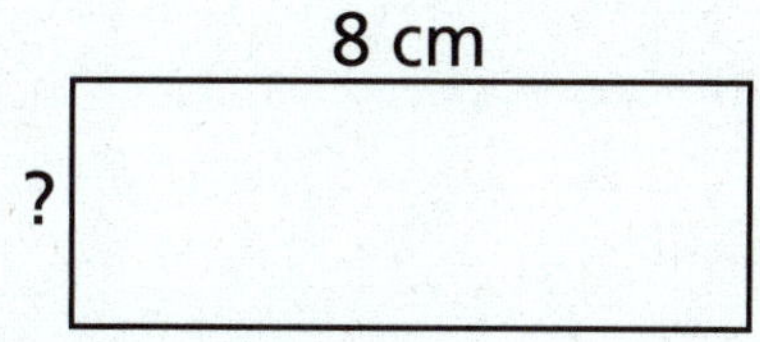

Área = 72 cm²

____

15

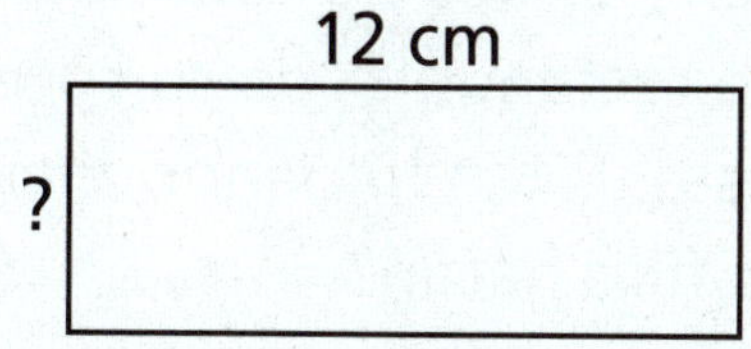

Perímetro = 38 cm

____

16

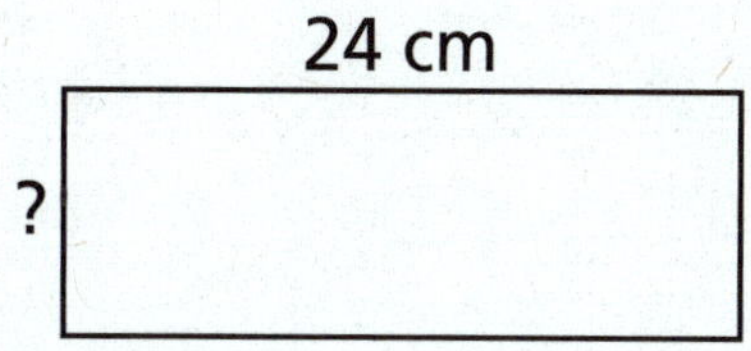

Perímetro = 64 cm

____

17

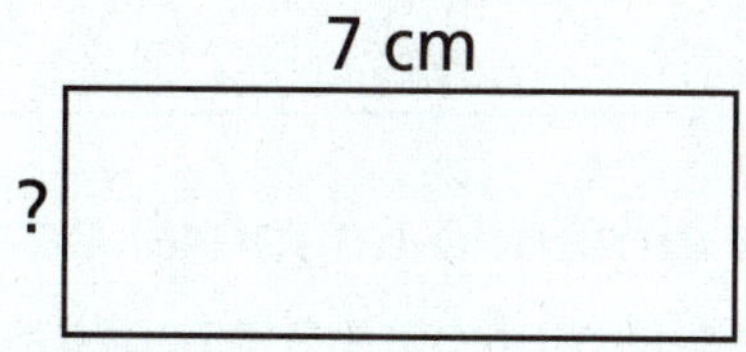

Área = 56 cm²

____

18

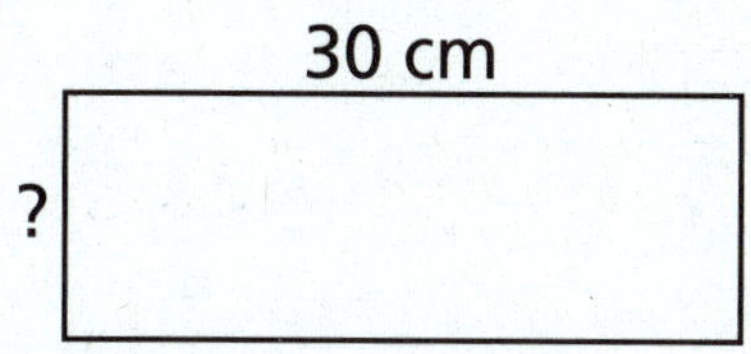

Perímetro = 72 cm

____

19

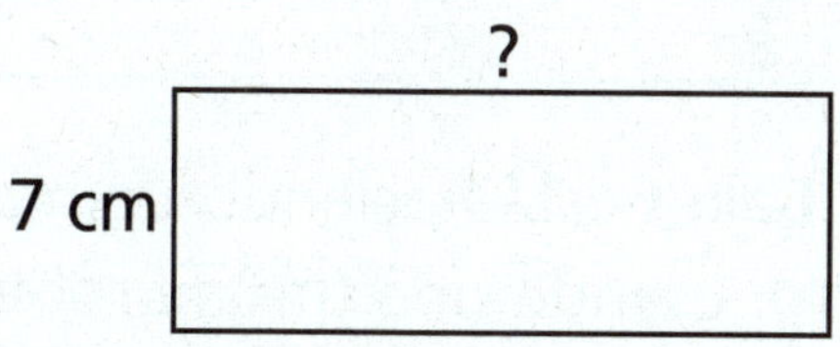

Área = 63 cm²

____

20

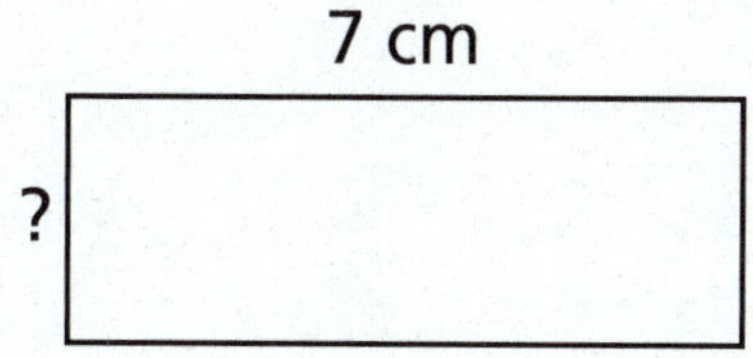

Área = 28 cm²

____

21

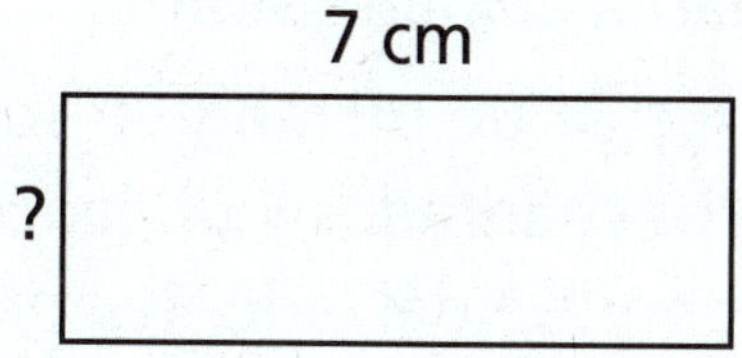

Perímetro = 20 cm

____

© Houghton Mifflin Harcourt Publishing Company

Problemas con longitudes de lado desconocidas

Resuelve. Dibuja un rectángulo para representar la situación. *Muestra tu trabajo.*

22 Alexander y su abuelo están poniendo baldosas en el piso rectangular de su cocina. Necesitan usar 42 baldosas. Están haciendo filas de 7 baldosas. ¿Cuántas filas hacen?

____

23 Martha tiene 63 cuadrados para coser una colcha. Quiere que la colcha tenga 9 filas de largo. ¿Cuántos cuadrados habrá en cada fila?

____

24 Rick está pintando un mural de rectángulos de diferentes tamaños, sin espacios ni rectángulos superpuestos. Tiene suficiente pintura para cubrir 15 yardas cuadradas. Quiere que el mural mida 3 yardas de largo. ¿Cuál es el ancho máximo que puede tener el mural?

____

25 El Sr. Baker está haciendo un marco para un cuadro, usando una tira de roble de 48 pulgadas. Quiere usar toda la tira. El marco medirá 14 pulgadas de ancho. ¿Cuál será su longitud?

____

Comprobar la comprensión

Dibuja y rotula un rectángulo con un área de 36 centímetros cuadrados y un lado de 4 centímetros. Halla la longitud del lado desconocido. Luego halla el perímetro.

© Houghton Mifflin Harcourt Publishing Company

Nombre ____________________

Comparar rectángulos con el mismo perímetro

Completa.

1. En una cuadrícula de puntos en centímetros, dibuja todos los rectángulos posibles con un perímetro de 12 cm y lados que midan centímetros enteros. Rotula las longitudes de dos lados adyacentes de cada rectángulo.

2. Busca y rotula el área de cada rectángulo. En la tabla, anota las longitudes de los lados adyacentes y el área de cada rectángulo.

3. Compara las formas de los rectángulos con el área menor y mayor.

Rectángulos con perímetro de 12 cm	
Longitudes de dos lados adyacentes	**Área**

____

____

4. En una cuadrícula de puntos en centímetros, dibuja todos los rectángulos posibles con un perímetro de 22 cm y lados que midan centímetros enteros. Rotula las longitudes de dos lados adyacentes de cada rectángulo.

5. Busca y rotula el área de cada rectángulo. En la tabla, anota las longitudes de los lados adyacentes y el área de cada rectángulo.

6. Compara las formas de los rectángulos con el área menor y mayor.

Rectángulos con perímetro de 22 cm	
Longitudes de dos lados adyacentes	**Área**

____

____

© Houghton Mifflin Harcourt Publishing Company

Comparar rectángulos con la misma área

7 En una cuadrícula de puntos en centímetros, dibuja todos los rectángulos posibles con un área de 12 cm^2 y lados que midan centímetros enteros. Rotula las longitudes de dos lados adyacentes de cada rectángulo.

Rectángulos con área de 12 cm^2	
Longitudes de dos lados adyacentes	Perímetro

8 Busca y rotula el área de cada rectángulo. En la tabla, anota las longitudes de los lados adyacentes y el perímetro de cada rectángulo.

9 En una cuadrícula de puntos en centímetros, dibuja todos los rectángulos posibles con un área de 18 cm^2 y lados que midan centímetros enteros. Rotula las longitudes de dos lados adyacentes de cada rectángulo.

Rectángulos con área de 18 cm^2	
Longitudes de dos lados adyacentes	Perímetro

10 Busca y rotula el perímetro de cada rectángulo. En la tabla, anota las longitudes de los lados adyacentes y el perímetro de cada rectángulo.

11 Compara las formas de los rectángulos con el perímetro menor y mayor.

____

____

____

Comprobar la comprensión

Dibuja y rotula un rectángulo con la mayor área posible para un perímetro de 18 pulgadas. Los lados deben ser pulgadas enteras.

© Houghton Mifflin Harcourt Publishing Company

Nombre ____________________

VOCABULARIO
descomponer

Hallar el área descomponiendo en rectángulos

Descompón cada figura en rectángulos.
Luego determina el área de la figura.

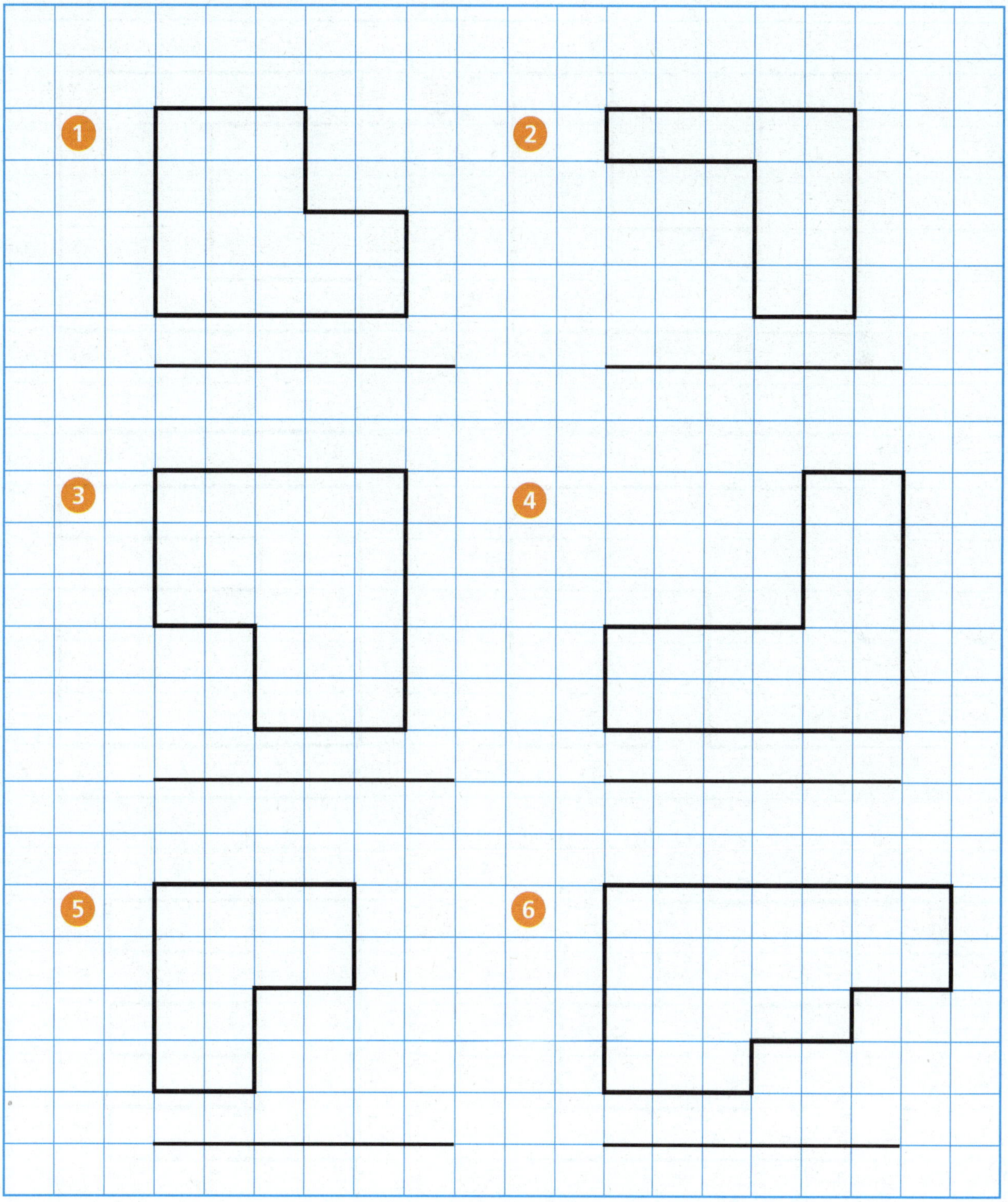

© Houghton Mifflin Harcourt Publishing Company

Hallar el área descomponiendo en rectángulos (continuación)

Descompón cada figura en rectángulos. Luego determina el área de la figura.

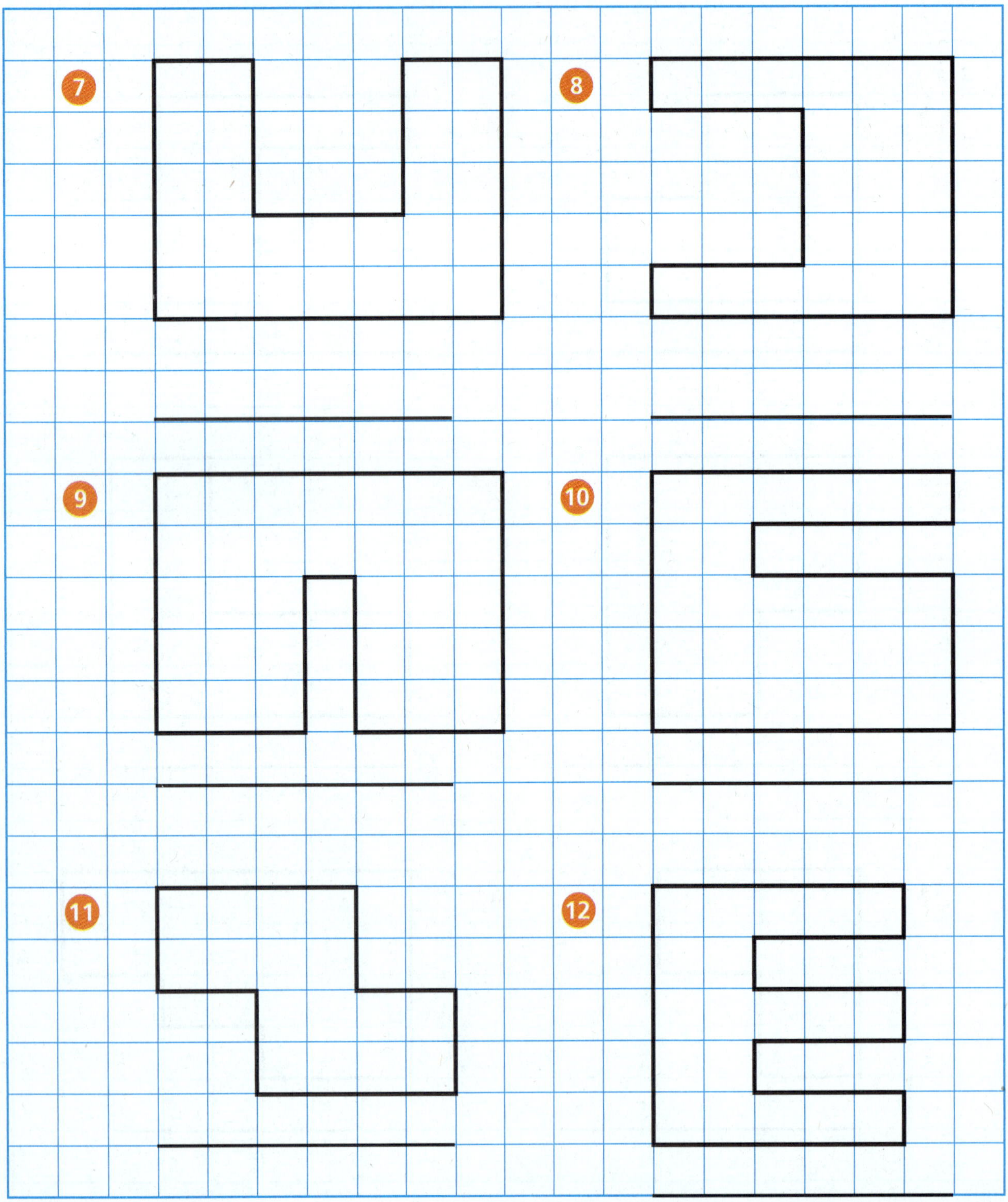

© Houghton Mifflin Harcourt Publishing Company

Nombre ____________________

Hallar el área descomponiendo en rectángulos (continuación)

Descompón cada figura en rectángulos. Luego determina el área de la figura.

© Houghton Mifflin Harcourt Publishing Company

¿Cuál es el error?

Queridos estudiantes de matemáticas:

Hoy la maestra me pidió que determinara el área de una figura. Sabía que podía descomponer la figura en rectángulos. Esto es lo que hice.

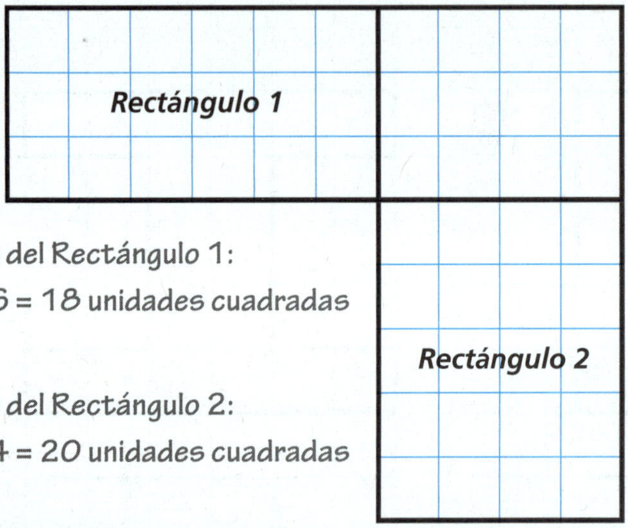

Área del Rectángulo 1:
3 x 6 = 18 unidades cuadradas

Área del Rectángulo 2:
5 x 4 = 20 unidades cuadradas

Área de la figura:
18 + 20 = 38 unidades cuadradas

¿Es correcto mi trabajo? Si no, por favor corrijan mi trabajo y díganme qué hice mal. ¿Cómo saben que la respuesta está mal?

Su amigo,
Pingüino Confundido

17 Escribe una respuesta para Pingüino Confundido.

Comprobar la comprensión

Descompón la figura que Pingüino Confundido descompuso en rectángulos de otra manera y determina el área de la figura.

© Houghton Mifflin Harcourt Publishing Company

Nombre ______________________________

Resolver problemas de perímetro y área

Resuelve. Encierra en un círculo si debes calcular el perímetro, el área o la longitud de un lado desconocido. Dibuja una figura para representar cada situación.

Muestra tu trabajo.

1. Las dimensiones de un marco rectangular son 9 pulgadas y 6 pulgadas. ¿De qué tamaño es el cuadro más grande que cabría en este marco?

   Perímetro   Área   Longitud de un lado

   ____

2. Una huerta tiene forma de hexágono. Cada lado de la huerta mide 5 pies de largo. ¿Cuánta cerca se necesita para rodear toda la huerta?

   Perímetro   Área   Longitud de un lado

   ____

3. La longitud de un tobogán de agua es 9 yardas. El tobogán mide 2 yardas de ancho. ¿Qué parte de la superficie del tobogán debe estar cubierta de agua?

   Perímetro   Área   Longitud de un lado

   ____

4. El Sr. Schmidt está instalando un casillero con 32 casillas en el pasillo. Pone 8 casillas en cada fila. ¿Cuántas filas de casillas puede hacer?

   Perímetro   Área   Longitud de un lado

   ____

© Houghton Mifflin Harcourt Publishing Company

Resolver problemas de perímetro y área (continuación)

Resuelve. Encierra en un círculo si debes calcular el perímetro, el área o la longitud de un lado desconocido. Dibuja una figura para representar cada situación.

Muestra tu trabajo.

5. El piso de una camioneta de reparto tiene un área de 56 pies cuadrados y mide 8 pies de largo. ¿Cuántas filas de 8 cajas que miden 1 pie por 1 pie caben en el piso de la camioneta?

   Perímetro   Área   Longitud de un lado

   ____

6. Zack piensa hacer un jardín para flores. Tiene 24 secciones de cerca que miden 1 yarda cada una y piensa colocarlas alrededor del jardín. Desea que el jardín sea lo más largo posible. ¿Cuál es la mayor longitud que puede tener el jardín? ¿Cuál será el ancho del jardín?

   Perímetro   Área   Longitud de un lado

   ____

7. Una sala de gimnasia mide 9 yardas de largo y 7 yardas de ancho. En un extremo de la sala, continúa un vestuario que mide 8 yardas de largo y 6 yardas de ancho. ¿Cuánto espacio en el piso ocupa la sala de gimnasia y el vestuario juntos?

   Perímetro   Área   Longitud de un lado

   ____

8. Sparky, el perro de Rosa, mide 24 pulgadas de largo. Un lado de su perrera mide 36 pulgadas de largo y el otro lado es dos veces más largo que Sparky. ¿Cuál es la distancia alrededor de la perrera de Sparky?

   Perímetro   Área   Longitud de un lado

   ____

© Houghton Mifflin Harcourt Publishing Company

Nombre ______________________________

Resolver problemas de perímetro y área (continuación)

Resuelve. Encierra en un círculo si debes calcular el perímetro, el área o la longitud de un lado desconocido. Dibuja una figura para representar cada situación.

Muestra tu trabajo.

9. Joanne hizo 16 barras de fruta en un molde cuadrado. Las barras de fruta miden 2 pulgadas por 2 pulgadas. ¿Cuáles son las dimensiones del molde que usó para hornear las barras?

Perímetro Área Longitud de un lado

____

10. Una tropa de niños exploradores está haciendo banderines triangulares para sus carpas. Dos lados de cada banderín miden 2 pies de largo y el tercer lado mide 1 pie de largo. ¿Cuánta cinta se necesita para poner alrededor de 4 banderines?

Perímetro Área Longitud de un lado

____

11. Una colcha rectangular mide 5 pies de ancho y 7 pies de largo. ¿Cuántos pies de encaje se necesitan para cubrir los bordes de la colcha?

Perímetro Área Longitud de un lado

____

12. Amy tiene una tela de lana que mide 4 pies de ancho y 6 pies de largo. ¿Cuántos cuadrados de la tela, que miden 1 pie de ancho y 1 pie de largo, puede cortar de esta tela?

Perímetro Área Longitud de un lado

____

© Houghton Mifflin Harcourt Publishing Company

Resolver problemas de perímetro y área (continuación)

Resuelve. Encierra en un círculo si debes calcular el perímetro, el área o la longitud de un lado desconocido. Dibuja una figura para representar cada situación.

Muestra tu trabajo.

13 Vanita tiene 23 baldosas con dimensiones de 1 pie por 1 pie. Desea cubrir un pasillo que mide 8 pies de largo y 3 pies de ancho. ¿Tiene suficientes baldosas? Si no, ¿cuántas más necesita?

Perímetro Área Longitud de un lado

14 La Sra. Lee tiene 48 piezas de cerca para un jardín. ¿Qué dimensiones debe usar para que un jardín tenga todo el espacio posible?

Perímetro Área Longitud de un lado

15 Martha tiene 27 cuadrados de rayas y 27 cuadrados con puntos. Desea una colcha con filas de 6 cuadrados. ¿Cuántas filas tendrá la colcha?

Perímetro Área Longitud de un lado

16 Un sendero de ciclismo de 20 millas tiene forma de triángulo. Don montó 6 millas y 8 millas por los dos lados. ¿Cuánto mide el tercer lado del sendero?

Perímetro Área Longitud de un lado

Comprobar la comprensión

Describe una situación del mundo real en que tendrías que determinar un perímetro y otro en que tendrías que determinar un área.

© Houghton Mifflin Harcourt Publishing Company

Nombre ______________________

Explorar los tangram

Corta una de las figuras de tangram por las líneas punteadas.
Corta lo más derecho y cuidadosamente que puedas.
Guarda las otras figuras para usarlas más tarde.

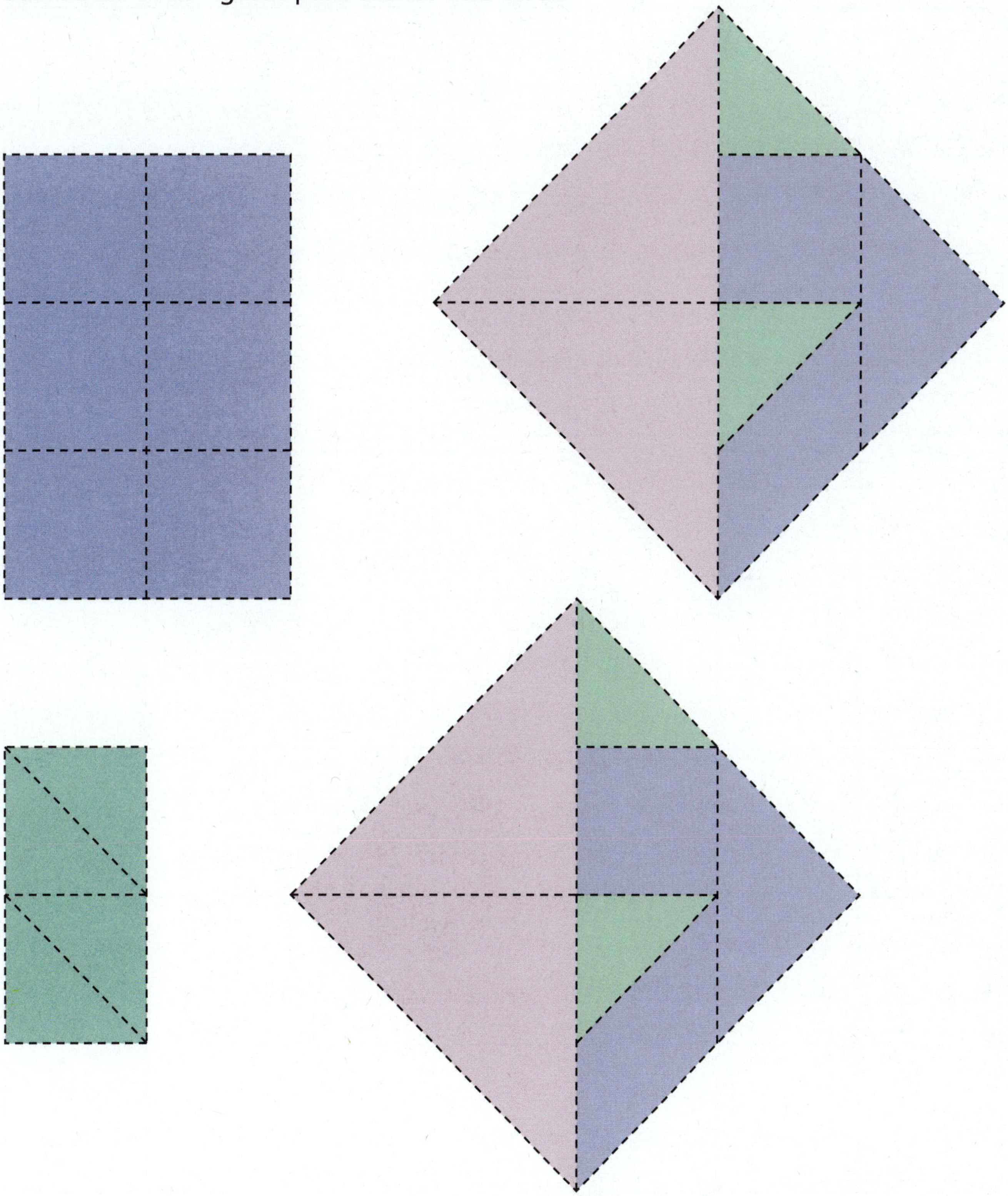

© Houghton Mifflin Harcourt Publishing Company

Explorar los tangram (continuación)

© Houghton Mifflin Harcourt Publishing Company

Nombre ____________________

Resolver rompecabezas de tangram

Usa las piezas del tangram de la página 351A.

1. Haz esta ave. Cuando termines, dibuja líneas para mostrar cómo colocaste las piezas.

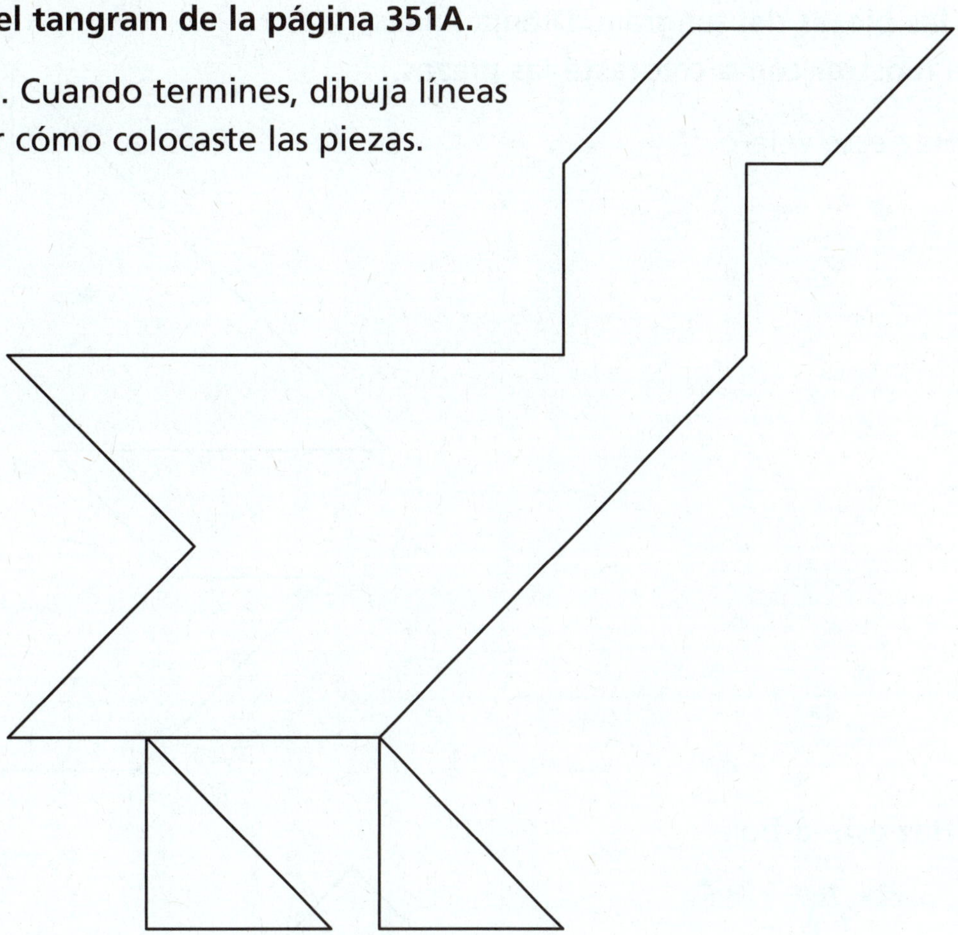

2. Haz este rectángulo. Dibuja líneas para mostrar cómo colocaste las piezas. Pista: No necesitas todas las piezas.

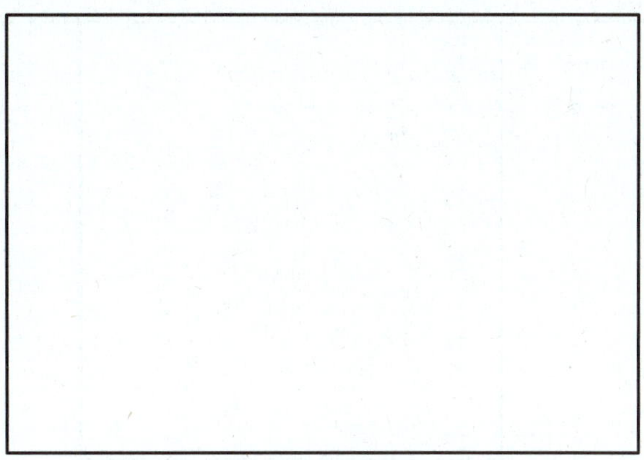

© Houghton Mifflin Harcourt Publishing Company

Resolver rompecabezas de tangram (continuación)

Usa las piezas del tangram. Dibuja líneas para mostrar cómo colocaste las piezas.

3 Haz este velero.

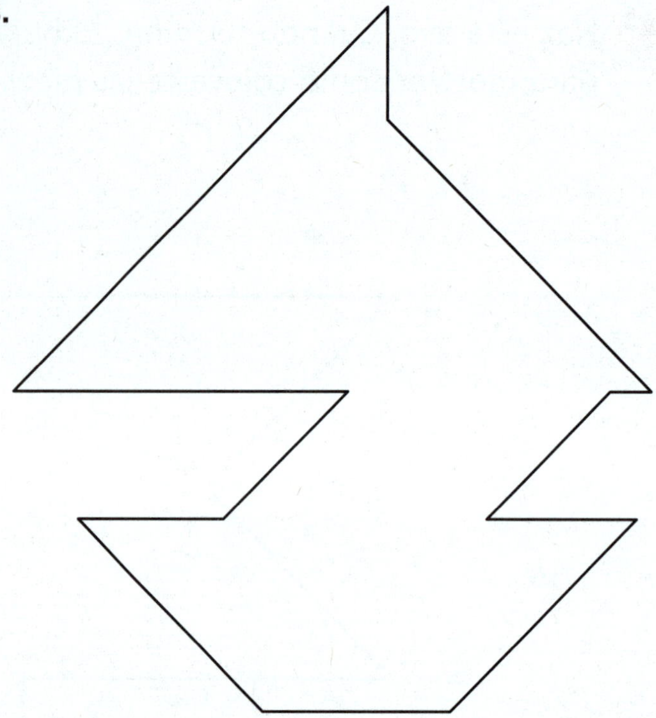

4 Haz este árbol.

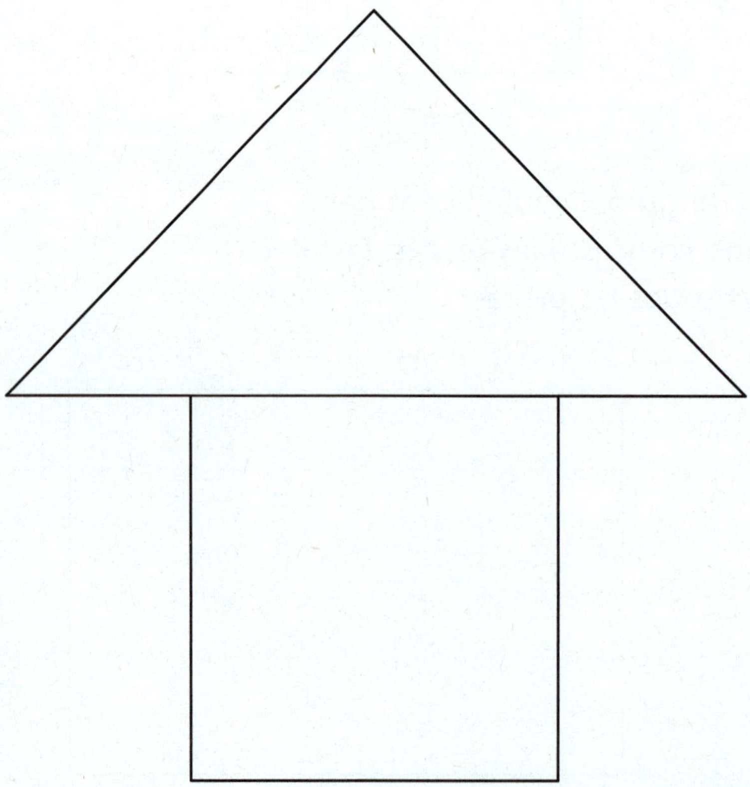

© Houghton Mifflin Harcourt Publishing Company

Nombre ______________________________

Usar piezas de tangram para determinar el área

5 Usa las siete piezas del tangram. Cubre el rectángulo.

6 ¿Cuál es el área del rectángulo?

____

7 Usa las piezas del tangram que quieras. Cubre este rectángulo.

8 ¿Cuál es el área del rectángulo?

____

© Houghton Mifflin Harcourt Publishing Company

Usar piezas de tangram para determinar el área (continuación)

Usa las piezas del tangram que quieras. Cubre cada rectángulo.

9

¿Cuál es el área del rectángulo?

____

10

¿Cuál es el área del cuadrado?

____

© Houghton Mifflin Harcourt Publishing Company

Nombre ____________________

Usar piezas de tangram para determinar el área (continuación)

Usa las piezas del tangram que quieras. Cubre cada rectángulo.

11 

¿Cuál es el área del rectángulo?

____

12 

¿Cuál es el área del cuadrado?

____

13 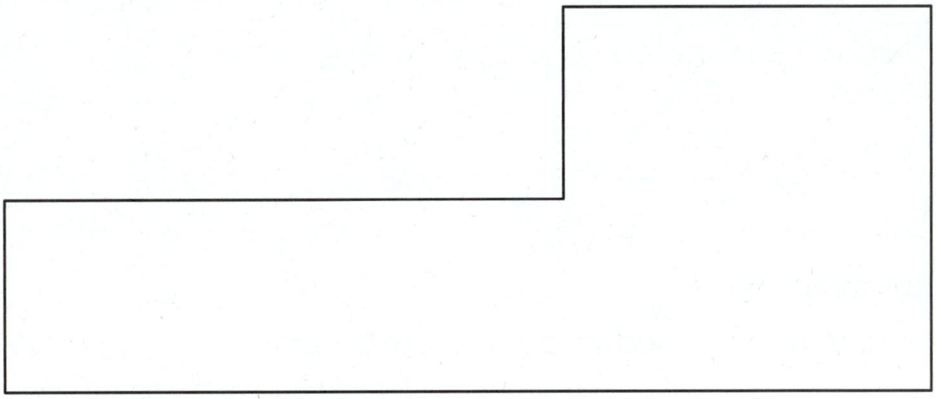

¿Cuál es el área de la figura?

____

© Houghton Mifflin Harcourt Publishing Company

Usar piezas de tangram para determinar el área (continuación)

Usa las piezas del tangram que quieras. Cubre cada figura.

14 ¿Cuál es el área del triángulo?

____

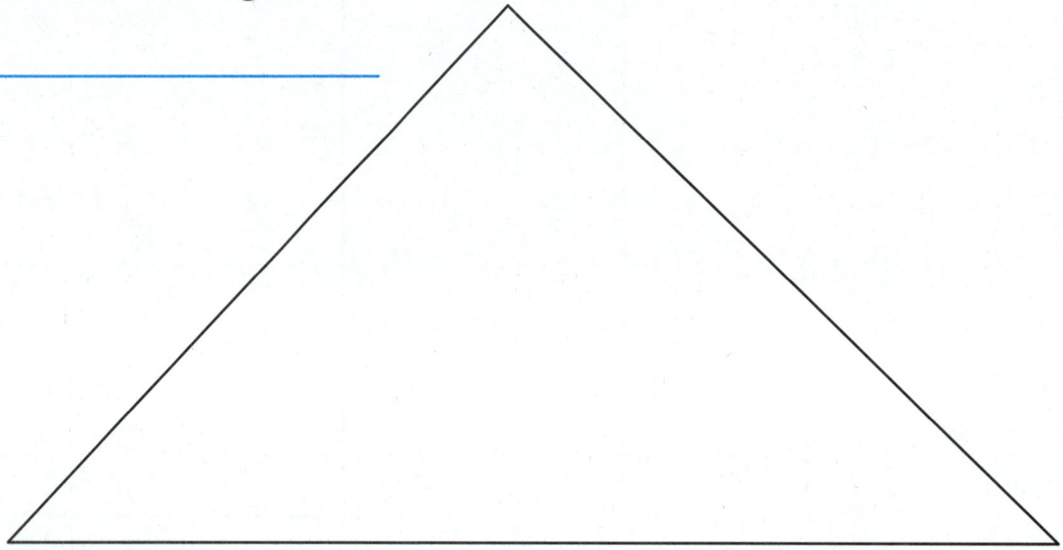

15

¿Cuál es el área de la figura?

____

Comprobar la comprensión

¿Cuál es el área de una figura hecha con las siete piezas del tangram? _______________

© Houghton Mifflin Harcourt Publishing Company

Prueba rápida 1 de la Unidad 5

Nombre ____________________ Fecha ____________

Escribe la respuesta correcta.

Muestra tu trabajo.

1. ¿Cuál es el área de la figura?

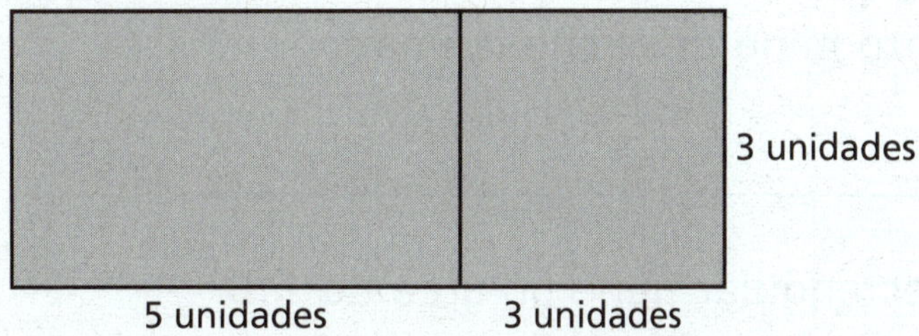

____

2. El área de un rectángulo es 80 unidades cuadradas. La longitud de un lado corto es 8 unidades. ¿Cuál es la longitud de un lado largo?

____

3. Los Rectángulos *A* y *B* tienen la misma área. El Rectángulo *A* mide 3 pulgadas de ancho y 8 pulgadas de largo. Si el Rectángulo *B* mide 4 pulgadas de ancho, ¿cuál es su longitud?

____

Usa la cuadrícula de puntos en centímetros para los Ejercicios 4 y 5.

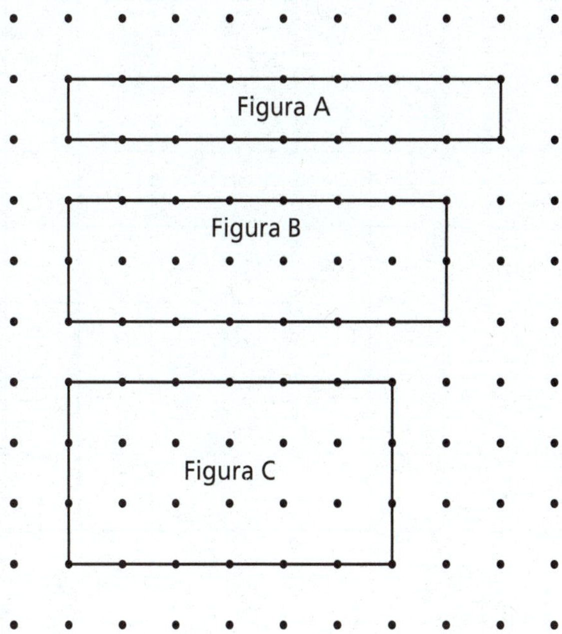

4. ¿Qué figura tiene un área de 18 centímetros cuadrados?

____

5. ¿Cuál es el perímetro de cada figura?

____

© Houghton Mifflin Harcourt Publishing Company

Nombre ______________________ Fecha ______________

Resuelve.

1. Marcy usa 48 pulgadas de cinta para enmarcar una foto rectangular. La longitud de la foto es 14 pulgadas. ¿Cuánto mide de ancho la imagen?

   ____

2. Una alfombra rectangular tiene un área de 110 pies cuadrados. La longitud de la alfombra es 11 pies. ¿Cuál es el ancho de la alfombra?

   ____

3. En la cuadrícula en centímetros abajo, dibuja dos rectángulos diferentes con un perímetro de 12 cm. Rotula el área de cada figura.

© Houghton Mifflin Harcourt Publishing Company

Nombre ______________________________

Hacer tiras fraccionarias

© Houghton Mifflin Harcourt Publishing Company

© Houghton Mifflin Harcourt Publishing Company

Nombre ____________________

VOCABULARIO
fracciones equivalentes

Mitades, cuartos y octavos

Dos fracciones son **fracciones equivalentes** si nombran la misma parte de un entero.

Usa tus tiras de mitades, cuartos y octavos para completar los Ejercicios 1 a 4.

<table>
<tr><td colspan="4">$\frac{1}{2}$</td><td colspan="4">$\frac{1}{2}$</td></tr>
<tr><td colspan="2">$\frac{1}{4}$</td><td colspan="2">$\frac{1}{4}$</td><td colspan="2">$\frac{1}{4}$</td><td colspan="2">$\frac{1}{4}$</td></tr>
<tr><td>$\frac{1}{8}$</td><td>$\frac{1}{8}$</td><td>$\frac{1}{8}$</td><td>$\frac{1}{8}$</td><td>$\frac{1}{8}$</td><td>$\frac{1}{8}$</td><td>$\frac{1}{8}$</td><td>$\frac{1}{8}$</td></tr>
</table>

1. Si comparas tu tira de mitades y tu tira de cuartos, ves que 2 cuartos son lo mismo que 1 mitad.

   Completa estas dos ecuaciones:

   ________ cuartos = 1 mitad $\qquad \frac{\square}{4} = \frac{1}{2}$

2. ¿Cuántos octavos hay en una mitad? ________

   Completa estas dos ecuaciones:

   ________ octavos = 1 mitad $\qquad \frac{\square}{8} = \frac{1}{2}$

3. ¿Cuáles son dos fracciones que son equivalentes a $\frac{1}{2}$?

   ____

4. ¿Cuántos octavos hay en un cuarto? ________

   Completa estas dos ecuaciones.

   ________ octavos = 1 cuarto $\qquad \frac{\square}{8} = \frac{1}{4}$

© Houghton Mifflin Harcourt Publishing Company

Tercios y sextos

Usa tus tiras de tercios y textos para completar los Ejercicios 5 y 6.

5 ¿Cuántos sextos hay en un tercio? ________

Completa estas dos ecuaciones:

________ sextos = 1 tercio $\frac{\square}{6} = \frac{1}{3}$

6 ¿Cuántos sextos hay en dos tercios? ________

Completa estas dos ecuaciones:

________ sextos = 2 tercios $\frac{\square}{6} = \frac{2}{3}$

¿Cuál es el error?

Queridos estudiantes de matemáticas:

Hoy la maestra me pidió que nombrara una fracción que fuera equivalente a $\frac{1}{2}$.

Escribí $\frac{2}{6} = \frac{1}{2}$.

¿Es correcta mi respuesta? Si no, por favor corrijan mi trabajo y díganme qué hice mal. ¿Cómo saben que la respuesta está mal?

Su amigo,
Pingüino Confundido

7 Escribe una respuesta para Pingüino Confundido.

____

____

____

Comprobar la comprensión

Nombra otra fracción equivalente a $\frac{1}{2}$ que Pingüino Confundido podría haber escrito. ________

© Houghton Mifflin Harcourt Publishing Company

Nombre ______________________

Fracciones equivalentes en una recta numérica

1 Completa cada recta numérica. Muestra todas las fracciones incluyendo cada fracción para 1.

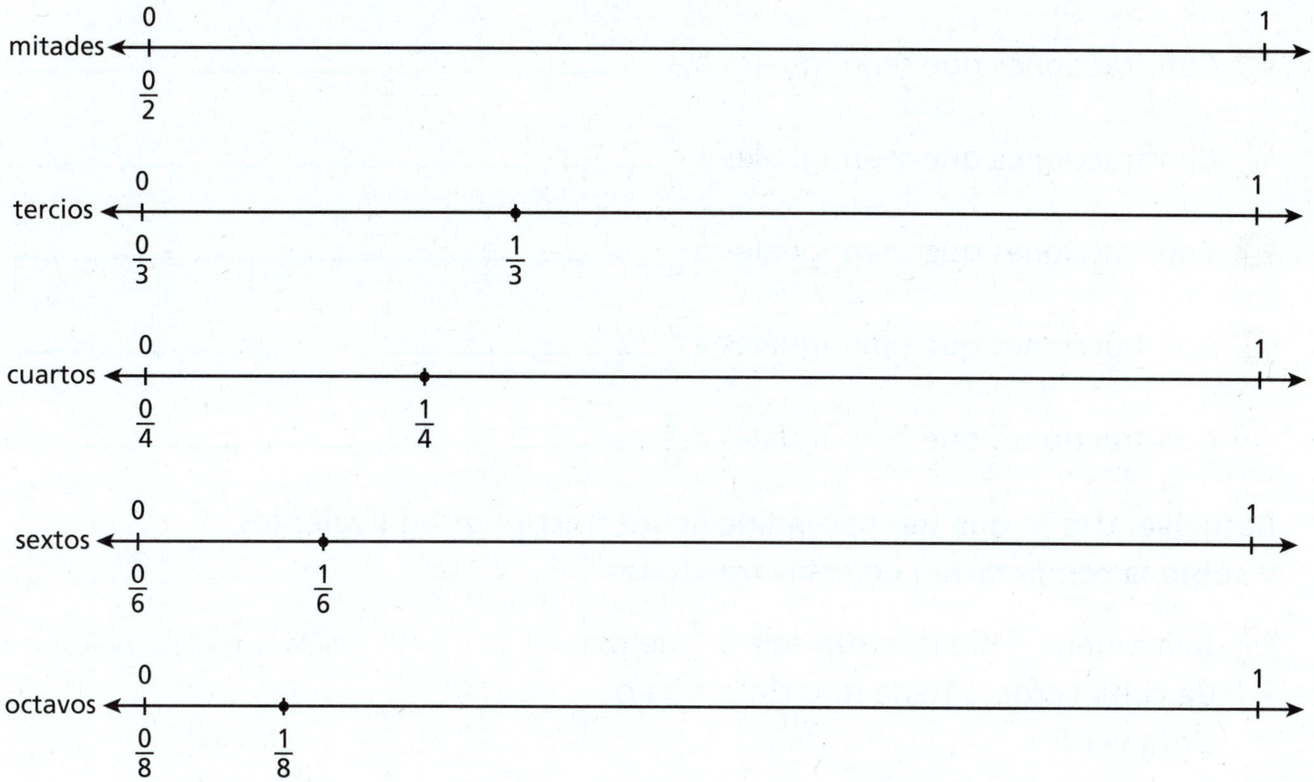

2 Escribe una cadena de equivalencia con fracciones que sean iguales a $\frac{2}{2}$.

____

3 ¿Por qué son iguales las fracciones en la cadena de equivalencia para $\frac{2}{2}$?

____

4 ¿Por qué la longitud de las fracciones unitarias se hace más pequeña a medida que sus denominadores se hacen más grandes?

____

____

© Houghton Mifflin Harcourt Publishing Company

Cadenas de equivalencia

Usa tus rectas numéricas de la página 361 para escribir una cadena de equivalencia.

5 Con fracciones que sean iguales a $\frac{1}{2}$ ______

6 Con fracciones que sean iguales a $\frac{1}{3}$ ______

7 Con fracciones que sean iguales a $\frac{2}{3}$ ______

8 Con fracciones que sean iguales a $\frac{1}{4}$ ______

9 Con fracciones que sean iguales a $\frac{3}{4}$ ______

10 Con fracciones que sean iguales a $\frac{8}{8}$ ______

Resuelve. Usa lo que has aprendido sobre fracciones equivalentes y sobre la comparación de estas fracciones.

11 Jaime tiene $\frac{1}{2}$ pie de cinta roja y $\frac{4}{8}$ de pie de cinta verde. ¿Tiene más cinta roja o cinta verde?

Muestra tu trabajo

______

12 Chin y Maya recogieron caracoles en la playa. Usaron el mismo tipo de cesta. Chin llenó $\frac{3}{4}$ de su cesta y Maya llenó $\frac{3}{3}$ de su cesta. ¿Quién recogió más caracoles?

______

______

Comprobar la comprensión

Explica cómo podrías usar una recta numérica como ayuda para resolver el Problema 12.

© Houghton Mifflin Harcourt Publishing Company

Nombre ______________________________

Resolver problemas con fracciones

Resuelve. Dibuja diagramas o rectas numéricas si es necesario.

1. Los estantes en la biblioteca de Roger tienen una longitud de $\frac{7}{8}$ de yarda. La biblioteca de Ana tiene estantes que miden $\frac{5}{8}$ de yarda. ¿Cuál de las bibliotecas tiene estantes más largos? ¿Cómo lo sabes?

____

2. Rosa compra $\frac{3}{4}$ de libra de queso. Lucy compra $\frac{3}{8}$ de libra de queso. ¿Quién compra más queso? Explica tu respuesta.

____

3. Los moldes para panes de Vera son del mismo tamaño. Llena $\frac{8}{4}$ de los moldes con masa para panes de arándano y $\frac{8}{6}$ de los moldes con masa para panes de plátano. ¿Tiene menos panes de arándano o de plátano? ¿Cómo lo sabes?

____

4. Lester camina $\frac{3}{4}$ de milla a la escuela. Bert dijo que él caminó más lejos porque camina $\frac{6}{8}$ de milla a la escuela. ¿Es correcta su afirmación? Explica tu respuesta.

____

5. Rusty pinto $\frac{5}{6}$ de un mural para un pasillo. ¿Ha pintado más de la mitad del mural? Explica tu respuesta. *Pista*: Busca una fracción en sextos equivalente a $\frac{1}{2}$.

____

© Houghton Mifflin Harcourt Publishing Company

Resolver problemas con fracciones (continuación)

Resuelve. Dibuja diagramas o rectas numéricas si es necesario.

6 Pearl usó $\frac{3}{3}$ de yarda de tela para hacer un cojín. Julia hizo su cojín con $\frac{4}{4}$ yardas de tela. Ambas pagaron $5 la yarda por su tela. ¿Quién pagó más por su tela? ¿Cómo lo sabes?

7 La bandeja de Deena tiene un total de $\frac{2}{5}$ de litro de agua. La bandeja de John tiene un total de $\frac{5}{2}$ litros de agua. ¿Cuál de las bandejas tiene más agua? ¿Cómo lo sabes?

8 Andy, Lu y Carlos tienen $\frac{3}{3}$, $\frac{3}{4}$ y $\frac{3}{6}$ de docena de lápices, pero no en ese orden. Andy tiene el menor número de lápices y Lu tiene el mayor número. ¿Cuántos lápices tiene cada niño? Explica.

9 En la Panadería Binata se usan dos recetas diferentes para el pan de trigo. Para un pan redondo, se usan $\frac{5}{2}$ de tazas de harina. Para un pan largo se usan $\frac{7}{2}$ de tazas de harina. ¿En qué pan se usa más harina? Explica tu respuesta.

© Houghton Mifflin Harcourt Publishing Company

Nombre ____________________

Fracción de un conjunto

Escribe una fracción para responder cada pregunta.

10 ¿Qué fracción de los botones son botones grandes?

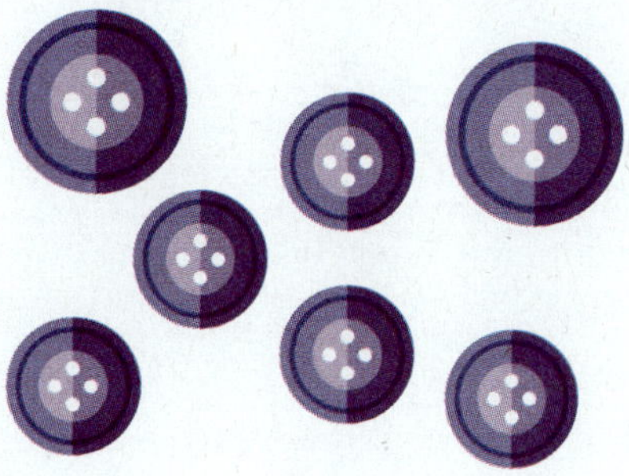

______

11 ¿Qué fracción de las pelotas son de fútbol?

______

Escribe dos fracciones para responder cada pregunta.

12 ¿Qué fracción de las monedas son de 1¢?

______ ______

13 ¿Qué fracción de las frutas son peras?

______ ______

Sombrea la fracción dada en cada conjunto.

14 $\frac{7}{11}$

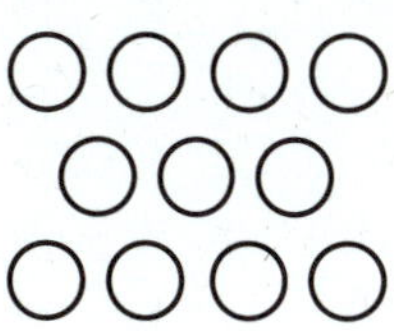

15 $\frac{2}{9}$

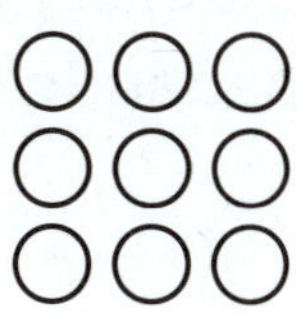

16 $\frac{1}{5}$

© Houghton Mifflin Harcourt Publishing Company

Resolver problemas con fracciones unitarias de conjuntos

Resuelve cada problema. *Muestra tu trabajo.*

17 Un sexto de los primos de Kiera son pelirrojos. Kiera tiene 12 primos. ¿Cuántos de sus primos son pelirrojos?

____

18 Un tercio de los estudiantes en el autobús son de tercer grado. Hay 15 estudiantes en el autobús. ¿Cuántos estudiantes en el autobús son de tercer grado?

____

19 La mitad de los crayones de Angel están afilados. Angel tiene 14 crayones. ¿Cuántos crayones están afilados?

____

20 Un cuarto de las rosas en un ramo son rosadas. Hay 24 rosas en el ramo. ¿Cuántas rosas son rosadas?

____

21 Hay 56 focas en el acuario. Un octavo de las focas está nadando. ¿Cuántas focas están nadando?

____

© Houghton Mifflin Harcourt Publishing Company

Nombre

Fracciones de un dólar

Las partes iguales de 1 dólar entero se pueden escribir como una fracción o como centavos. Cada dólar entero abajo equivale a 100 monedas de 1¢. Comenta los patrones que ves.

22 $\frac{1}{2}$ 1 de 2 partes iguales

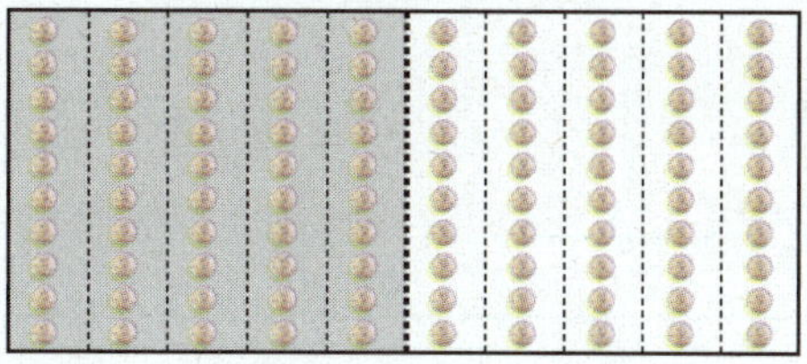

$\frac{1}{2}$ de un dólar = 50 monedas de 1¢

= 50¢

23 $\frac{1}{2} + \frac{1}{2} = \frac{2}{2}$ 2 de 2 partes iguales = 1 entero

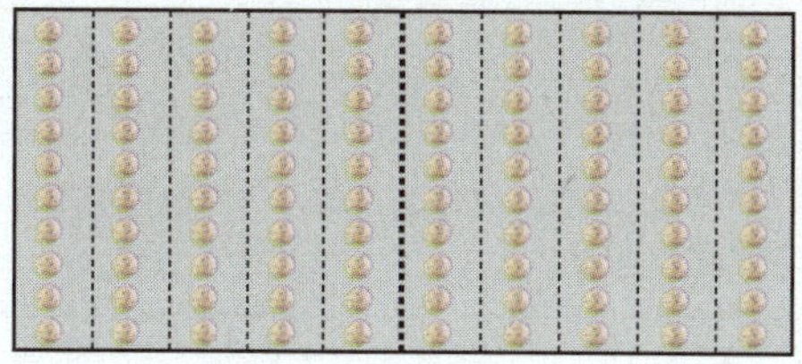

$\frac{2}{2}$ de un dólar = 100 monedas de 1¢

= $1

24 $\frac{1}{4}$ 1 de 4 partes iguales

$\frac{1}{4}$ de un dólar = 25 monedas de 1¢

= 25¢

25 $\frac{1}{4} + \frac{1}{4} = \frac{2}{4}$ 2 de 4 partes iguales

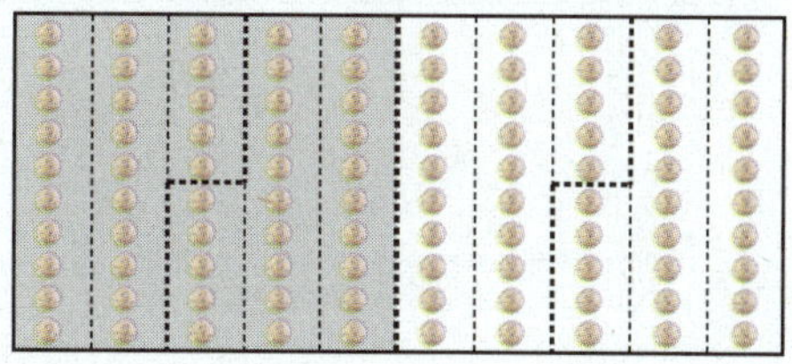

$\frac{2}{4}$ de un dólar = 50 monedas de 1¢

= 50¢

26 $\frac{1}{4} + \frac{1}{4} + \frac{1}{4} = \frac{3}{4}$ 3 de 4 partes iguales

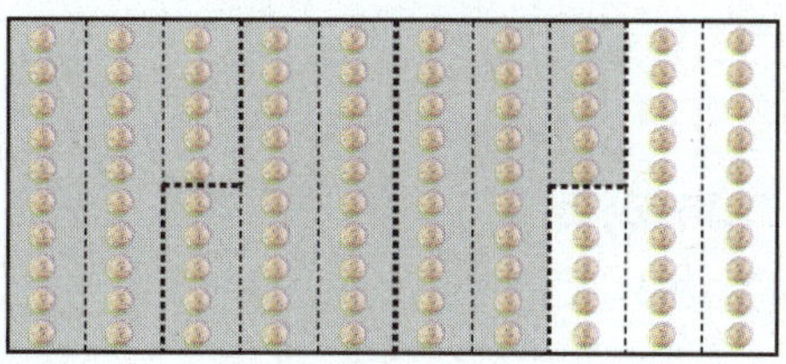

$\frac{3}{4}$ de un dólar = 75 monedas de 1¢

= 75¢

27 $\frac{1}{4} + \frac{1}{4} + \frac{1}{4} + \frac{1}{4} = \frac{4}{4}$ 4 de 4 partes iguales = 1 entero

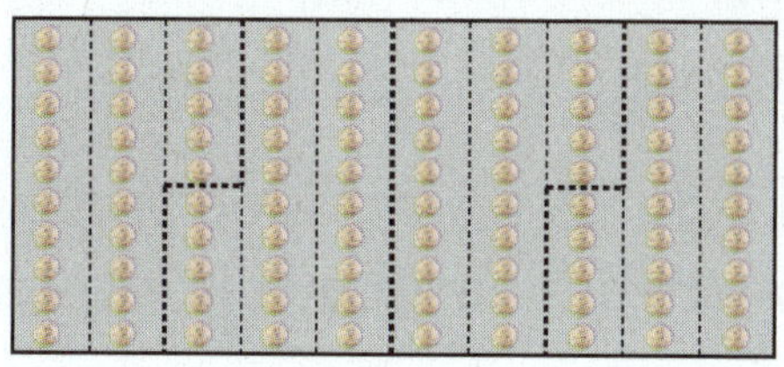

$\frac{4}{4}$ de un dólar = 100 monedas de 1¢

= $1

© Houghton Mifflin Harcourt Publishing Company

Representar fracciones de un dólar

Sombrea cada entero para mostrar la fracción dada y escribe la cantidad de dinero.

28
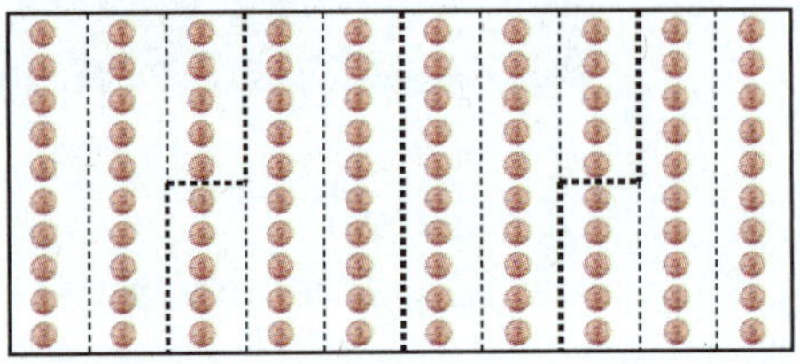

$\frac{2}{4}$ = ____________

29
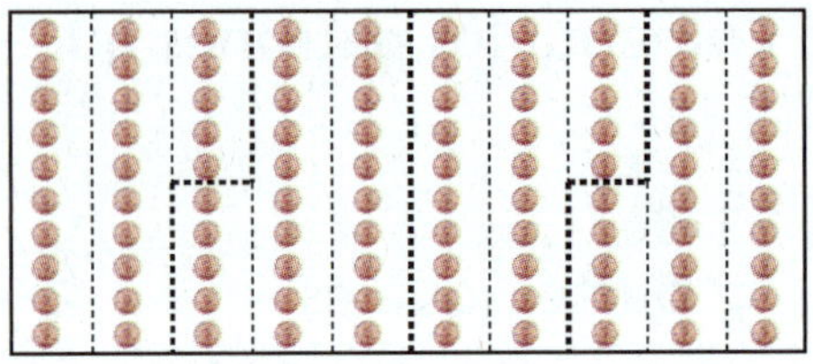

$\frac{1}{4}$ = ____________

30
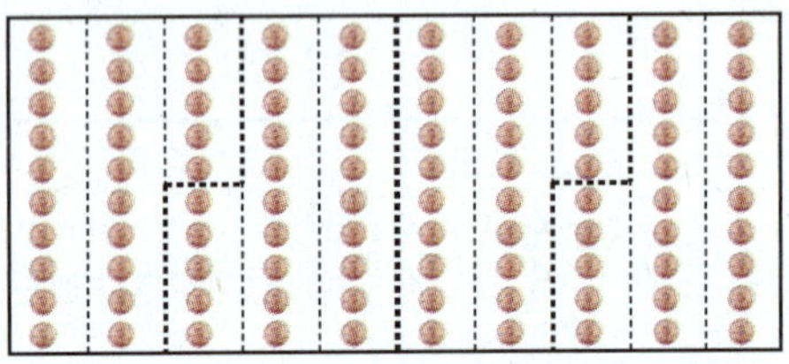

$\frac{4}{4}$ = ____________

31
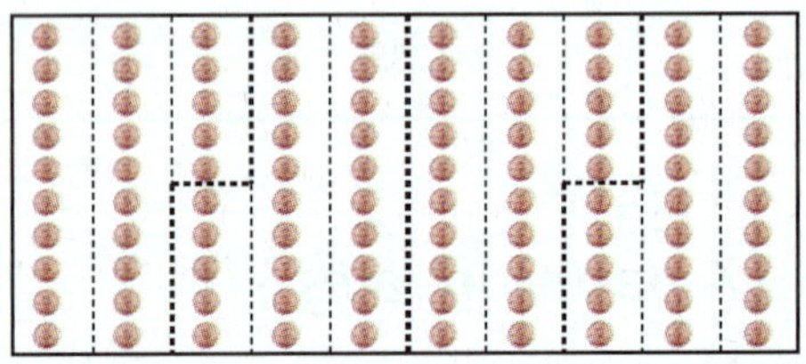

$\frac{3}{4}$ = ____________

Comprobar la comprensión

Jenna tiene 100 monedas de 1¢. Le da $\frac{3}{4}$ de sus monedas a su hermana. ¿Cuántas monedas de 1¢ le da Jenna a su hermana?

____

¿Cuál de los ejercicios de arriba demuestra el número de monedas de 1¢ que le dio Jenna a su hermana?

____

© Houghton Mifflin Harcourt Publishing Company

Nombre ____________________

Fracciones y plegado de papel

El arte de plegar papel comenzó en China. Más tarde, la versión japonesa del plegado de papel, llamada origami, se popularizó mucho. Las esculturas de origami se hacen plegando y esculpiendo una hoja plana de papel cuadrado sin cortes ni pegamento.

Completa.

1. Dobla una hoja de papel cuadrada por la mitad diagonalmente. ¿Qué parte del cuadrado es cada triángulo?

____

2. Dobla el papel por la mitad otra vez. ¿Qué parte del cuadrado es cada triángulo?

____

3. Dobla el papel por la mitad otra vez. Abre la hoja. ¿Qué parte del cuadrado es cada triángulo?

____

4. Explica cómo sabes que las ocho partes tienen la misma área.

____

____

5. Dobla cuatro triángulos hacia el centro como se muestra a la derecha. ¿Qué parte del cuadrado hay en cada triángulo? Explica cómo lo sabes.

____

____

____

Este doblez básico de origami se usa para hacer muchos objetos.

© Houghton Mifflin Harcourt Publishing Company

Fracciones y diseño

Completa.

6. Dobla una hoja de papel cuadrada por la mitad 3 veces. Abre la hoja. Elige dos colores diferentes. Colorea cada dos rectángulos o triángulos de un color. Colorea los otros rectángulos o triángulos del segundo color.

7. Escribe 3 fracciones equivalentes para la parte del cuadrado que tiene un mismo color.

____

8. Predice el número de formas que harías si doblaras el cuadrado 4 veces. Explica.

____

____

____

____

____

© Houghton Mifflin Harcourt Publishing Company

Prueba rápida 2 de la Unidad 5

Nombre ______________________ **Fecha** __________

Completeta.

1 ¿Cuántos sextos hay en un tercio? __________

Completa estas dos ecuaciones:

__________ sextos = 1 tercio

$\frac{\square}{6} = \frac{1}{3}$

2 ¿Cuántos octavos hay en una mitad? __________

Completa estas dos ecuaciones:

__________ octavos = 1 mitad

$\frac{\square}{8} = \frac{1}{2}$

3 Escribe una cadena de equivalencia con tres fracciones que sean iguales a $\frac{1}{4}$.

____

Completa la recta numérica. Muestra la fracción para 1.

4

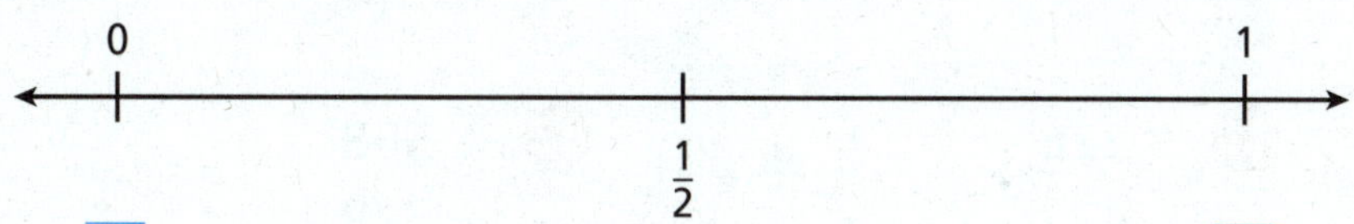

Resuelve.

Muestra tu trabajo.

5 Monica compra $\frac{2}{3}$ de libra de manzanas. Nicole compra $\frac{5}{6}$ de libra de melocotones. ¿Cuál pesa más, las manzanas o los melocotones? Explica tu respuesta.

____

____

© Houghton Mifflin Harcourt Publishing Company

Comprobar el conocimiento 9

Nombre ______ Fecha ______

Camino al conocimiento

Multiplica o divide.

1. $7 \times 0 = \square$
2. $12 \div 2 = \square$
3. $8 \times 3 = \square$
4. $16 \div 4 = \square$
5. $3 \times 7 = \square$
6. $42 \div 6 = \square$
7. $6 \times 8 = \square$
8. $81 \div 9 = \square$
9. $8 \times 7 = \square$

Suma o resta.

10. $\begin{array}{r} 885 \\ -\ 345 \\ \hline \end{array}$
11. $\begin{array}{r} 326 \\ +\ 421 \\ \hline \end{array}$
12. $\begin{array}{r} 508 \\ -\ 329 \\ \hline \end{array}$
13. $\begin{array}{r} 264 \\ +\ 338 \\ \hline \end{array}$
14. $\begin{array}{r} 623 \\ -\ 365 \\ \hline \end{array}$
15. $\begin{array}{r} 478 \\ +\ 385 \\ \hline \end{array}$

© Houghton Mifflin Harcourt Publishing Company

Nombre ______________________________

© Houghton Mifflin Harcourt Publishing Company

© Houghton Mifflin Harcourt Publishing Company

Nombre ______________________________

Contar hacia adelante para hacer cambio

Imagina que estás trabajando en una tienda de sándwiches. Un cliente paga por un sándwich que cuesta $4.28 con un billete de $5. La caja registradora está dañada y no tienes un lápiz. ¿Cómo puedes calcular la cantidad de cambio que debes darle al cliente?

Empieza con $4.28. Cuenta hacia adelante hasta llegar a $5.00.

$4.28

$4.29 $4.30 $4.40 $4.50 $4.75 $5.00

Suma las monedas para hallar la cantidad total de cambio, 72¢.

Practicar haciendo cambio

Calcula la cantidad de cambio contando hacia adelante hasta la cantidad pagada. Dibuja las monedas que contaste.

1. Fernando pagó $1.39 por una botella de jugo. Pagó con dos billetes de $1. ¿Cuánto cambio debe recibir?

   ____

2. En una venta de libros, Ana compró un libro por $4.53. Pagó con un billete de $5. ¿Cuánto cambio debe recibir? ______________

3. Valerie compró una barra nutritiva por $2.12. Pagó con tres billetes de $1. ¿Cuánto cambio debe recibir?

   ____

© Houghton Mifflin Harcourt Publishing Company

Los siguientes artículos están para la venta en la tienda de golosinas La Playa:

Representar cómo se hace cambio

Puedes turnarte con tu pareja para ser el cliente y el tendero. Hagan lo siguiente:

Paso 1: El cliente elige dos artículos para comprar.

Paso 2: El tendero escribe los precios y calcula el costo total.

Paso 3: El cliente paga con billetes solamente.

Paso 4: El tendero cuenta hacia adelante para determinar el cambio. Luego el tendero escribe los billetes que se usaron para pagar y la cantidad de cambio.

Muestra tu trabajo en una hoja de papel aparte.

Comprobar la comprensión

Describe cómo calcular la cantidad de cambio que se le da a un cliente.

© Houghton Mifflin Harcourt Publishing Company

Nombre ______________________

VOCABULARIO
termómetro
temperatura
Fahrenheit (°F)

Temperatura en grados Fahrenheit

Usa el termómetro. Encierra en un círculo la mejor estimación de la temperatura en grados Fahrenheit.

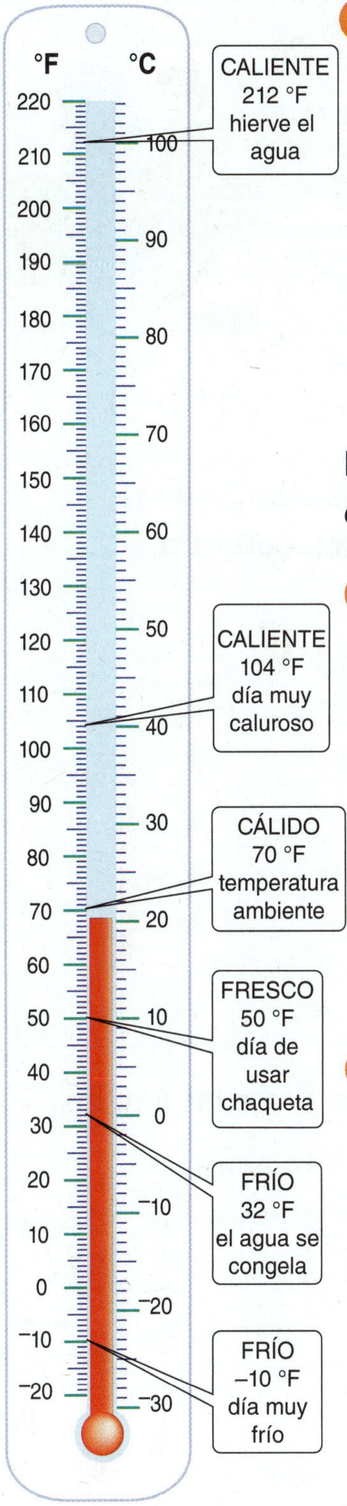

1

20 °F   80 °F

2

32 °F   84 °F

3

0 °F   53 °F

Escribe la temperatura en °F. Luego escribe *caliente, cálido, fresco* o *frío* para describir la temperatura.

4

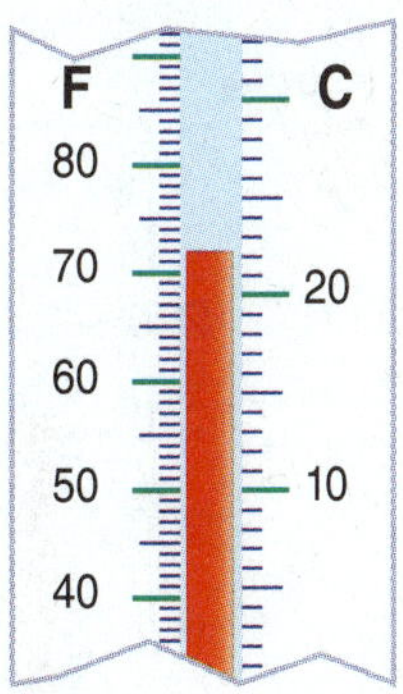

____

5

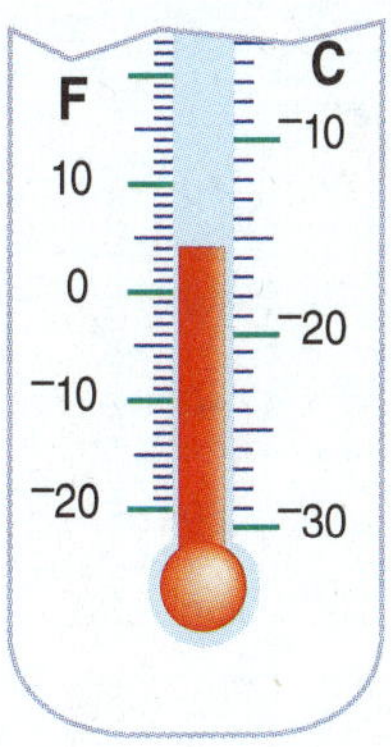

____

6

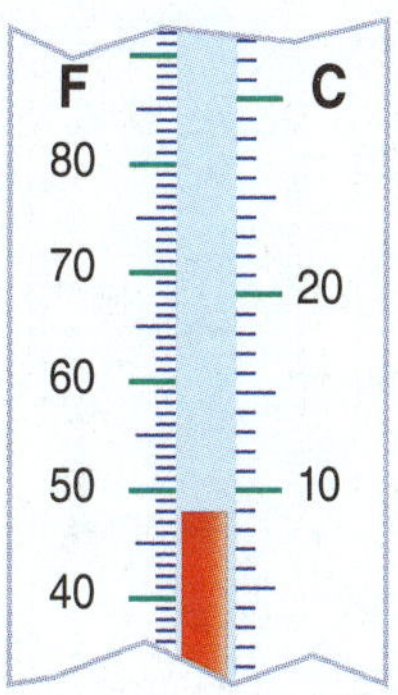

____

7 El termómetro muestra hasta dónde subió la temperatura el jueves.

a. ¿Cuánto fue la temperatura en grados Fahrenheit el jueves?

____

b. El viernes, la temperatura llegó a 25 grados menos que el jueves. ¿Cuánto fue la temperatura en grados Fahrenheit el viernes?

____

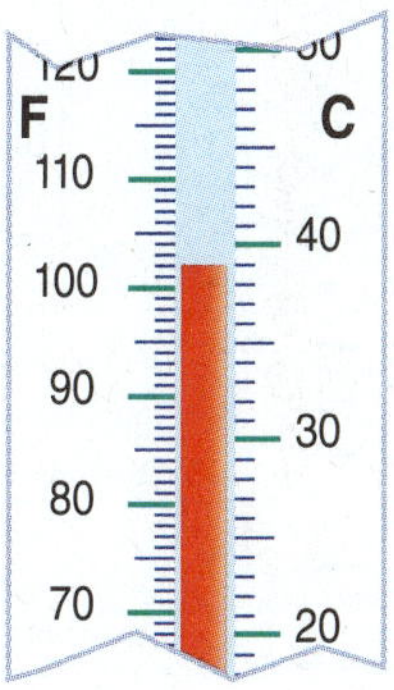

© Houghton Mifflin Harcourt Publishing Company

Temperatura en grados Celsius

VOCABULARIO
Celsius (°C)

Usa el termómetro. Encierra en un círculo la mejor estimación de la temperatura en grados Celsius.

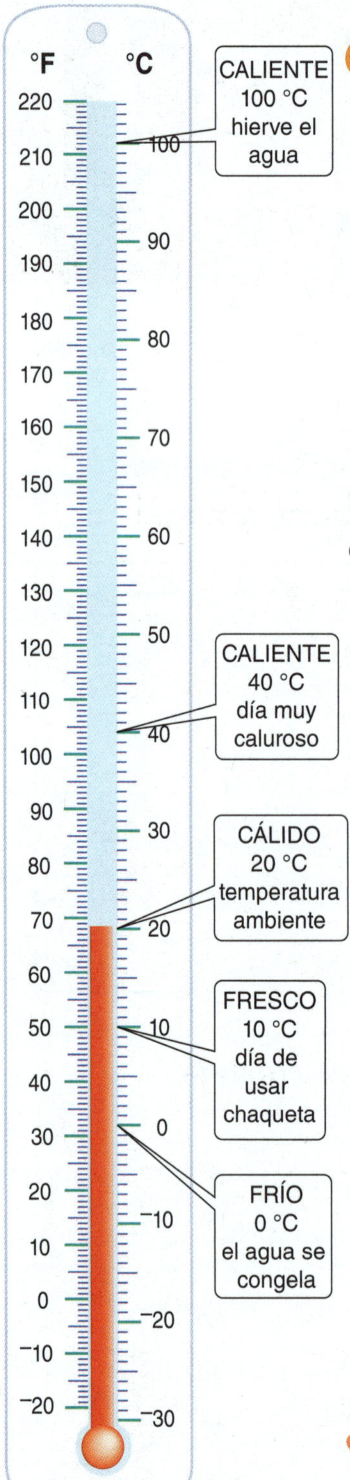

8

50 °C   11 °C

9

30 °C   100 °C

10

22 °C   0 °C

Escribe la temperatura en °C. Luego escribe *caliente, cálido, fresco* o *frío* para describir la temperatura.

11

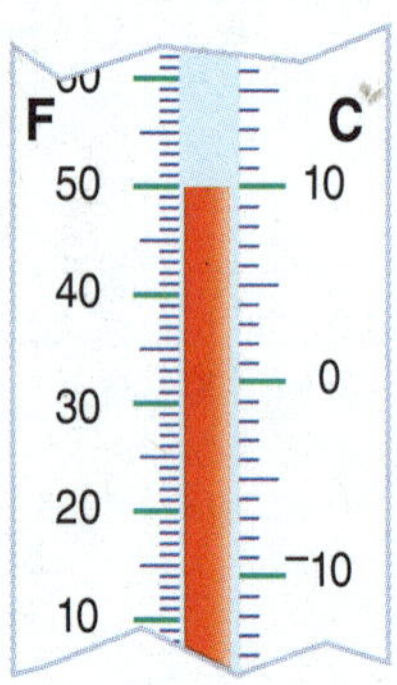

____

12

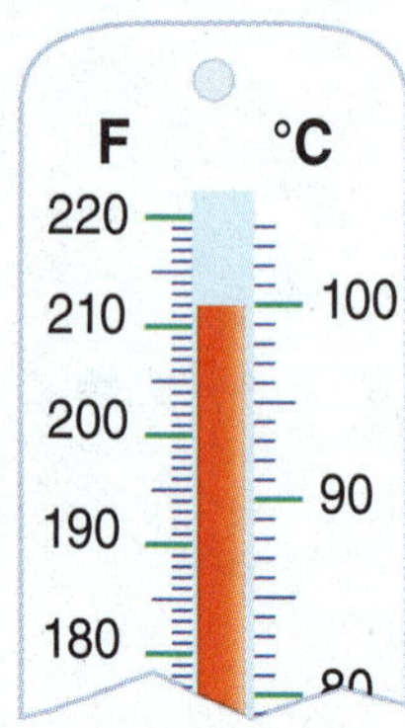

____

13

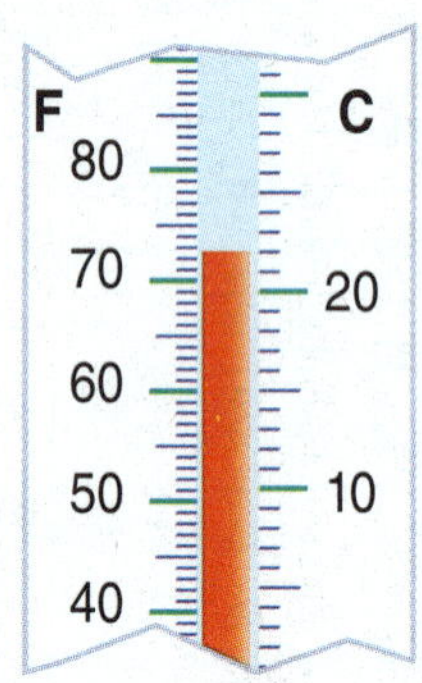

____

14 El termómetro muestra la temperatura a las 8 a. m.

La temperatura es 14 grados más alta a las 2 p. m. ¿Cuál es la temperatura en grados Celsius a las 2 p. m.?

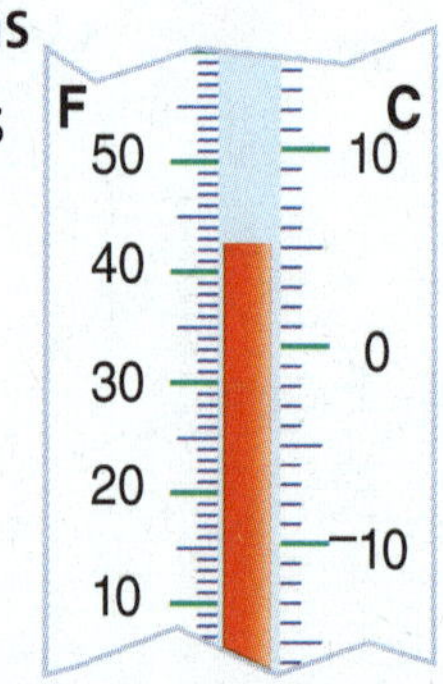

____

Comprobar la comprensión

¿A qué temperatura se congela el agua en las escalas Fahrenheit y Celsius?

_______________ °F _______________ °C

© Houghton Mifflin Harcourt Publishing Company

Prueba rápida 3 de la Unidad 5

Nombre ______________________ Fecha ______________

Usa el termómetro para los Ejercicios 1 a 2.

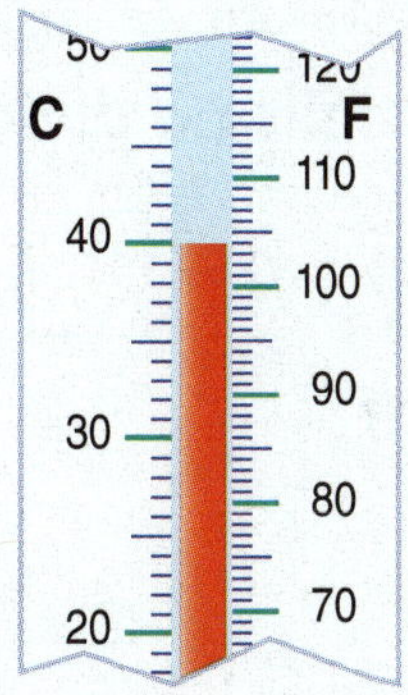

1. Escribe la temperatura en °C

____

2. Se prevé que la temperatura será 8 °C más baja la próxima semana. ¿Cuál es la temperatura prevista en grados Celsius?

____

3. El termómetro de Nancy muestra que la temperatura afuera es 80 °F. Nombra una actividad que Nancy puede hacer afuera.

____

4. Gianni pagó por un bolígrafo de $1.65 con dos billetes de $1. ¿Cuánto cambio debe recibir?

____

5. Abdul compra un sándwich por $4.15. Paga con un billete de $5. ¿Cuánto cambio debe recibir?

____

© Houghton Mifflin Harcourt Publishing Company

Comprobar el conocimiento 10

Nombre ______________________ Fecha ______________

Camino al conocimiento

Multiplica o divide.

1 $8 \times 0 = \square$

2 $18 \div 3 = \square$

3 $9 \times 3 = \square$

4 $16 \div 8 = \square$

5 $7 \times 7 = \square$

6 $48 \div 6 = \square$

7 $5 \times 9 = \square$

8 $72 \div 9 = \square$

9 $3 \times 7 = \square$

Suma o resta.

10 $\begin{array}{r} 489 \\ -\ 345 \\ \hline \end{array}$

11 $\begin{array}{r} 363 \\ +\ 128 \\ \hline \end{array}$

12 $\begin{array}{r} 208 \\ -\ 192 \\ \hline \end{array}$

13 $\begin{array}{r} 568 \\ +\ 338 \\ \hline \end{array}$

14 $\begin{array}{r} 453 \\ -\ 365 \\ \hline \end{array}$

15 $\begin{array}{r} 406 \\ +\ 314 \\ \hline \end{array}$

© Houghton Mifflin Harcourt Publishing Company

Repaso/Prueba de la Unidad 5

Nombre ______________________ Fecha ______________

1 Un guardabosques tiene 32 pies de cerca para encerrar cuatro lados de un sitio de reciclaje rectangular. ¿Cuál es la mayor área del sitio de reciclaje que puede encerrar? Explica cómo lo sabes.

2 Usa las fracciones para rotular cada punto en la recta numérica.

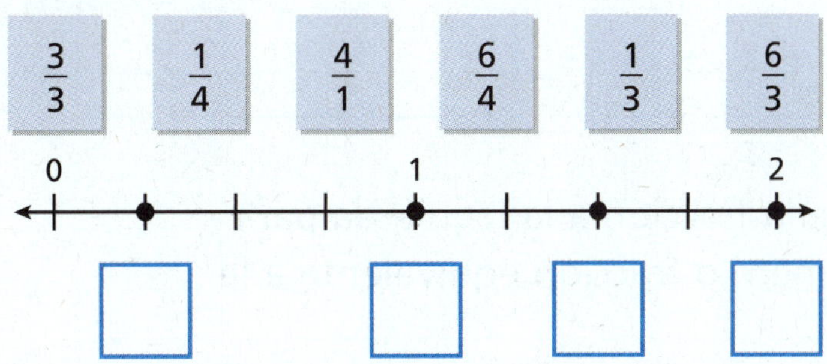

3 Selecciona la fracción que estaría incluida en una cadena de equivalencia para $\frac{6}{6}$. Marca todas las que apliquen.

Ⓐ $\frac{3}{3}$

Ⓑ $\frac{3}{6}$

Ⓒ $\frac{4}{4}$

Ⓓ $\frac{5}{5}$

Ⓔ $\frac{6}{1}$

© Houghton Mifflin Harcourt Publishing Company

Nombre ______________________ Fecha ______________

4 Steve hizo un banderín con un área de 8 pies cuadrados. En la cuadrícula, dibuja todos los rectángulos posibles con área de 8 pies cuadrados y con lados que sean números enteros. Rotula las longitudes de dos lados adyacentes de cada rectángulo. Rotula cada rectángulo con su perímetro.

Compara los perímetros de los banderines. ¿Qué notas en cuanto a sus formas?

5 Dibuja una línea desde la fracción a la izquierda para emparejarla con el número o fracción equivalente a la derecha.

$\frac{4}{6}$ •	• 8
$\frac{8}{1}$ •	• $\frac{2}{3}$
$\frac{3}{4}$ •	• 1
$\frac{2}{8}$ •	• $\frac{6}{8}$
$\frac{2}{2}$ •	• $\frac{1}{4}$

© Houghton Mifflin Harcourt Publishing Company

Nombre ____________________ Fecha ____________________

6 Marca la recta numérica para mostrar las fracciones. Primero divide la recta numérica en fracciones unitarias correctas.

$\frac{1}{8}$ $\frac{5}{8}$ $\frac{8}{8}$ $\frac{3}{4}$

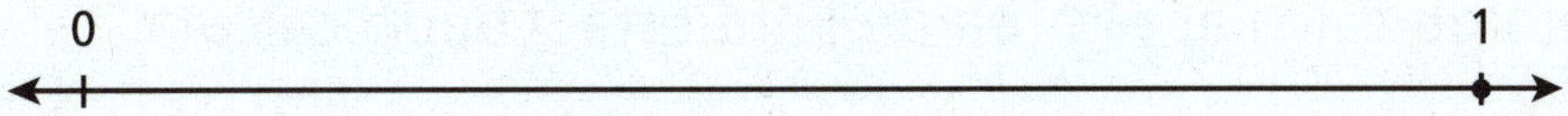

7 ¿Qué fracción de las monedas son de 1¢?

____

8 El Sr. Gomez cuelga un mural en el salón de clases. Halla el perímetro y el área del mural.

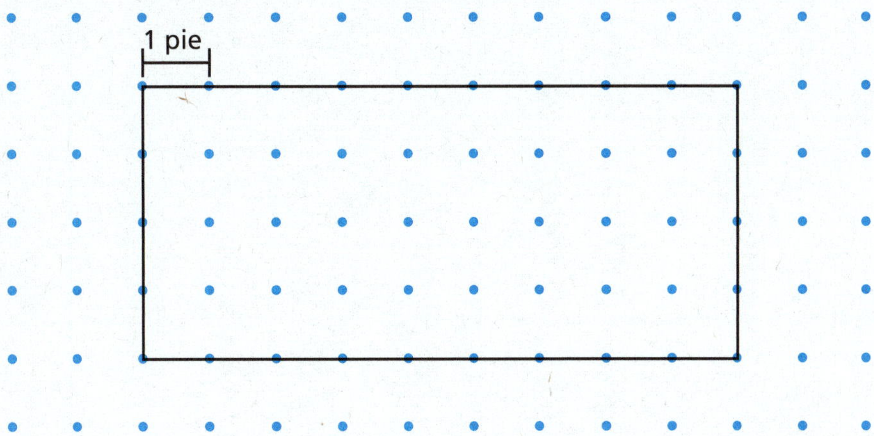

Perímetro: ____________ pies

Área: ____________ pies cuadrados

© Houghton Mifflin Harcourt Publishing Company

 Nombre Fecha

9 Liana siembra una huerta de vegetales en dos secciones. Siembra maíz en una sección que mide 5 metros de largo y 6 metros de ancho. Siembra calabaza en una sección que mide 3 metros de largo y 6 metros de ancho.

Parte A

Describe una manera de calcular el área de la huerta. Luego calcula el área.

Área: ______ metros cuadrados

Parte B

Haz un dibujo de la huerta para mostrar que tu respuesta es correcta.

© Houghton Mifflin Harcourt Publishing Company

Repaso/Prueba de la Unidad 5

Nombre ______________________ Fecha ______________

10 Dan camina $\frac{5}{8}$ de milla hasta la escuela. Beth camina $\frac{3}{4}$ de milla hasta la escuela.

Parte A

¿Quién camina más lejos? Rotula y sombrea los círculos como ayuda para resolver el problema.

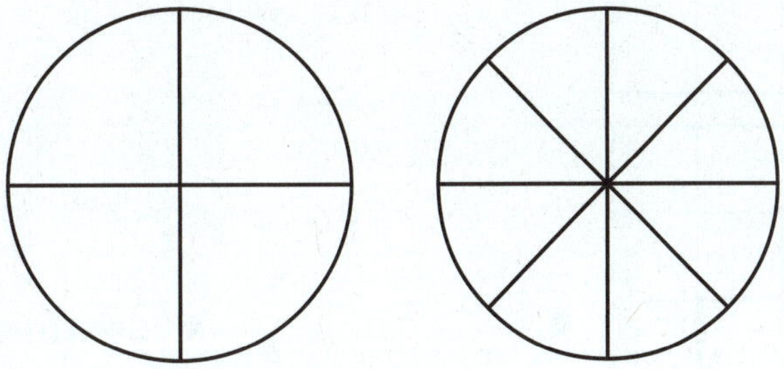

______________ camina más lejos.

Parte B

Imagina que Dan camina $\frac{6}{8}$ de milla en vez de $\frac{5}{8}$ de milla. ¿Quién camina más lejos? ¿Cómo te ayudan los círculos a decidir?

11 El termómetro muestra la temperatura a las 3:00 p. m.

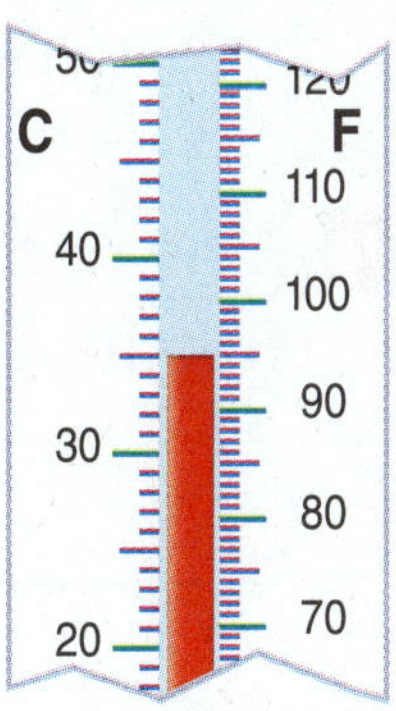

11a ¿Qué temperatura muestra el termómetro en grados Fahrenheit? ______

11b A las 2:00 a. m. se prevé que la temperatura será 16° menos. ¿Cuál es la temperatura prevista en grados Fahrenheit para las 2:00 a. m.? ______

© Houghton Mifflin Harcourt Publishing Company

Nombre ______________________ Fecha ______________________

12 Traza una línea desde la figura hasta el área de la figura.

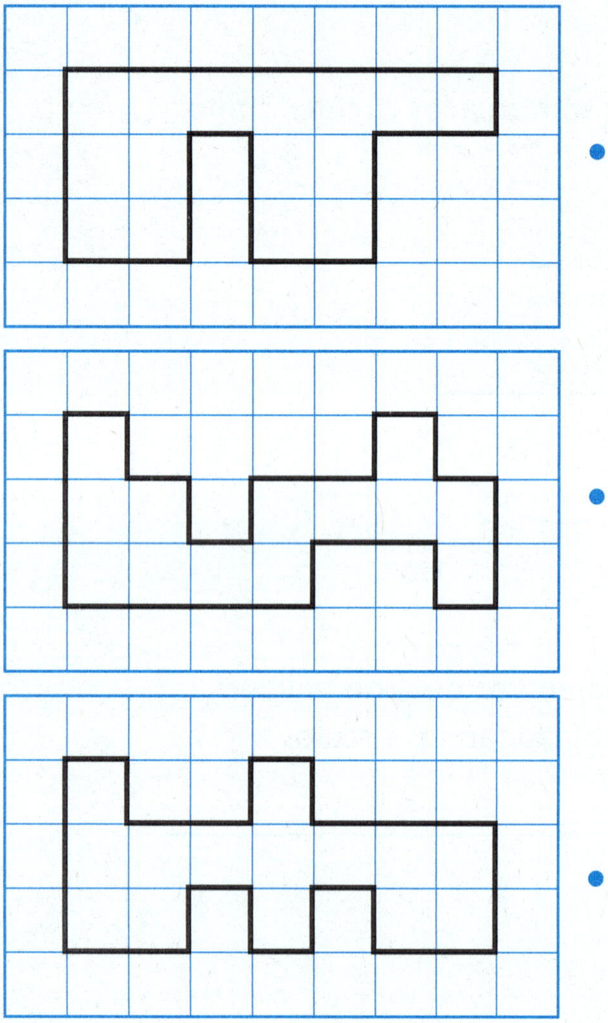

• 13 unidades cuadradas

• 14 unidades cuadradas

• 15 unidades cuadradas

13 Riki compra tomates por $2.19. Paga con tres billetes de $1. ¿Cuánto cambio debe recibir?

____

14 Rino necesita $\frac{1}{2}$ taza de jugo de piña para un batido. ¿Cuáles son otras dos fracciones equivalentes a $\frac{1}{2}$?

____

© Houghton Mifflin Harcourt Publishing Company

Nombre ______________________ Fecha ______________

Parque de perros

La ciudad de Springfield piensa hacer un parque rectangular para perros. El parque medirá 8 yardas de largo y 10 yardas de ancho.

1. ¿Cuánta cerca se necesita para rodear el parque?

____

2. ¿Cuál es el área del parque en planificación?

____

3. La mitad del parque tendrá césped y la cuarta parte del parque estará cubierta de grava. Sombrea el siguiente modelo para mostrar el césped y la parte con grava.

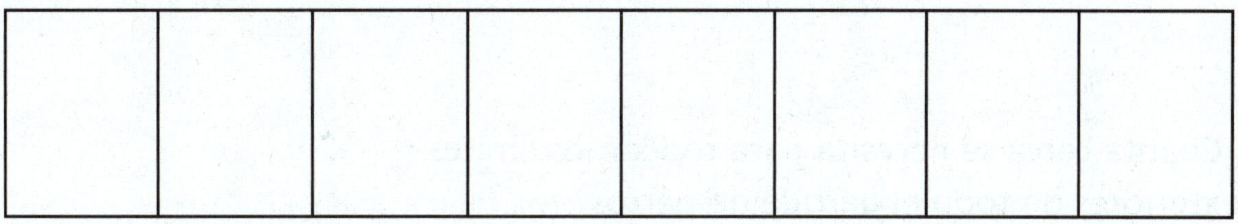

4. El área restante del parque tendrá bancos. ¿Qué fracción del área total tendrá bancos?

____

5. Escribe dos fracciones equivalentes para representar el área del parque con césped.

____

© Houghton Mifflin Harcourt Publishing Company

Nombre ______________________________ Fecha ______________

La ciudad de Springfield piensa agrandar el parque de perros.

6 6 La ciudad añadirá 20 yardas cuadradas de terreno al lado del parque original. Dibuja y rotula las dimensiones posibles de la parte añadida.

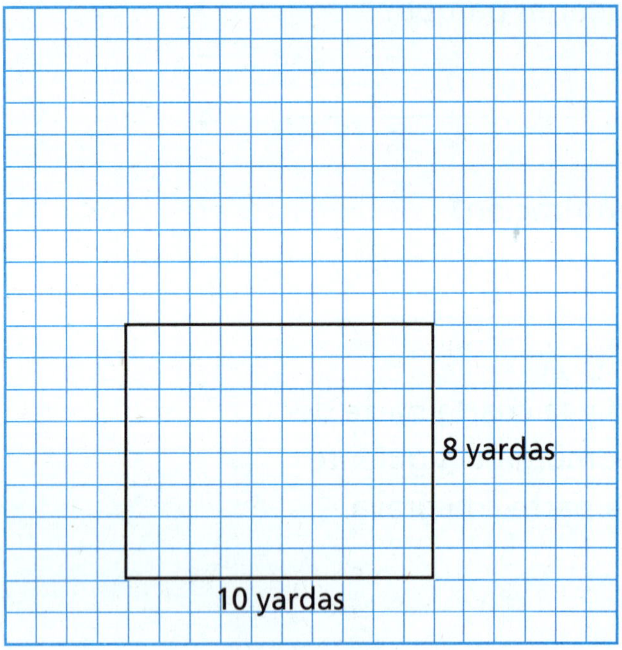

7 ¿Cuánta cerca se necesita para rodear los límites exteriores de todo el parque de perros?

____

8 Usa la cuadrícula siguiente para diseñar tu propio parque para perros. Cada cuadrado representa una unidad cuadrada. El área de tu parque debe ser 24 unidades cuadradas. Rotula el dibujo con el perímetro del parque.

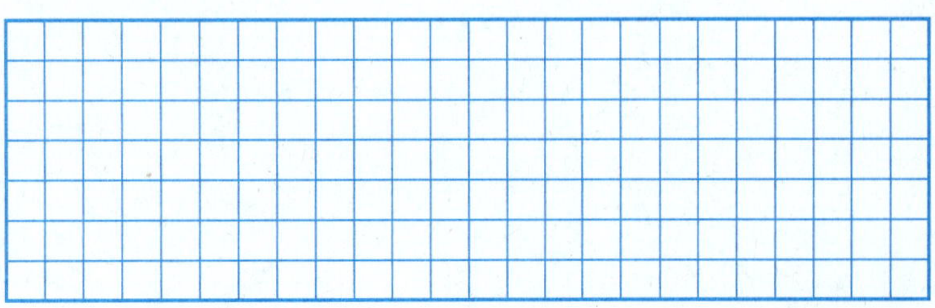

© Houghton Mifflin Harcourt Publishing Company

Dear Family:

In this unit, your child will solve addition, subtraction, multiplication, and division problems involving unknown addends and factors.

- If one of the addends is unknown, it can be found by subtracting the known addend from the total or by counting on from the known addend to the total.
- If the total is unknown, it can be found by adding the addends.
- If one of the factors is unknown, it can be found by dividing the product by the other factor.
- If the product is unknown, it can be found by multiplying the factors.

Math Mountains are used to show a total and two addends. Students can use the Math Mountain to write an equation and then solve the equation to find the unknown.

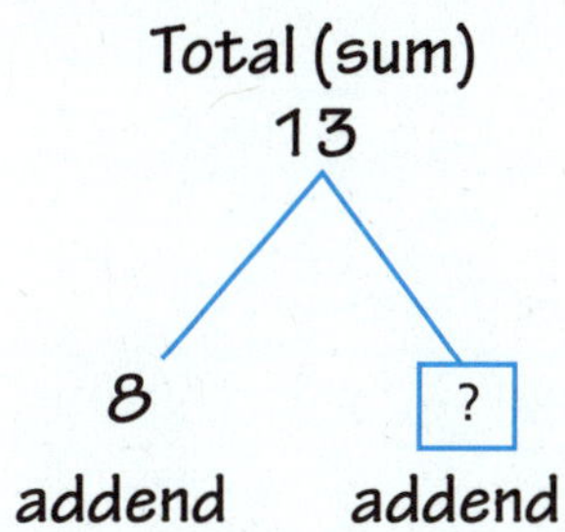

8 + ? = 13 addend addend total	13 − 5 = 8
5 + 8 = 13	13 − 8 = 5
13 = 8 + 5	8 = 13 − 5
13 = 5 + 8	5 = 13 − 8

Equations with numbers alone on the left are also emphasized to help with the understanding of algebra.

Comparison Bars are used to solve problems that involve one amount that is more than or less than another amount. Drawing Comparison Bars can help a student organize the information in the problem in order to find the unknown smaller amount, the unknown larger amount, or the difference.

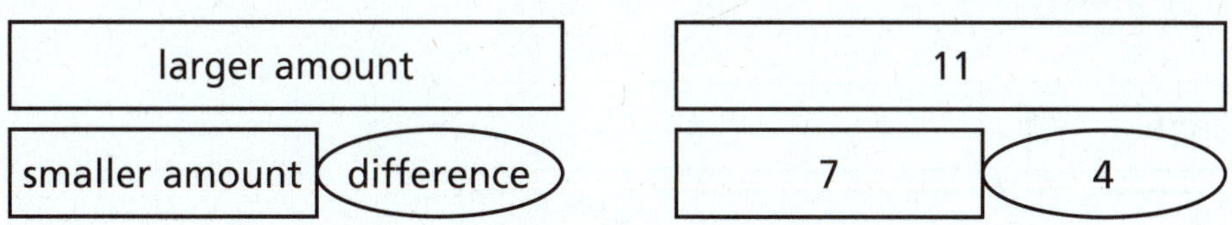

Please contact me if you have any questions or comments.

Sincerely,
Your child's teacher

© Houghton Mifflin Harcourt Publishing Company

Estimada familia:

En esta unidad, su niño resolverá sumas, restas, multiplicaciones y divisiones con sumandos o factores desconocidos.

- Si uno de los sumandos se desconoce, puede hallarse restando el sumando conocido del total, o contando hacia adelante desde el sumando conocido hasta llegar al total.
- Si el total se desconoce, puede hallarse sumando los sumandos.
- Si uno de los factores se desconoce, puede hallarse dividiendo el producto entre el otro factor.
- Si el producto se desconoce, puede hallarse multiplicando los factores.

Para mostrar un total y dos sumandos se usan las **Montañas matemáticas**. Los estudiantes puede usarlas para escribir una ecuación, y al resolverla, hallar el elemento desconocido.

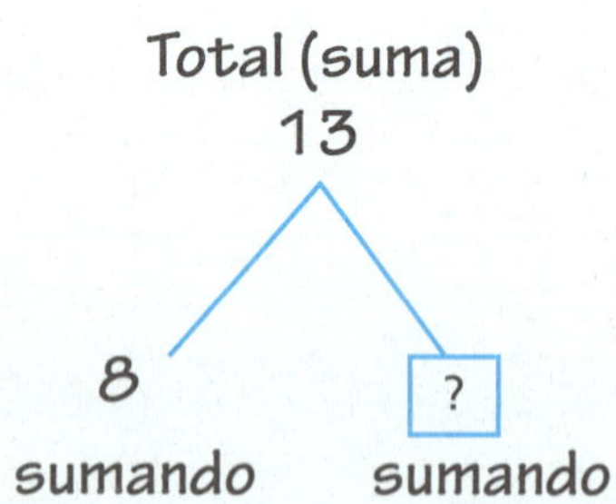

8	+	?	= 13		13	−	5	=	8
sumando		sumando	total						
5	+	8	= 13		13	−	8	=	5
13	=	8	+	5	8	=	13	−	5
13	=	5	+	8	5	=	13	−	8

Se hace énfasis en las ecuaciones que tienen números solos en el lado izquierdo, para facilitar la comprensión del álgebra.

Para resolver problemas con una cantidad que es más o menos que otra, se usan **Barras de comparación**. Estas barras sirven para organizar la información del problema, y hallar así, la cantidad desconocida más pequeña, la más grande o la diferencia.

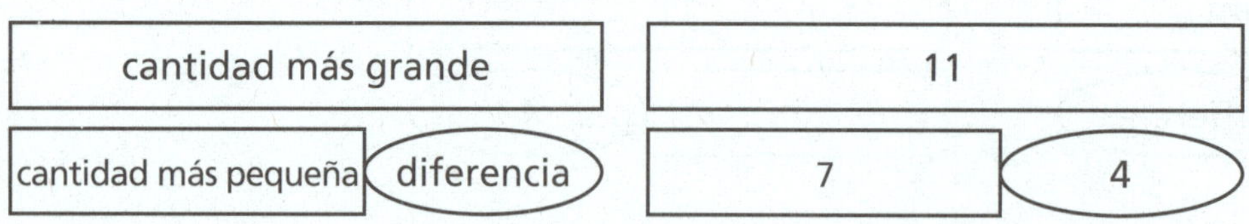

Si tiene alguna pregunta o algún comentario, por favor comuníquese conmigo.

Atentamente,
El maestro de su niño

© Houghton Mifflin Harcourt Publishing Company

sumando

suma

total

© Houghton Mifflin Harcourt Publishing Company

Uno de dos o más números a ser sumados para obtener una suma.

Ejemplo:

$8 + 4 = 12$

sumando sumando suma

Resultado cuando se suman dos o más sumandos.

Ejemplo:

$37 + 52 = 89$

sumando sumando suma

Respuesta de sumar dos o más sumandos. La suma de dos o más números.

Ejemplo:

$672 + 228 = 900$

sumando sumando total o suma

© Houghton Mifflin Harcourt Publishing Company

Nombre ______________________

VOCABULARIO
total
sumando
suma

Montañas matemáticas y ecuaciones

Completa.

1 Observa la Montaña matemática y las 8 ecuaciones. ¿Qué relaciones ves? En cada ecuación, rotula cada número como **sumando** (*S*) o **total** (*T*).

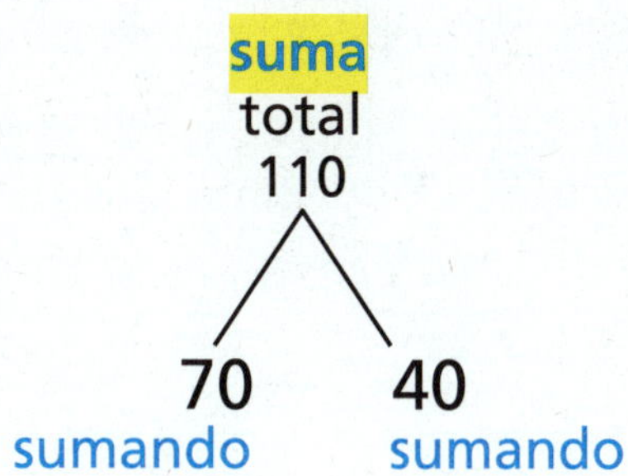

110 = 70 + 40	70 + 40 = 110
___ ___ ___	___ ___ ___
110 = 40 + 70	40 + 70 = 110
___ ___ ___	___ ___ ___
40 = 110 − 70	110 − 70 = 40
___ ___ ___	___ ___ ___
70 = 110 − 40	110 − 40 = 70
___ ___ ___	___ ___ ___

2 Escribe las 8 ecuaciones para esta Montaña matemática. Rotula cada número como total (*T*) o como sumando (*S*).

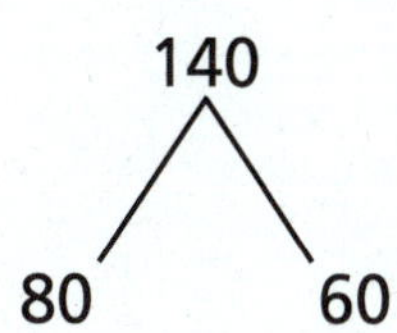

______________________ ______________________

______________________ ______________________

______________________ ______________________

______________________ ______________________

© Houghton Mifflin Harcourt Publishing Company

Resolver y comentar

Resuelve cada problema. Rotula tus respuestas.

Muestra tu trabajo.

3 **Agregar a** El grupo de Chris recogió 80 manzanas. El grupo de la madre de Chris recogió 60 manzanas más. ¿Cuántas manzanas hay ahora?

____

4 **Quitar de** El grupo de Chris tenía 140 manzanas. Se comieron 80. ¿Cuántas manzanas hay ahora?

____

5 **Juntar/Separar** La clase de Alison trajo 70 cajas de jugo para el día de campo. La clase de Taylor trajo 50 cajas de jugo. ¿Cuántas cajas de jugo trajeron en total?

____

6 **Juntar/Separar** Hay 120 cajas de jugo para el día de campo. Alison puso 70 cajas en las mesas y las demás en una heladera. ¿Cuántas cajas de jugo hay en la heladera?

____

© Houghton Mifflin Harcourt Publishing Company

Nombre ______________________________

Representar problemas con herramientas matemáticas

Las ecuaciones y Montañas matemáticas siguientes muestran los problemas de la página 390.

Agregar a

80	+	60	=	$\square$
Grupo de Chris		Grupo de mamá		total

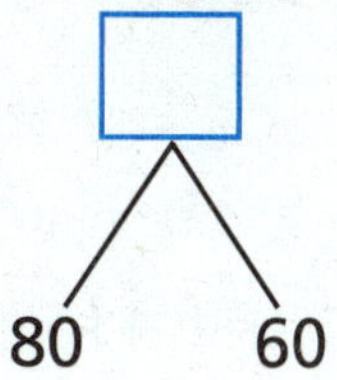

Quitar de

140	−	80	=	$\square$
total		se comieron		ahora

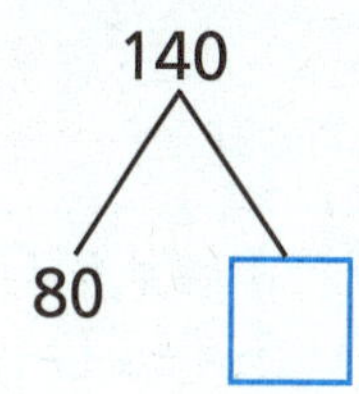

Juntar/Separar

70	+	50	=	$\square$
clase de Alison		clase de Taylor		total

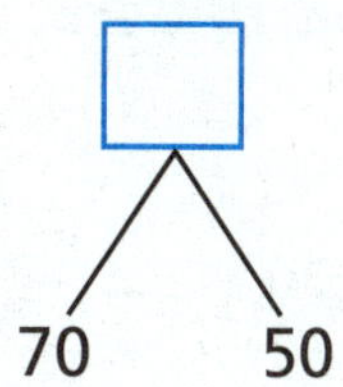

Juntar/Separar

120	−	70	=	$\square$
total		mesas		heladera

70	+	$\square$	=	120
mesas		heladera		total

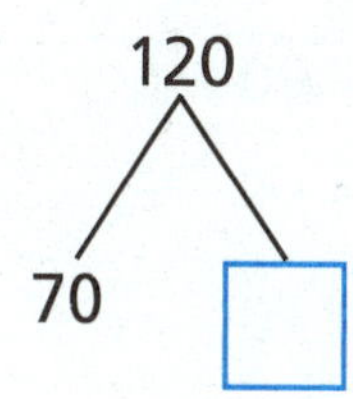

7. Escribe los números desconocidos en las casillas.

8. ¿En qué se parecen estas herramientas matemáticas? ¿En qué se diferencian?

____

9. **Diario matemático** Escribe un problema para esta ecuación: $110 - 40 = \square$. Luego, resuélvelo.

© Houghton Mifflin Harcourt Publishing Company

Camino al conocimiento Comentar los signos = y ≠

Una expresión es una combinación de números, variables y signos de operación. Las expresiones no tienen signo de igualdad.

Una ecuación está formada por dos cantidades o expresiones iguales. El signo de igualdad (=) se usa para indicar que los dos lados son iguales.

$8 = 5 + 3$ $4 + 2 = 6$ $7 = 7$ $3 + 2 = 2 + 3$

El signo de "no es igual" (≠) indica que las dos cantidades no son iguales.

$7 \neq 5 + 3$ $4 + 2 \neq 8$ $7 \neq 6$ $5 + 2 \neq 1 + 1 + 3$

10 Usa el signo = para escribir tres ecuaciones. Varía la cantidad de números a cada lado del signo.

______

______

______

11 Usa el signo ≠ para escribir tres enunciados de "no es igual a ". Varía la cantidad de números a cada lado del signo.

______

______

______

Escribe un número para que el enunciado numérico sea verdadero.

12 $160 = \square + 90$

13 $30 + \square \neq 120$

14 $150 - \square = 70$

15 $\square \neq 140 - 70$

Escribe = o ≠ para que el enunciado numérico sea verdadero.

16 $80 + 20 + 40 \bigcirc 90 + 50$

17 $80 \bigcirc 60 - 20$

Comprobar la comprensión

Dibuja una Montaña matemática para este problema: Cory tenía 12 uvas. Comió 4. ¿Cuántas uvas tiene ahora? Luego, escribe una ecuación para el problema y resuelve.

© Houghton Mifflin Harcourt Publishing Company

Nombre ________________________________

Resolver problemas con sumandos desconocidos

Dibuja una Montaña matemática, escribe y rotula una ecuación con una variable. Luego, resuelve cada problema.

Muestra tu trabajo.

1. **Juntar/Separar: Sumando desconocido**
Había 90 chicas y algunos chicos en un programa después de la escuela. En total, había 160 estudiantes. ¿Cuántos chicos había en el programa?

____

2. **Juntar/Separar: Sumando desconocido**
Había 150 personas en un parque. 70 estaban jugando fútbol. Las demás estaban jugando softbol. ¿Cuántas personas estaban jugando softbol?

____

3. **Agregar a: Sumando desconocido** Jan sembró 80 tulipanes la semana pasada. Hoy sembró unas rosas. Ahora tiene 170 flores. ¿Cuántas rosas sembró?

____

4. **Quitar de: Sumando desconocido** El equipo de Tim tenía 140 pelotas de tenis. Luego, el equipo de su hermano tomó algunas prestadas. Ahora el equipo de Tim tiene 60 pelotas de tenis. ¿Cuántas pelotas tomó prestadas el equipo de su hermano?

____

© Houghton Mifflin Harcourt Publishing Company

Representar sumandos desconocidos con herramientas matemáticas

Las ecuaciones y Montañas matemáticas siguientes representan los problemas de la página 393.

Juntar/Separar: Sumando desconocido

90	+	b	=	160
chicas		chicos		estudiantes

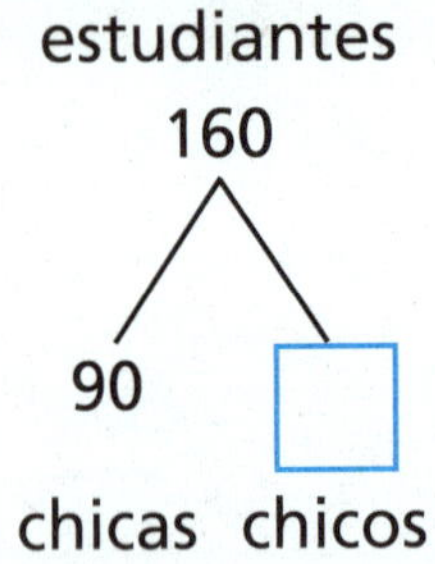

Juntar/Separar: Sumando desconocido

150	−	s	=	70
parque		softbol		fútbol

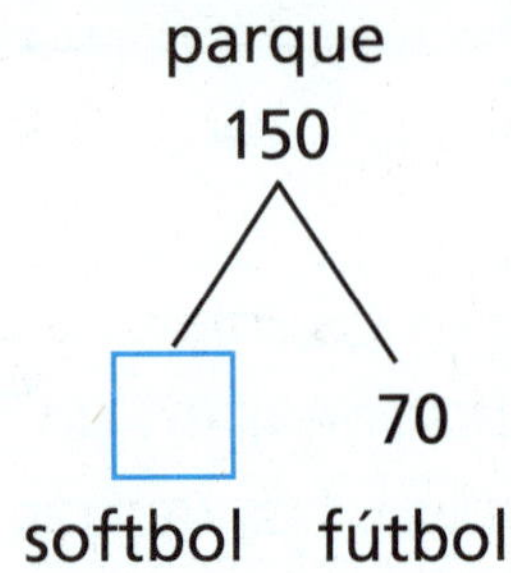

Agregar a: Sumando desconocido

80	+	r	=	170
tulipanes		rosas		flores

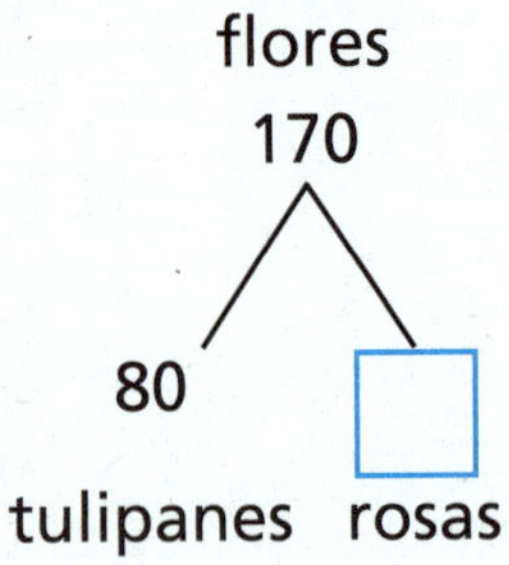

Quitar de: Sumando desconocido

140	−	b	=	60
pelotas		algunas		ahora

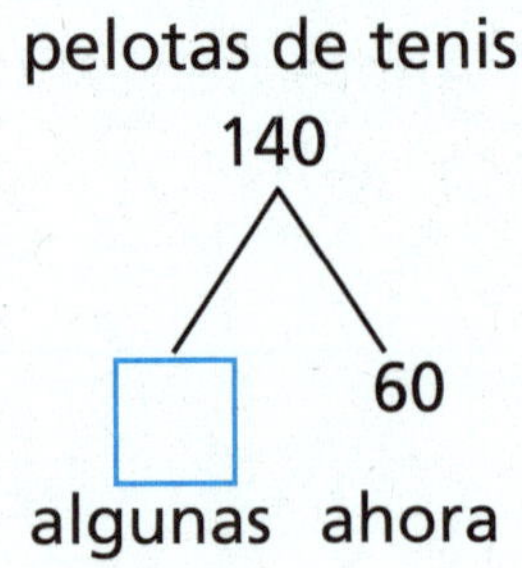

5. Escribe los números desconocidos en las casillas y arriba de las variables.

6. ¿En qué se parecen estas herramientas matemáticas? ¿En qué se diferencian?

© Houghton Mifflin Harcourt Publishing Company

Nombre ______________________________

Resolver problemas con factores desconocidos

Escribe una ecuación para cada problema. Usa una variable para representar el factor desconocido. Luego, resuelve el problema.

Muestra tu trabajo.

7. Un fabricante de juguetes tenía 36 cajas de trenes para enviar a 4 jugueterías. Cada juguetería recibió el mismo número de cajas. ¿Cuántas cajas con trenes de juguete recibió cada juguetería?

____

8. En un estacionamiento hay 56 carros. Hay 8 filas y el mismo número de carros en cada fila. ¿Cuántos carros hay en cada fila?

____

9. Un edificio de apartamentos tiene 42 apartamentos. Hay 6 apartamentos en cada piso. ¿Cuántos pisos hay en el edificio de apartamentos?

____

10. Hay 48 estudiantes en la banda marcial. Los estudiantes están formados en filas iguales de 8. ¿Cuántas filas de estudiantes hay?

____

© Houghton Mifflin Harcourt Publishing Company

Resolver problemas con factores desconocidos (continuación)

Escribe una ecuación para cada problema. Usa una variable para representar el factor desconocido. Luego, resuelve el problema.

Muestra tu trabajo.

11 Daniel coloca sillas para una función de tercer grado. En cada fila hay 6 sillas. En total, hay 54 sillas. ¿Cuántas filas de sillas hay?

____

12 La Srta. Martínez cose botones en 4 disfraces. Cada disfraz tiene el mismo número de botones. Hay 32 botones en total. ¿Cuántos botones tiene cada disfraz?

____

13 La biblioteca recibió 63 libros nuevos. El bibliotecario pone 7 libros nuevos en cada estante. ¿Cuántos estantes hay?

____

14 Hay 72 cajas de jugo para el día de campo de la clase. Las cajas de jugo vienen en paquetes de 8. ¿Cuántos paquetes de jugo hay?

____

✓ Comprobar la comprensión

Haz un dibujo que represente el Problema 14: 72 cajas de jugo en paquetes de 8.

© Houghton Mifflin Harcourt Publishing Company

Nombre ______________________

Resolver problemas con inicios desconocidos

Resuelve cada problema. Rotula tus respuestas.

Muestra tu trabajo

1. **Agregar a: Inicio desconocido** Greta ensarta unas cuentas en una cuerda. Luego ensarta 70 cuentas más. Ahora hay 130 cuentas en la cuerda. ¿Cuántas cuentas puso al comienzo?

   ____

2. **Quitar de: Inicio desconocido** Greta ensarta unas cuentas en un hilo. Luego se caen 70 cuentas del hilo. Ahora quedan 60 cuentas en el hilo. ¿Cuántas cuentas había en el hilo al comienzo?

   ____

3. **Agregar a: Inicio desconocido** Patrick llevaba unos folletos. Su maestro le pidió llevar 30 folletos más. Ahora tiene 110 folletos. ¿Cuántos folletos tenía al comienzo?

   ____

4. **Quitar de: Inicio desconocido** Patricia tenía unos lápices. Su amiga tomó 30 de sus lápices. A Patricia le quedan 80 lápices. ¿Cuántos lápices tenía Patricia al comienzo?

   ____

© Houghton Mifflin Harcourt Publishing Company

Representar problemas de inicio desconocido con herramientas matemáticas

Las ecuaciones y Montañas matemáticas siguientes muestran los problemas de la página 397.

Agregar a: Inicio desconocido

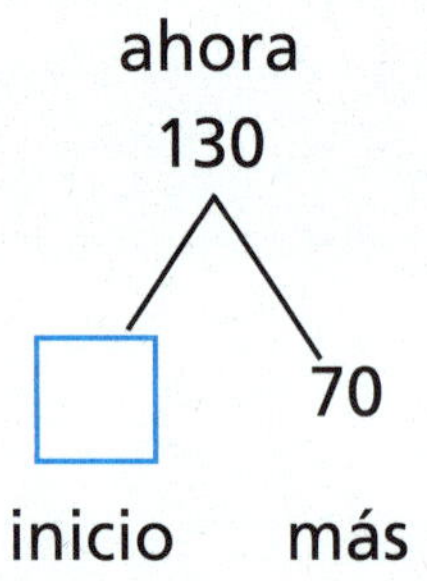

Ecuación de la situación:

$\square$	+	70	=	130
inicio		más		ahora

Ecuaciones de la solución:

$70 + \square = 130$

$130 - 70 = \square$

Quitar de: Inicio desconocido

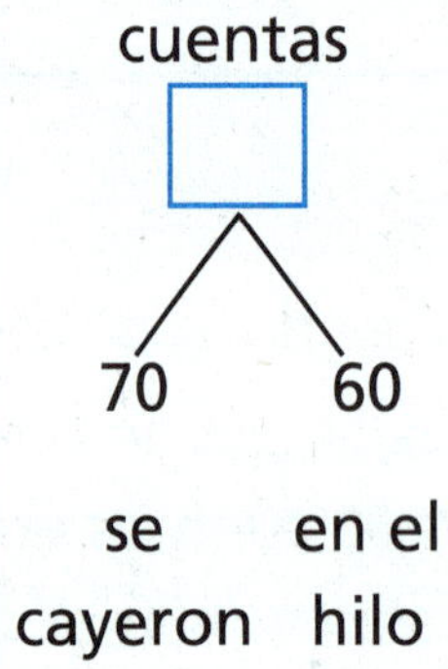

Ecuación de la situación:

$\square$	−	70	=	60
cuentas		se cayeron		en el hilo

Ecuaciones de la solución:

$60 + 70 = \square$

Agregar a: Inicio desconocido

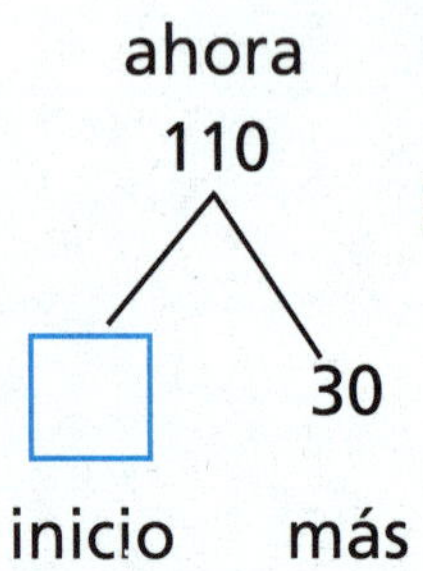

Ecuación de la situación:

$\square$	+	30	=	110
inicio		más		ahora

Ecuaciones de la solución:

$30 + \square = 110$

$110 - 30 = \square$

Quitar de: Inicio desconocido

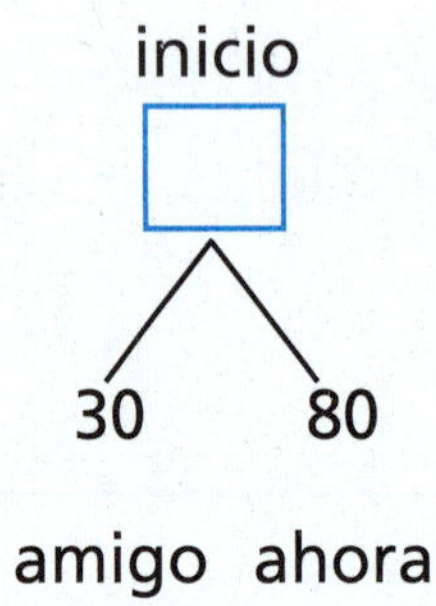

Ecuación de la situación:

$\square$	−	30	=	80
inicio		amigo		ahora

Ecuación de la solución:

$80 + 30 = \square$

5 Escribe los números desconocidos en las casillas.

6 ¿En qué se parecen estas herramientas matemáticas? ¿En qué se diferencian?

____

____

© Houghton Mifflin Harcourt Publishing Company

Nombre ______________________________

Escribir ecuaciones de la situación y de la solución

Escribe una ecuación de la situación y una de la solución. Luego, resuelve el problema.

7 Cuarenta estudiantes fueron a visitar el Centro de Ciencias. Viajaron, repartidos equitativamente, en 8 camionetas. ¿Cuántos estudiantes iban en cada camioneta?

Ecuación de la situación: ______________________________

Ecuación de la solución: ______________________________

8 Fiona hizo unas hebillas para el pelo. Puso 9 cuentas en cada hebilla. Si usó 63 cuentas, ¿cuántas hebillas hizo?

Ecuación de la situación: ______________________________

Ecuación de la solución: ______________________________

9 En un refugio para aves hay 81 aves. En cada sección hay 9 aves. ¿Cuántas secciones hay?

Ecuación de la situación: ______________________________

Ecuación de la solución: ______________________________

10 Enrique tiene 56 carros miniatura. Colocó el mismo número de carros en 7 repisas en su habitación. ¿Cuántos carros hay en cada repisa?

Ecuación de la situación: ______________________________

Ecuación de la solución: ______________________________

© Houghton Mifflin Harcourt Publishing Company

Escribir ecuaciones de la situación y de la solución (continuación)

Escribe una ecuación de la situación y una de la solución. Luego, resuelve el problema.

11 Un grupo de 48 estudiantes de 8 escuelas compiten en la feria de ciencias. Cada escuela envía el mismo número de estudiantes. ¿Cuántos estudiantes compiten por escuela?

Ecuación de la situación: ______________________

Ecuación de la solución: ______________________

12 Una matriz en una pared de la galería de arte tiene 27 fotos. Cada fila tiene 9 fotos. ¿Cuántas filas hay?

Ecuación de la situación: ______________________

Ecuación de la solución: ______________________

13 Jody compró 4 bolsas de limones. Cada bolsa tenía el mismo número de limones. En total había 36 limones. ¿Cuántos limones había en cada bolsa?

Ecuación de la situación: ______________________

Ecuación de la solución: ______________________

14 Una ferretería vendió cierto número de cajas con filtros para calderas. Había 6 filtros en cada caja. Si se vendieron 54 filtros, ¿cuántas cajas de filtros vendió la ferretería?

Ecuación de la situación: ______________________

Ecuación de la solución: ______________________

© Houghton Mifflin Harcourt Publishing Company

Comprobar la comprensión

Explica la diferencia entre una ecuación de la situación y una ecuación de la solución.

Nombre ______________________________

Comparar números

Compara los números. Escribe >, < o = en cada ◯.

1. 34 ◯ 86
2. 97 ◯ 67
3. 653 ◯ 663
4. 875 ◯ 587
5. 752 ◯ 572
6. 864 ◯ 846
7. 1,932 ◯ 2,951
8. 2,633 ◯ 2,487
9. 3,478 ◯ 3,478
10. 4,786 ◯ 4,876

Ordenar números

Escribe los números en orden de mayor a menor.

11. 69; 20; 81

    ____

12. 381; 124; 197

    ____

Escribe los números en orden de menor a mayor.

13. 2,245; 1,642; 787

    ____

14. 1,987; 1,898; 1,789

    ____

© Houghton Mifflin Harcourt Publishing Company

Comentar problemas de comparación

Resuelve cada problema. Rotula tus respuestas.

David tiene 5 canicas. Ana tiene 8 canicas.

15 ¿Cuántas canicas más que David tiene Ana? ______

16 ¿Cuántas canicas menos que Ana tiene David? ______

Estas son dos maneras de representar la situación comparativa.

Dibujo de comparación

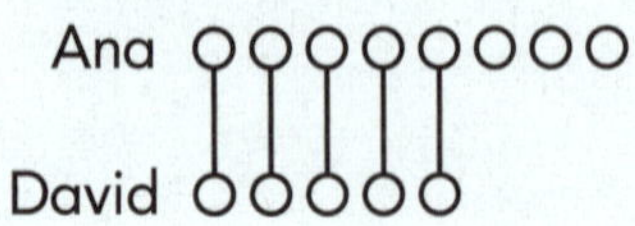

Barras de comparación

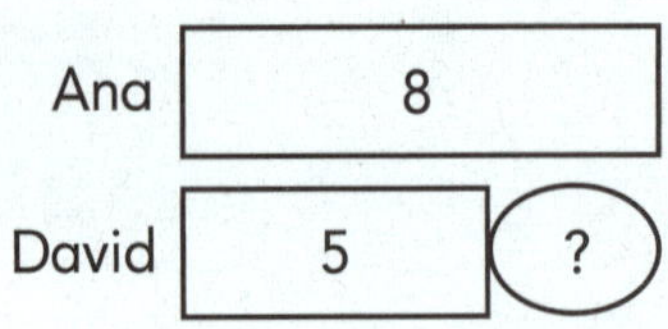

Claire tiene 8 canicas. Sasha tiene 15 canicas

Muestra tu trabajo.

17 ¿Cuántas canicas más que Claire tiene Sasha? ______

18 ¿Cuántas canicas menos que Sasha tiene Claire? ______

Rocky tiene 7 carnadas para pescar. Megan tiene 12 carnadas para pescar.

19 ¿Cuántas carnadas menos tiene Rocky que Megan? ______

© Houghton Mifflin Harcourt Publishing Company

Nombre ______________________________

Problemas de comparación con una cantidad mayor o menor desconocida

Resuelve cada problema. Rotula tus respuestas.

Muestra tu trabajo.

20. **Cantidad mayor desconocida** Maribel tiene 18 adhesivos. Arnon tiene 13 adhesivos más que Maribel. ¿Cuántos adhesivos tiene Arnon?

____

21. **Cantidad menor desconocida** Arnon tiene 31 adhesivos. Maribel tiene 13 adhesivos menos que Arnon. ¿Cuántos adhesivos tiene Maribel?

____

22. **Cantidad mayor desconocida** Iván tiene 19 peces dorados. Milo tiene 15 peces dorados más que Iván. ¿Cuántos peces dorados tiene Milo?

____

23. **Cantidad menor desconocida** Milo tiene 34 peces dorados. Iván tiene 15 peces dorados menos que Milo. ¿Cuántos peces dorados tiene Iván?

____

© Houghton Mifflin Harcourt Publishing Company

Usar barras de comparación para representar una cantidad desconocida

Resuelve cada problema. Rotula tus respuestas.

Muestra tu trabajo.

24 **Cantidad menor desconocida** T.J. tiene 18 carritos miniatura menos que Corey. Corey tiene 32 carritos miniatura. ¿Cuántos carritos tiene T.J.?

____

25 **Cantidad mayor desconocida** Corey tiene 18 carritos miniatura más que T.J. T.J. tiene 14 carritos miniatura. ¿Cuántos carritos tiene Corey?

____

26 **Cantidad menor desconocida** Grace tiene 19 animales de peluche menos que Sofía. Sofía tiene 31 animales de peluche. ¿Cuántos animales de peluche tiene Grace?

____

27 **Cantidad mayor desconocida** Sofía tiene 19 animales de peluche más que Grace. Grace tiene 12 animales de peluche. ¿Cuántos animales de peluche tiene Sofía?

____

© Houghton Mifflin Harcourt Publishing Company

Comprobar la comprensión

Jen tiene 14 muñecas más que Avery. Avery tiene 16 muñecas. Dibuja barras de comparación para hallar el número de muñecas que tiene Jen.

Nombre ______________________________

¿Cuál es el error?

Queridos estudiantes de matemáticas,

Resolví este problema como parte de mi tarea de matemáticas:

Carlos tiene 19 peces. Tiene 14 peces menos que Daniel. ¿Cuántos peces tiene Daniel?

Esto fue lo que hice: 19 − 14 = 5 Daniel tiene 5 peces.

Carlos	19	
Daniel	?	14

¿Es mi respuesta correcta? Si no lo es, por favor corrijan mi trabajo y díganme qué hice mal.

Su amigo,

El Pingüino Confundido

1. Escribe una respuesta para el Pingüino Confundido.

____

____

Resolver problemas de comparación con lenguaje engañoso

Resuelve cada problema en una hoja de papel aparte.

2. **Cantidad menor desconocida**
Daniel tiene 23 peces. Tiene 15 peces más que Carlos. ¿Cuántos peces tiene Carlos?

____

3. **Cantidad mayor desconocida**
Gina corrió 12 vueltas. Corrió 8 vueltas menos que Bettina. ¿Cuántas vueltas corrió Bettina?

____

4. **Cantidad menor desconocida**
Bettina corrió 20 vueltas. Corrió 8 vueltas más que Gina. ¿Cuántas vueltas corrió Gina?

____

5. **Cantidad mayor desconocida**
Sara leyó 18 libros este año. Leyó 13 libros menos que Lupe. ¿Cuántos libros leyó Lupe este año?

____

© Houghton Mifflin Harcourt Publishing Company

Resolver problemas de comparación sin las palabras *más* o *menos*

Resuelve cada problema. Rotula tus respuestas.

Muestra tu trabajo.

6. El entrenador trajo 18 palos de hockey al entrenamiento. Había 23 jugadores en la práctica. ¿Cuántos jugadores quedaron sin palo?

____

7. En una reunión, 15 personas quedaron de pie porque no había suficientes sillas. Había 12 sillas. ¿Cuántas personas fueron a la reunión?

____

8. En un parque, 4 niños no pudieron columpiarse porque no había suficientes columpios. Había 20 niños en el parque. ¿Cuántos columpios había en el parque?

____

9. Maile pisó 14 baldosas a lo largo del camino que cruza el jardín. No pisó 13 baldosas. ¿Cuántas baldosas hay en el camino?

____

Comprobar la comprensión

Escribe otra vez el enunciado de comparación: "Pete tiene 12 herramientas menos que Cooper" usando la palabra *más*.

____

© Houghton Mifflin Harcourt Publishing Company

Nombre ____________________

Resolver problemas con información adicional

Lee cada problema. Tacha la información adicional. Luego, resuelve.

1. Emma resolvió 9 problemas de matemáticas y respondió 7 preguntas de lectura. Su hermana resolvió 8 problemas de matemáticas. ¿Cuántos problemas de matemáticas resolvieron en total?

   ____

2. Mark tenía 6 camisas y 5 pares de pantalones. Hoy, su tía le regaló 4 camisas más y otro par de pantalones. ¿Cuántas camisas tiene ahora?

   ____

3. Un estacionamiento tenía 179 carros y 95 camiones. Después, 85 carros salieron del estacionamiento. ¿Cuántos carros quedaron?

   ____

4. Laura tenía unas rosas en un florero. Recogió otras 7 rosas en su jardín y 6 margaritas. Ahora tiene 12 rosas en total. ¿Cuántas rosas tenía primero?

   ____

5. Nikko tenía 245 monedas de 1¢ y 123 monedas de 5¢. Su hermano le regaló 89 monedas más de 1¢ y 25 monedas de 5¢. ¿Cuántas monedas de 1¢ tiene Nikko ahora?

   ____

© Houghton Mifflin Harcourt Publishing Company

Resolver problemas con información oculta

Lee cada problema. Encierra en un círculo la información oculta. Luego, resuelve.

6. Ayer Samuel tenía 16 herraduras nuevas en la caballeriza. Hoy le puso un nuevo juego de herraduras a su yegua, Betsy. ¿Cuántas herraduras quedan en la caballeriza?

____

7. Maya se va de vacaciones con su familia durante una semana y 3 días. ¿Cuántos días estará de vacaciones?

____

8. Julie compró una docena de huevos en el mercado. Le regaló 3 a Serge. ¿Cuántos huevos le quedan a Julie?

____

9. Lisa tenía 3 monedas de 25¢ y 2 monedas de 10¢. Después se encontró 3 monedas de 5¢ y 12 monedas de 1¢. ¿Cuál es el valor de las monedas que tiene, en centavos?

____

10. Marissa se muda a otra ciudad. Estará de regreso dentro de 1 año y 21 días. ¿Cuántos días estará fuera?

____

© Houghton Mifflin Harcourt Publishing Company

Nombre ____________________

Reconocer problemas sin información suficiente

Escribe la información que se necesita para resolver cada problema.

11 Sara compró 8 plátanos en el mercado de frutas. Las puso en un tazón con unas naranjas. ¿Cuántas frutas hay en el tazón?

____

____

12 Rebecca hizo 112 clavados en las competencias del verano pasado. Este verano, hizo muchos más clavados en competencias. ¿Cuántos clavados hizo en ambos veranos en las competencias?

____

____

13 Meg compró 3 libros de misterio y los puso en una repisa con sus otros libros de misterio. ¿Cuántos libros de misterio hay ahora en la repisa?

____

____

14 Nuestra escuela tiene 5 pelotas de fútbol, 6 de básquetbol y 4 de fútbol americano. Hoy se perdieron algunas pelotas de fútbol americano. ¿Cuántas pelotas tiene la escuela ahora?

____

____

© Houghton Mifflin Harcourt Publishing Company

Reconocer problemas sin información suficiente

Si se necesita más información, escribe el problema de nuevo con la información necesaria. Luego, resuélvelo.

Muestra tu trabajo.

15 Leah empezó a pescar a las 2:00 p. m. Terminó a la hora de cenar. ¿Cuántas horas pescó Leah?

16 Un tren recorrió 376 millas el jueves. El viernes recorrió aún más millas. ¿Cuántas millas recorrió el tren en esos dos días?

17 La tienda de cocina vendió 532 sartenes y 294 ollas. Luego, algunas sartenes fueron devueltas a la tienda. ¿Cuántas sartenes no fueron devueltas?

18 Julio y Scott jugaron 6 juegos de cartas y 4 juegos de computadora. ¿Cuántas horas estuvieron jugando?

© Houghton Mifflin Harcourt Publishing Company

Comprobar la comprensión

Escribe la información adicional que hay en uno de los problemas anteriores y que no se necesita para resolverlo.

Prueba rápida 1 de la Unidad 6

Nombre ______________________ Fecha ______________

Resuelve los problemas. Rotula tu respuesta.

Muestra tu trabajo.

1. Mary manejó 43 millas. Sherry manejó 15 millas. ¿Cuántas millas más manejó Mary que Sherry?

____

2. George tenía algún dinero en su billetera. Gastó \$35 y le quedaron \$27. ¿Cuánto dinero tenía en su billetera antes de empezar a gastar?

____

3. Hay 63 papas en un costal. En el costal hay 29 papas podridas. ¿Cuántas no están podridas?

____

4. Jessica anotó 38 puntos menos que Elizabeth. Jessica anotó 54 puntos. ¿Cuántos puntos anotó Elizabeth?

____

Lee el problema. Encierra en un círculo la información oculta. Luego, resuelve.

5. Omar compró una docena de naranjas en el mercado. Usó 5 de ellas para hacer un jugo. ¿Cuántas naranjas le quedan a Omar?

____

© Houghton Mifflin Harcourt Publishing Company

Comprobar el conocimiento 11

Nombre ______________________ Fecha ______________

Camino al conocimiento

Multiplica o divide.

1. $4 \times 1 = \square$
2. $2 \div 1 = \square$
3. $3 \times 2 = \square$
4. $9 \div 3 = \square$
5. $5 \times 6 = \square$
6. $24 \div 4 = \square$
7. $8 \times 5 = \square$
8. $63 \div 7 = \square$
9. $9 \times 9 = \square$

Suma o resta.

10. $\begin{array}{r} 478 \\ -\ 265 \\ \hline \end{array}$
11. $\begin{array}{r} 243 \\ +\ 536 \\ \hline \end{array}$
12. $\begin{array}{r} 562 \\ -\ 348 \\ \hline \end{array}$
13. $\begin{array}{r} 635 \\ +\ 258 \\ \hline \end{array}$
14. $\begin{array}{r} 824 \\ -\ 659 \\ \hline \end{array}$
15. $\begin{array}{r} 579 \\ +\ 323 \\ \hline \end{array}$

© Houghton Mifflin Harcourt Publishing Company

Nombre ______________________________

Escribir preguntas del primer paso

Escribe la pregunta y la respuesta de primer paso. Luego, resuelve el problema. *Muestra tu trabajo.*

1. Un manzanar tiene 8 filas de árboles. Hay 7 filas con 6 árboles y una fila con 4 árboles. ¿Cuántos árboles hay en el manzanar?

   ____

   ____

2. La Srta. Hayes compró 4 paquetes de lápices con 10 lápices en cada paquete. Repartió los lápices por igual entre sus 5 estudiantes. ¿Cuántos lápices recibió cada estudiante?

   ____

   ____

3. Kylen hizo 30 collares y regaló 6. Puso el resto en 4 cajas con igual número en cada una. ¿Cuántos collares había en cada caja?

   ____

   ____

4. Libby tenía 42 fotos de sus vacaciones y 12 fotos de su cumpleaños. Colocó el mismo número de fotos en 9 carpeta de fotos. ¿Cuántas fotos colocó en cada carpeta?

   ____

   ____

5. El Sr. Cerda compró 9 cajas de baldosas. Cada caja traía 8 baldosas. Usó todas menos 5 baldosas. ¿Cuántas baldosas usó el Sr. Cerda?

   ____

   ____

© Houghton Mifflin Harcourt Publishing Company

Preguntas del primer paso (continuación)

Escribe la pregunta y la respuesta del primer paso. Luego, resuelve el problema.

Muestra tu trabajo.

6 Un autobús tiene 10 asientos y en cada uno caben 2 pasajeros; también tiene un asiento donde caben 3 pasajeros. ¿Cuántos pasajeros pueden sentarse en el autobús?

7 Dana llenó 6 cestos con frutas. Colocó 4 manzanas, 2 peras y 3 naranjas en cada cesto. ¿Cuántas frutas usó Dana en total?

8 Cecilia pidió 5 pizzas para un grupo de amigos. Cada pizza tenía 8 pedazos. Se comieron todos los pedazos, menos 3. ¿Cuántos pedazos se comieron?

9 Randall tiene 122 monedas en su colección. Tiene 50 monedas de 25¢ y las demás son de 5¢. Si llena 9 hojas de su carpeta de monedas con el mismo número de monedas de 5¢ en cada hoja, ¿cuántas monedas de 5¢ pone en cada hoja?

Comprobar la comprensión

Explica cómo sabes que un problema es de dos pasos.

© Houghton Mifflin Harcourt Publishing Company

Nombre ______________________________

¿Cuál es el error?

Queridos estudiantes de matemáticas,

Mi maestro me dio este problema:

Luther tenía 11 hojas de papel de colores. Había 6 hojas anaranjadas y las demás eran azules. Hoy usó 2 hojas azules. ¿Cuántas hojas azules le quedan a Luther?

Esto fue lo que hice: 11 − 6 = 5
Luther tiene ahora 5 hojas azules.

¿Es correcta mi respuesta? Si no, por favor corrijan mi trabajo y díganme qué hice mal.

Su amigo,
El Pingüino Confundido

1. Escribe una respuesta para el Pingüino Confundido.

____

Resolver problemas de dos pasos

Resuelve cada problema. Rotula tus respuestas.

2. Un autobús llevaba 14 pasajeros. Al detenerse se bajaron 5 pasajeros y se subieron 8. ¿Cuántos pasajeros hay ahora en el autobús?

____

3. En un acuario hay 15 peces. 12 tienen rayas y los otros no las tienen. ¿Cuántos peces más hay con rayas que sin rayas?

____

© Houghton Mifflin Harcourt Publishing Company

Resolver y comentar

Resuelve cada problema. Rotula tus respuestas.

4. Sun Mi recogió 14 albaricoques. Celia recogió 5 albaricoques menos que Sun Mi. ¿Cuántos albaricoques recogieron Celia y Sun Mi juntas?

5. Annie tomó 8 fotos en su casa y 7 fotos en la escuela. Su hermana Amanda tomó 6 fotos menos que Annie. ¿Cuántas fotos tomó Amanda?

6. En el zoológico de contacto hay 5 ovejas, 3 cabras y algunos conejos. En total hay 15 animales. ¿Cuántos conejos hay?

7. Una nueva biblioteca se inauguró el sábado. El mismo día, la biblioteca prestó 234 libros. El domingo prestó 138 libros. Para el final de la semana, habían devuelto 78 libros. ¿Cuántos libros no han devuelto todavía?

8. Katie tenía 8 monedas de 10¢ y algunas monedas de 5¢ en su patito alcancía. Tenía 4 monedas más de 5¢ que de 10¢. Luego sacó 5 monedas de 5¢ y las puso en su monedero. ¿Cuántas monedas de 5¢ quedan ahora en su alcancía?

9. Tony tenía 14 lápices de colores. Había 9 que necesitaban punta, los demás ya tenían punta. Ayer su tío le regaló otros lápices de colores. Ahora Tony tiene 12 lápices de colores con punta. ¿Cuántos lápices de colores le regaló su tío?

© Houghton Mifflin Harcourt Publishing Company

Nombre ____________________

¿Es razonable la respuesta?

Usa el redondeo o el cálculo mental para decidir si la respuesta es razonable. Escribe *sí* o *no*. Luego, escribe una ecuación y resuelve el problema para ver si estabas en lo correcto.

Muestra tu trabajo.

10. La clase de Chelsea reunió latas de alimentos para la despensa local. La clase reunió 27 latas el lunes y 78 latas el martes. Luego, el miércoles reunió 53 latas. ¿Cuántas latas reunió la clase en esos tres días?
Respuesta: 158 latas

____

11. Barry está ensartando cuentas. Tenía 54 cuentas en un hilo y quitó 29 cuentas. Luego, quitó 5 cuentas más. ¿Cuántas cuentas hay en el hilo ahora?
Respuesta: 35 cuentas

____

12. Dena contó los libros que había en tres estantes de la biblioteca de la clase. Contó 33 libros en el estante superior, 52 libros en el estante del medio y 48 libros en el estante inferior. ¿Cuántos libros hay en los tres estantes?
Respuesta: 163 libros

____

13. La Srta. Lance compró 6 paquetes de vasos de plástico. En cada paquete hay 20 vasos. Usó 78 vasos en una fiesta. ¿Cuántos vasos le quedaron a la Srta. Lance?
Respuesta: 58 vasos

____

© Houghton Mifflin Harcourt Publishing Company

Respuestas razonables

Usa el redondeo o el cálculo mental para decidir si la respuesta es razonable. Escribe *sí* o *no*. Luego, escribe una ecuación y resuelve el problema para ver si estabas en lo correcto.

Muestra tu trabajo.

14. Había 83 estudiantes en un concurso de ortografía. Primero, fueron eliminados 9 estudiantes. Luego fueron eliminados 29 estudiantes. ¿Cuántos quedaron?
Respuesta: : 24 estudiantes

____

15. Tina recorrió 42 millas en bicicleta en una semana. Jim recorrió 9 millas menos que Tina. ¿Cuántas millas recorrieron juntos esa semana?
Respuesta: 75 millas

____

16. Cuidar a un perro o un gato en el refugio para animales cuesta $10 diarios. Un día, el costo fue de $90. Había 5 perros en el refugio y los demás animales eran gatos. ¿Cuántos gatos había ese día en el refugio?
Respuesta: 9 gatos

____

17. Jake ahorra dinero para comprar una bicicleta que cuesta $187. Ahorró $55 en abril y $44 en mayo. ¿Cuánto dinero más necesita Jake para comprar la bicicleta?
Respuesta: $88

____

© Houghton Mifflin Harcourt Publishing Company

Comprobar la comprensión

Explica cómo determinaste que $88 era razonable en el Problema 17.

Nombre ____________________

Ecuaciones y problemas de dos pasos

Escribe una ecuación y resuelve el problema.

Muestra tu trabajo.

1. La Srta. Delgado hornea pasteles para una colecta de la escuela. Compró 26 manzanas, 29 duraznos y un número de plátanos en el mercado de agricultores. Compró 66 frutas. ¿Cuántos plátanos compró?

   ____

2. Abby compró 8 paquetes de adhesivos con el mismo número de adhesivos en cada paquete. Le regaló 15 adhesivos a su hermana. Ahora Abby tiene 49 adhesivos. ¿Cuántos adhesivos había en cada paquete?

   ____

3. Taylor lee un libro de 340 páginas. El sábado leyó 174 páginas y el domingo 120 páginas. ¿Cuántas páginas le quedan por leer?

   ____

4. Lauren tenía un pedazo de cinta de 36 pulgadas de longitud. Cortó un número de pedazos de 3 pulgadas. Le sobraron 15 pulgadas de cinta. ¿Cuántos pedazos de 3 pulgadas cortó?

   ____

5. Hay 47 estudiantes en la banda marcial. Hay 5 estudiantes en la primera fila y los demás están en filas iguales de 6. ¿Cuántos estudiantes hay en cada una de las 6 filas?

   ____

© Houghton Mifflin Harcourt Publishing Company

Resolver problemas de dos pasos

Escribe una ecuación y resuelve el problema.

Muestra tu trabajo.

6 Sara horneó 48 galletas y le regaló una docena a su amiga. Puso las demás galletas en platos de 9 galletas cada uno. ¿Cuántos platos usó?

____

7 Marissa hace arreglos florales. Compró 56 tulipanes, 73 margaritas y algunas rosas. En total compró 153 flores. ¿Cuántas rosas compró?

____

8 Tom tiene 103 fotos en su cámara digital. Elimina 33 fotos. Las demás las imprime y pone la misma cantidad de fotos en cada página de un álbum que tiene 10 páginas. ¿Cuántas fotos hay en cada página?

____

9 Leo compró 6 juegos de libros. Cada juego tenía el mismo número de libros. Donó 11 libros a la biblioteca de la escuela. Ahora le quedan 37 libros. ¿Cuántos libros había en cada juego que compró Leo?

____

10 Amber tiene 5 paquetes de tiza. En cada paquete hay 9 barras de tiza. Le regaló un número de barras de tiza a su hermano. Ahora le quedan 37 barras de tiza. ¿Cuántas barras le regaló a su hermano?

____

© Houghton Mifflin Harcourt Publishing Company

Comprobar la comprensión

Describe la estrategia que usaste para resolver el Problema 10.

Nombre ______________________________

Escribir ecuaciones de dos pasos

Escribe una ecuación y resuelve el problema.

Muestra tu trabajo.

1. Carrie jugó un juego de video y anotó 20 puntos 7 veces y 55 puntos 1 vez. ¿Cuántos puntos anotó Carrie?

____

2. Darin gana $8 a la semana haciendo varios trabajos. Ahorra su dinero para comprar un juego que cuesta $49 y una gorra que cuesta $15. ¿Cuántas semanas de ahorro necesita Darin?

____

3. Un adiestrador de perros trabaja con 7 perros. Premia a cada perro con el mismo número de golosinas para perros. Empezó con 35 golosinas y ahora le quedan 7. ¿Cuántas golosinas le dio a cada perro?

____

4. Un camión transporta a una mamá elefante y su cría. La mamá elefante pesa 6,728 libras. La cría pesa 205 libras. El camión puede cargar un máximo de 8,900 libras de peso. ¿Cuántas libras de alimento para elefantes se pueden subir al camión?

____

5. Eli tiene 36 estampillas y su hermano tiene 24. Ponen sus estampillas en el mismo libro. Ponen el mismo número de estampillas por página. Usan 10 páginas. ¿Cuántas estampillas hay en cada página?

____

© Houghton Mifflin Harcourt Publishing Company

Escribir ecuaciones de dos pasos (continuación)

Escribe una ecuación y resuelve el problema.

Muestra tu trabajo.

6 Había 9 filas de sillas en el gimnasio de la escuela. En cada fila había 20 sillas. Al sentarse todos los estudiantes, quedaron 12 sillas desocupadas. ¿Cuántas sillas estaban ocupadas?

____

7 Eric tenía 143 tarjetas de béisbol. Su tío le regaló una cantidad más. Luego, Eric le regaló 26 tarjetas a un amigo. Ahora Eric tiene 184 tarjetas. ¿Cuántas tarjetas le regaló su tío?

____

8 Brandi tenía 8 filas iguales de adhesivos. Compró 5 más y ahora tiene 53 adhesivos. ¿Cuántos adhesivos había en cada fila antes de que comprara más?

____

9 Una milla tiene 5,280 pies. En una carrera de relevos de 1 milla, Jessie corrió 2,400 pies. Su amiga Maddie, corrió 1,800 pies. ¿Cuántos pies corrió la tercera corredora para terminar la carrera?

____

10 Un cartel de ciencias muestra 9 insectos con 6 patas cada uno y una araña con 8 patas. ¿Cuántas patas hay en total?

____

© Houghton Mifflin Harcourt Publishing Company

Comprobar la comprensión

Explica cómo decidiste qué operaciones usar en tu ecuación para el Problema 10.

Nombre ______________________________

Estadísticas deportivas en las noticias

Campeonatos de béisbol, ligas infantiles:
Lobos de Wheaton logran triunfo

Los Lobos de Wheaton ganan la serie mundial de béisbol infantil. La tabla siguiente muestra algunos datos estadísticos de los seis partidos que disputaron.

Estadísticas de los Lobos de Wheaton	
Veces al bate	155
Hits	47
Base por bola	25
Carreras anotadas	36
Ponchados	36

© Houghton Mifflin Harcourt Publishing Company • Image Credits: ©Stockbroker/MBI/Alamy

Usa la información de la tabla para escribir una ecuación y resolver el problema.

1. ¿En cuántas veces al bate los jugadores no fueron ponchados o pasados por bola?

____

2. ¿Cuántos hits y bases por bola no terminaron en una carrera?

____

3. Los Lobos de Wheaton conectaron 13 triples o hits de dos bases y 3 carreras; lo demás fueron sencillos de una base. ¿Cuántos hits sencillos conectó el equipo?

____

Noticias deportivas

Danielle juega en un equipo de básquetbol de tercer grado. Su equipo salió en las noticias cuando anotó 47 puntos, 41 puntos y 53 puntos en un torneo de tres partidos.

Escribe una ecuación de dos pasos y resuelve el problema.

4. ¿Cuántos puntos anotó el equipo de Danielle en total?

____

5. Describe cómo usar el cálculo mental para decidir si tu respuesta del Problema 4 es razonable.

____

____

____

6. La tarjeta de puntuación de Danielle muestra sus datos estadísticos en los tres partidos. Usa la información de la tabla para escribir ecuaciones para hallar los números desconocidos. Luego, completa la tabla.

____

____

	Número de lanzamientos libres de 1 punto	Número de lanzamientos libres de 2 puntos	Total de puntos
Partido 1	5	7	
Partido 2		6	18
Partido 3	3		21

© Houghton Mifflin Harcourt Publishing Company • Image Credits: ©Jupiterimages/Brand X/Alam

Prueba rápida 2 de la Unidad 6

Nombre ____________________ Fecha ____________

Completa.

Muestra tu trabajo.

1. Lila prepara bolsas idénticas con adhesivos para las mismas 5 amigas. Usa un total de 45 adhesivos. En cada bolsa hay 2 adhesivos de mariposas y los demás son todos de flores. ¿Cuántos adhesivos de flores hay en cada bolsa? Escribe una pregunta y respuesta de primer paso. Luego, resuelve el problema.

____

____

2. Troy ahorra dinero para comprar una bicicleta que cuesta \$126. Ahorra \$58 un mes y \$43 el mes siguiente. ¿Cuánto dinero más necesita Troy para comprar la bicicleta?
Respuesta: \$15
¿Es razonable la respuesta? Explica.

____

3. El autobús que va al centro lleva 16 pasajeros. Al detenerse, 4 pasajeros se bajan y se suben 7. ¿Cuántos pasajeros hay ahora en el autobús?

____

Escribe una oración y resuelve el problema.

4. Lauren tiene 109 monedas raras. Vendió 37 monedas. Las demás las quiere poner en un álbum. En cada página del álbum caben 8 monedas. ¿Cuántas páginas usará?

____

____

____

5. Peyton cortó un tubo en dos pedazos. Un pedazo tiene una longitud de 13 pies. El otro es 9 pies más corto. ¿Cuál era la longitud original del tubo que Peyton cortó?

____

____

____

© Houghton Mifflin Harcourt Publishing Company

Nombre ____________________ Fecha ____________________

Camino al conocimiento

Multiplica o divide.

1. $4 \div 2 = \square$
2. $2 \times 4 = \square$
3. $72 \div 8 = \square$
4. $3 \times 8 = \square$
5. $25 \div 5 = \square$
6. $8 \times 4 = \square$
7. $40 \div 8 = \square$
8. $9 \times 6 = \square$
9. $80 \div 8 = \square$

Suma o resta.

10. $\begin{array}{r} 211 \\ +\ 167 \\ \hline \end{array}$
11. $\begin{array}{r} 472 \\ -\ 231 \\ \hline \end{array}$
12. $\begin{array}{r} 527 \\ +\ 268 \\ \hline \end{array}$
13. $\begin{array}{r} 682 \\ -\ 537 \\ \hline \end{array}$
14. $\begin{array}{r} 636 \\ +\ 289 \\ \hline \end{array}$
15. $\begin{array}{r} 911 \\ -\ 685 \\ \hline \end{array}$

© Houghton Mifflin Harcourt Publishing Company

Nombre ______________________ Fecha ______________

1 El Sr. Taylor ordena algunas sillas en filas. Pone el mismo número de sillas en cada una de 7 filas y 7 sillas en la última fila. Ordena 70 sillas. ¿Cuántas sillas pone en cada una de las 7 filas iguales?

Elige la ecuación que se puede usar para resolver el problema.

Puedo usar la ecuación

$(7 \times c) + 7 = 70$
$(70 \div 7) + 7 = c$
$(7 \times c) - 7 = 70$

.

Resuelve el problema.

______________ sillas

2 Marisol cogió 150 flores. Cogió 80 flores rojas y las demás son amarillas. Vendió 45 flores amarillas. ¿Cuántas flores amarillas tiene ahora?

Para los números 2a a 2e, elige Sí o No para indicar si la ecuación se puede usar para calcular el número de flores amarillas que tiene Marisol ahora.

2a. $150 - 80 - 45 = y$ ○ Sí ○ No

2b. $150 + 80 - 45 = y$ ○ Sí ○ No

2c. $150 + 80 + 45 = y$ ○ Sí ○ No

2d. $150 = 80 + 45 + y$ ○ Sí ○ No

2e. $150 = 80 - 45 + y$ ○ Sí ○ No

© Houghton Mifflin Harcourt Publishing Company

Nombre ______________________ Fecha ____________

3 Mark hizo 18 marcos para cuadros este mes. Hizo 7 marcos menos que Sara. ¿Cuántos marcos para cuadros hizo Sara?

Dibuja barras de comparación para representar el problema. Luego, resuelve.

_____________ marcos para cuadros.

4 David y Marne cosechan pepinos en una granja. David cosechó 93 pepinos. ¿Cuántos pepinos cosechó Marne?

¿Qué información no es útil para resolver el problema?

Ⓐ cuántos pepinos más cosecha David

Ⓑ cuántos pepinos menos cosecha Marne

Ⓒ cuántos pepinos se cosechan en esa granja cada año

Ⓓ cuántos pepinos cosechan David y Marne

Escribe el problema de nuevo con la información necesaria, Luego, resuélvelo.

© Houghton Mifflin Harcourt Publishing Company

Nombre ______________________ Fecha ______________

5 Hay 240 chicos y chicas en una liga de fútbol. Las chicas son 130. ¿Cuántos chicos hay?

Escribe una ecuación con una variable para representar el problema. Luego, haz una Montaña matemática para resolverlo.

______________ chicos

6 El miércoles, Jonah vio 30 aves y 4 conejos. De las aves, 13 eran petirrojos y las demás eran palomas. El jueves vio otras palomas más. Ahora ha visto 21 palomas. ¿Cuántas palomas vio el jueves?

Parte A Escribe la información en la casilla correcta.

30 aves   4 conejos   13 petirrojos   21 palomas

Información necesaria	Información adicional

Parte B Resuelve el problema. ¿Qué estrategia usaste? ¿Te ayudó?

© Houghton Mifflin Harcourt Publishing Company

Nombre ______________________ Fecha ______________

7. Susan compró 24 postales. Envió 6 a sus amigas. Las demás las guardó en 3 carpetas, con igual número en cada carpeta. ¿Cuántas postales hay en cada carpeta?

Escribe la pregunta y respuesta del primer paso. Luego, resuelve.

_______ postales

8. Kato seleccionó 56 fotos para hacer álbumes en línea. Puso 7 fotos en cada álbum. ¿Cuántos álbumes hizo Kato?

Para los Ejercicios 8a al 8d, elige Verdadero o Falso si la ecuación se puede usar para resolver el problema.

8a. $7 \times a = 56$ ○ Verdadero ○ Falso

8b. $56 \div 7 = a$ ○ Verdadero ○ Falso

8c. $7 \times 56 = a$ ○ Verdadero ○ Falso

8d. $56 \div a = 7$ ○ Verdadero ○ Falso

9. Tara colgó 35 volantes para el carnaval de la escuela. Keisha colgó 8 volantes más que Tara. ¿Cuántos volantes colgaron Tara y Keisha juntas? Elige el número que complete el enunciado.

Tara y Keisha colgaron [43 / 62 / 78] volantes.

© Houghton Mifflin Harcourt Publishing Company

Nombre ____________________ Fecha ____________

10 Jason empaca 54 pomelos en 9 cajas para despachar. Empaca el mismo número de pomelos en cada caja. ¿Cuántos pomelos empaca en cada caja?

Usa los números y los signos para escribir una ecuación de la situación y una ecuación de la solución. Luego, resuelve.

g	9	54	×	÷	=

Ecuación de la situación: ____________

Ecuación de la solución: ____________

____________ pomelos

11 Un barco puede llevar 3,250 contenedores para carga. Hay 1,852 contenedores en la cubierta inferior y 650 en la cubierta superior. ¿Cuántos contenedores más se pueden cargar en el barco?

12 Parker tenía 452 dinosaurios de juguete en su colección. Su hermana le regaló 38 dinosaurios más. Parker vendió algunos en línea. Ahora tiene 418 dinosaurios. ¿Cuántos vendió?

Respuesta: 72 dinosaurios de juguete

¿Es razonable la respuesta? ¿Por qué? Luego, escribe una ecuación y resuelve el problema.

© Houghton Mifflin Harcourt Publishing Company

Nombre Fecha

13 Eva compró algunas cosas en la tienda y pagó con monedas de 1¢ y de 5¢. Usa la información de la tabla para escribir ecuaciones para hallar los números desconocidos. Luego, completa la tabla.

Lápiz: ____________________

Borrador: ____________________

Clip: ____________________

	Número de monedas de 1¢	Número de monedas de 5¢	Costo total
Lápiz	6	8	¢
Borrador		4	24¢
Clip	2		37¢

14 Holly irá a la playa dentro de 2 semanas y 4 días.

¿Qué ecuación puedes usar para buscar el número de días que faltan para que Holly vaya a la playa?

Ⓐ $2 \times 7 + 4 = b$; $b = 18$ días

Ⓑ $2 \times 5 + 4 = b$; $b = 14$ días

Ⓒ $2 + 7 + 4 = b$; $b = 13$ días

Ⓓ $2 \times 7 - 4 = b$; $b = 10$ días

15 Omar tiene 5 corbatas y Ryan tiene 12 corbatas. ¿Cuántas corbatas más que Omar tiene Ryan?

Haz un dibujo de comparación que represente el problema. Luego, resuelve.

____________ corbatas más

© Houghton Mifflin Harcourt Publishing Company

 Nombre Fecha

Planificar un huerto

El año pasado, los jardineros comunitarios sembraron 8 filas de plantas de tomate con el mismo número de plantas en cada fila. Luego, sembraron 10 plantas más. Había 58 plantas en total. ¿Cuántas plantas había en cada fila antes de que sembraran las 10 adicionales?

1. Escribe una ecuación para representar el problema. Resuelve.

2. ¿Puedes escribir una ecuación para el problema usando otras operaciones? Explica por qué.

3. Los jardineros decidieron comprar unas estacas para sostener las plantas de tomate. Las estacas las venden en paquetes de 12. Si los jardineros compraron 5 paquetes de estacas, ¿compraron suficientes? ¿Cuántas más necesitan o cuántas adicionales quedan? Escribe una ecuación para resolver. Explica la solución.

© Houghton Mifflin Harcourt Publishing Company

Nombre ______________________ Fecha __________

4 Los jardineros comunitarios piensan sembrar calabazas este año. Escribe un problema de dos pasos sobre la siembra de calabazas que se pueda resolver usando una ecuación. Resuelve y explica la solución.

5 Los jardineros piensan sembrar 40 plantas de calabaza. Tienen espacio para 7 filas. Si es posible, les gustaría poner el mismo número de plantas en cada fila. Haz un dibujo que muestre el número de plantas que deben sembrar en cada fila. Escribe una ecuación que represente tu dibujo.

6 ¿Cómo cambiaría el huerto si los jardineros siembran las plantas de calabaza en 8 filas?

© Houghton Mifflin Harcourt Publishing Company

Dear Family:

In this unit, students explore ways to measure things using the customary and metric systems of measurement.

The Units of measure we will be working with include:

U.S. Customary System

Capacity
1 cup (c) = 8 fluid ounces (oz) 1 pint (pt) = 2 cups (c) 1 quart (qt) = 2 pints (pt) 1 gallon (gal) = 4 quarts (qt)
Weight
1 pound (lb) = 16 ounces (oz)

Metric System

Capacity
1 liter (L) = 1,000 milliliters (mL)
Mass
1 kilogram (kg) = 1,000 grams (g)

Students will solve problems that involve liquid volumes or masses given in the same unit by adding, subtracting, multiplying, or dividing and by using a drawing to represent the problem.

You can help your child become familiar with these units of measure by working with measurements together. For example, you might use a measuring cup to explore how the cup can be used to fill pints, quarts, or gallons of liquid.

Thank you for helping your child learn important math skills. Please contact me, if you have any questions or comments.

Sincerely,
Your child's teacher

© Houghton Mifflin Harcourt Publishing Company

Estimada familia:

En esta unidad los niños estudian cómo medir cosas usando el sistema usual de medidas y el sistema métrico decimal.

Las unidades de medida con las que trabajaremos incluirán:

Sistema usual

Capacidad
1 taza (tz) = 8 onzas líquidas (oz)
1 pinta (pt) = 2 tazas (tz)
1 cuarto (ct) = 2 pintas (pt)
1 galón (gal) = 4 cuartos (ct)
Peso
1 libra (lb) = 16 onzas (oz)

Sistema métrico decimal

Capacidad
1 litro (L) = 1,000 mililitros (mL)
Masa
1 kilogramo (kg) = 1,000 gramos (g)

Los estudiantes resolverán problemas relacionados con volúmenes de líquido o masas, que se dan en la misma unidad, sumando, restando o dividiendo, y usando un dibujo para representar el problema.

Puede ayudar a que su niño se familiarice con estas unidades de medida midiendo con él diversas cosas. Por ejemplo, podrían usar una taza de medidas para aprender cómo se pueden llenar pintas, cuartos o galones con líquido.

Gracias por ayudar a su niño a aprender destrezas matemáticas importantes. Si tiene alguna duda o algún comentario, por favor comuníquese conmigo.

Atentamente,
El maestro de su niño

© Houghton Mifflin Harcourt Publishing Company

lados adyacentes

convexo

ángulo

taza (tz)

cóncavo

decágono

© Houghton Mifflin Harcourt Publishing Company

Un polígono es convexo si todas sus diagonales están dentro de él.

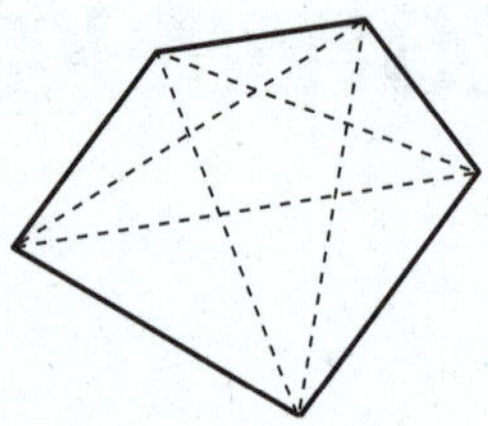

Dos lados de una figura que se unen en un punto.

Ejemplo:
Los lados *a* y *b* son adyacentes.

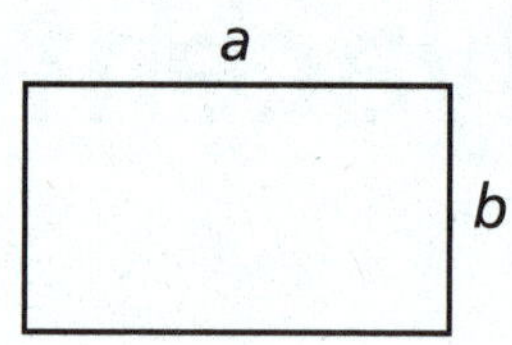

Unidad del sistema usual de EE.UU. que se usa para medir la capacidad.

1 taza = 8 onzas fluidas
2 tazas = 1 pinta
4 tazas = 1 cuarto
16 tazas = 1 galón

Figura formada por dos rayos o dos segmentos de recta que se unen en un extremo.

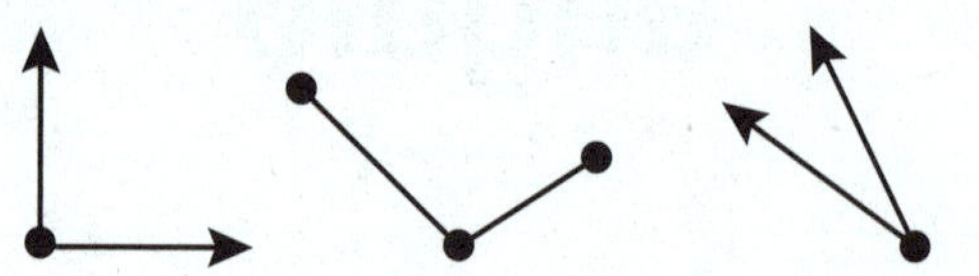

Polígono con 10 lados.

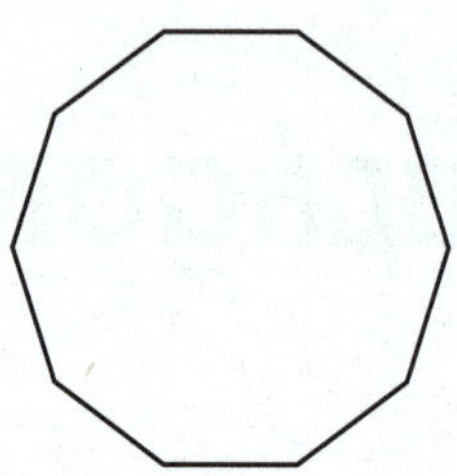

Polígono en el cual se pueden conectar dos puntos que están dentro de él formando un segmento que pasa por fuera del polígono.

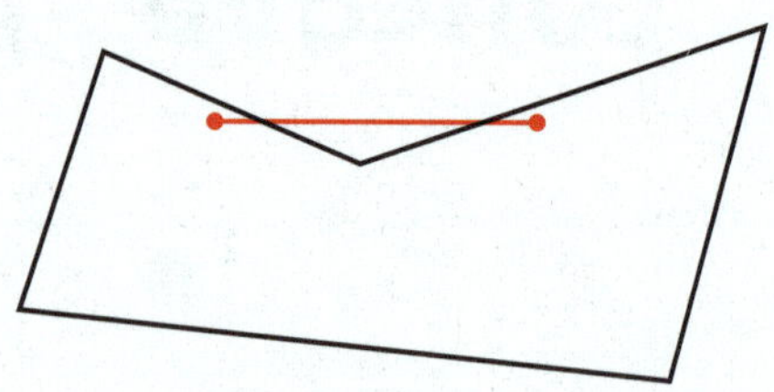

© Houghton Mifflin Harcourt Publishing Company

onza fluida (oz fl)	**hexágono**
galón (gal)	**kilogramo (kg)**
gramo (g)	**volumen líquido**

© Houghton Mifflin Harcourt Publishing Company

Polígono con seis lados.

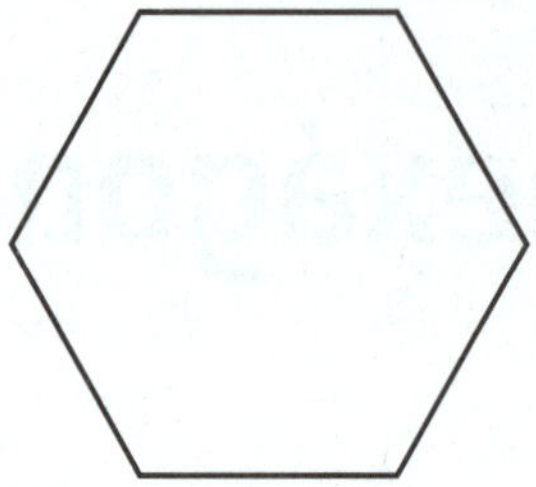

Unidad de volumen líquido del sistema usual de EE.UU. equivalente a $\frac{1}{8}$ de taza o 2 cucharadas.

Unidad métrica de masa.

1 kilogramo = 1,000 gramos

Unidad del sistema usual de EE.UU. que se usa para medir la capacidad.

1 galón = 4 cuartos = 8 pintas = 16 tazas

Medida de cuánto puede contener un envase. También llamada *capacidad*.

Unidad métrica de masa. Un clip tiene una masa aproximada de 1 gramo.

1,000 gramos = 1 kilogramo

© Houghton Mifflin Harcourt Publishing Company

litro (L)	octágono
masa	lados opuestos
mililitro (mL)	onza (oz)

© Houghton Mifflin Harcourt Publishing Company

Polígono con ocho lados.

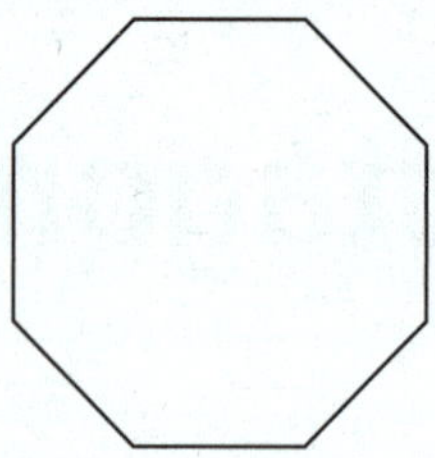

Unidad métrica que se usa para medir la capacidad.

1 litro = 1,000 mililitros

Lados de un polígono que están uno frente al otro; no se unen en ningún punto.

Ejemplo:

Los lados *a* y *c* son opuestos.

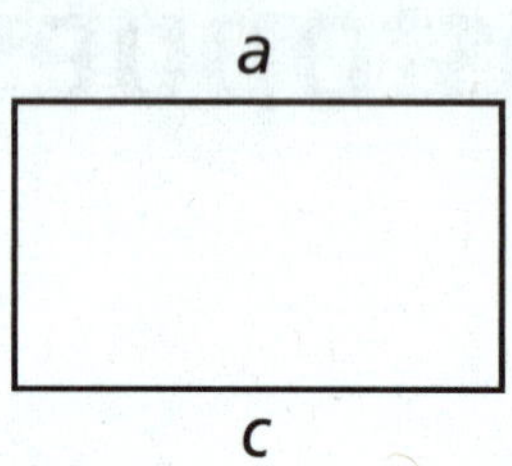

Cantidad de materia en un objeto.

Unidad del sistema usual de EE.UU. que se usa para medir el peso.

16 onzas = 1 libra

Unidad métrica que se usa para medir la capacidad.

1,000 mililitros = 1 litro

© Houghton Mifflin Harcourt Publishing Company

paralela	**perpendicular**
paralelogramo	**pinta (pt)**
pentágono	**polígono**

© Houghton Mifflin Harcourt Publishing Company

Dos rectas son perpendiculares si se cruzan o se unen formando esquinas cuadradas.

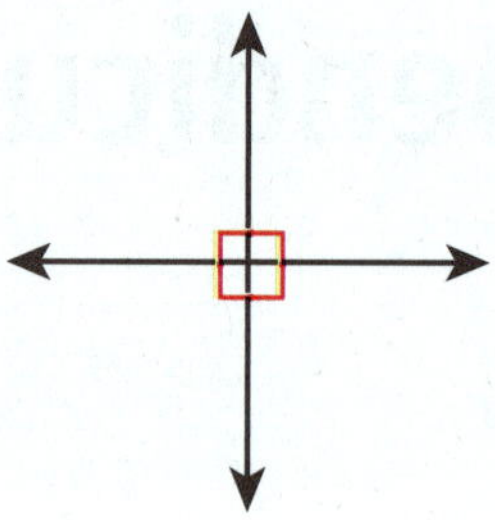

Dos rectas son paralelas si nunca se cruzan ni se unen. Las separa la misma distancia.

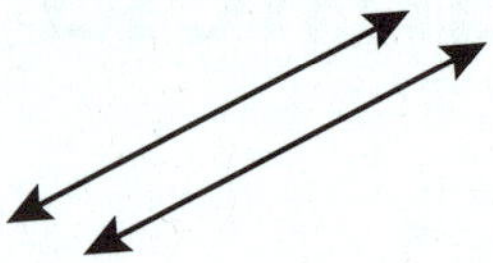

Unidad del sistema usual de EE.UU. que se usa para medir la capacidad.

1 pinta = 2 tazas

Cuadrilátero con ambos pares de lados opuestos paralelos.

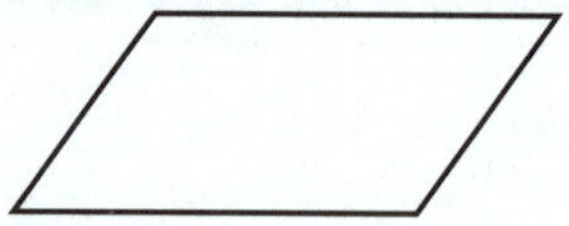

Figura plana cerrada con lados formados por segmentos rectos.

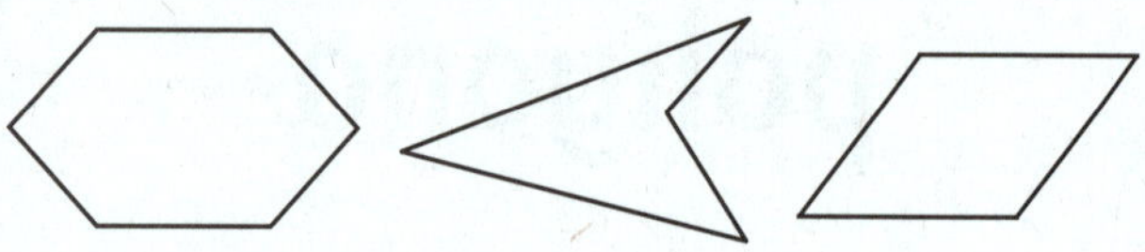

Polígono con cinco lados.

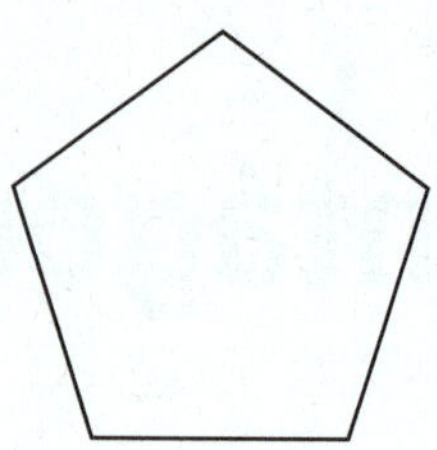

© Houghton Mifflin Harcourt Publishing Company

libra (lb)	rayo
cuadrilátero	rectángulo
cuarto (ct)	rombo

© Houghton Mifflin Harcourt Publishing Company

Parte de una recta que tiene un extremo y se extiende hacia el infinito en una sola dirección.

Unidad del sistema usual de EE.UU. que se usa para medir el peso.

1 libra = 16 onzas

Paralelogramo que tiene cuatro ángulos rectos.

Polígono con cuatro lados.

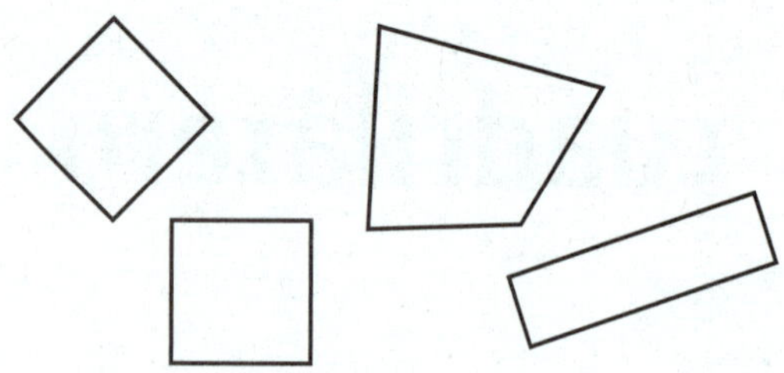

Paralelogramo con lados iguales.

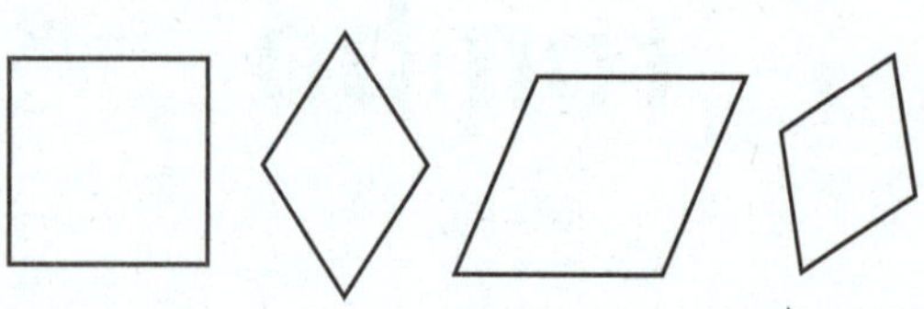

Unidad del sistema usual de EE.UU. que se usa para medir la capacidad.

1 cuarto = 4 tazas

© Houghton Mifflin Harcourt Publishing Company

ángulo recto	triángulo
cuadrado	vértice
trapecio	peso

© Houghton Mifflin Harcourt Publishing Company

Polígono con tres lados.

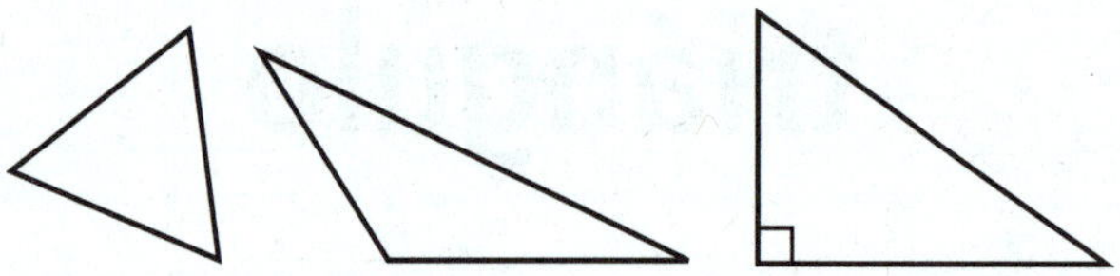

Ángulo que mide 90°.

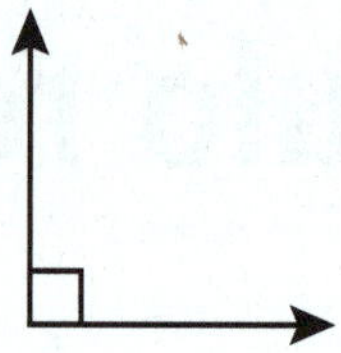

Punto donde se unen lados, rayos o aristas.

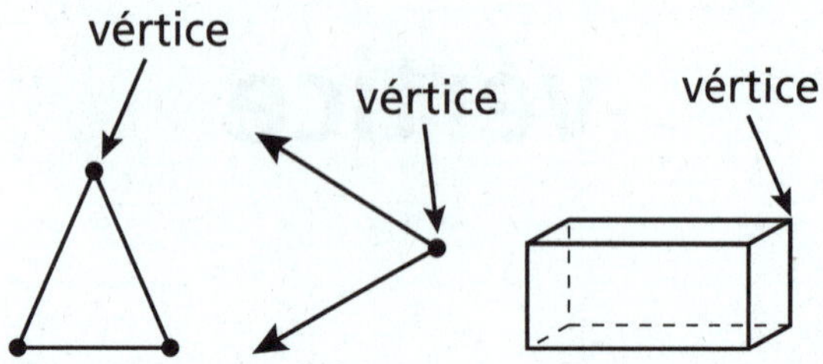

Rectángulo con cuatro lados de la misma longitud.

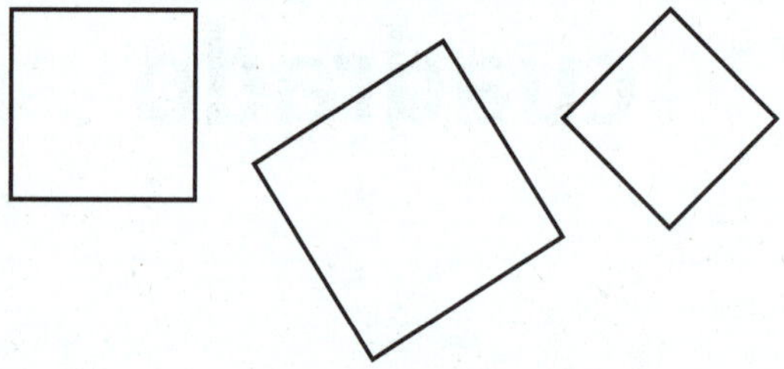

Medida de qué tan pesado es algo.

Cuadrilátero con exactamente un par de lados paralelos.

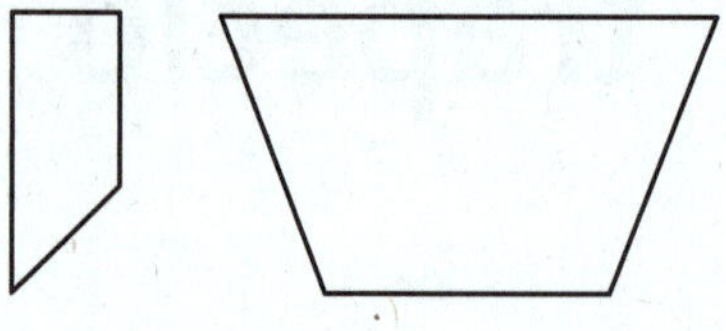

© Houghton Mifflin Harcourt Publishing Company

Nombre ______________________________

VOCABULARIO

volumen líquido	cuarto (ct)
taza (tz)	galón (gal)
pinta (pt)	onza fluida (oz fl)

Elegir la unidad

Elige la mejor unidad que puedas usar para medir el volumen líquido.
Escribe *onza fluida*, *taza*, *pinta*, *cuarto* o *galón*.

1. un envase de crema espesa ____________

2. un florero ____________

3. una piscina ____________

4. una bañera ____________

¿Cuál es el error?

Queridos estudiantes de matemáticas,

Hoy tuve que escoger la mejor unidad que puedo usar para medir la cantidad de agua que necesito para llenar un fregadero. Dije que la mejor unidad serían las tazas. ¿Tengo razón? Si no la tengo, por favor corrige mi trabajo y dime qué hice mal.

Tu amigo,
El Pingüino Confundido

5. Escríbele una respuesta al Pingüino Confundido.

____

____

____

6. **Diario de matemáticas** Piensa en un envase. Elige la unidad que usarías para medir su capacidad. Dibuja el envase y escribe el nombre de la unidad que escogiste. Explica por qué escogiste esa unidad.

© Houghton Mifflin Harcourt Publishing Company

Estimar unidades del sistema usual para medir el volumen líquido

Encierra en un círculo la mejor estimación.

7 

2 tazas

2 cuartos

8 

5 tazas

5 galones

9 

1 pinta

1 galón

10 

1 taza

1 pinta

11 

1 taza

1 galón

12 

30 tazas

30 galones

Resuelve.

13 Jamie hace una lista de mercado para un pícnic con sus cuatro amigos. Estima que necesitará 5 cuartos de limonada para que beban todos. ¿Crees que su estimación es razonable? Explica.

© Houghton Mifflin Harcourt Publishing Company

Nombre ______________________________

Usa dibujos para resolver problemas

Usa un dibujo para representar y resolver el problema.

14 Un pintor mezcla 5 pintas de pintura amarilla y 3 pintas de pintura azul para hacer pintura verde. ¿Cuántas pintas de pintura verde hace?

____

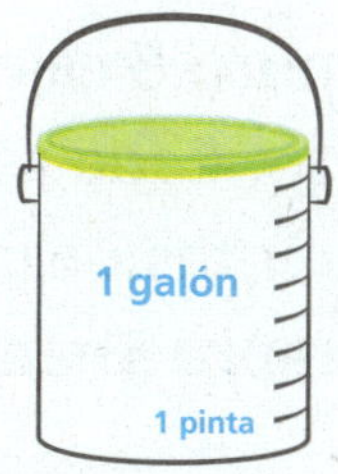

15 Ryan tiene una botella de jugo de naranja con 16 onzas fluidas. Vierte 6 onzas fluidas en una taza. ¿Cuántas onzas fluidas quedan en la botella?

____

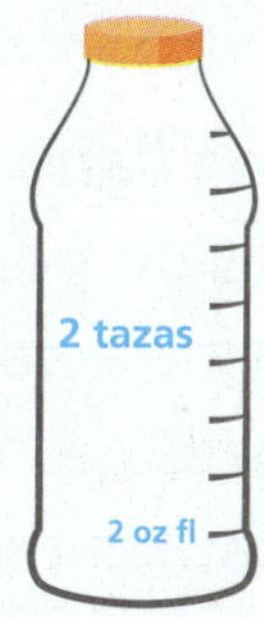

16 Un restaurante hace 8 cuartos de té. Usan todo el té para llenar jarras de 2 cuartos cada una. ¿Cuántas jarras llenan de té?

____

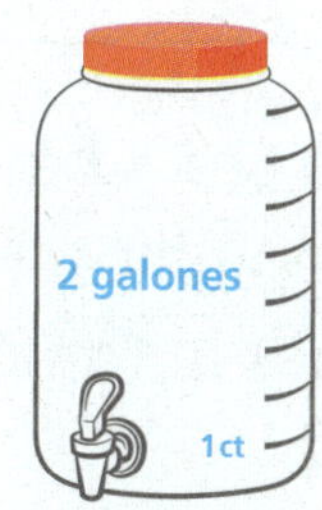

17 Una máquina de hacer helados fabrica 5 pintas de helado en un lote. Si se hacen 3 lotes, ¿cuántas pintas de helado se hacen?

____

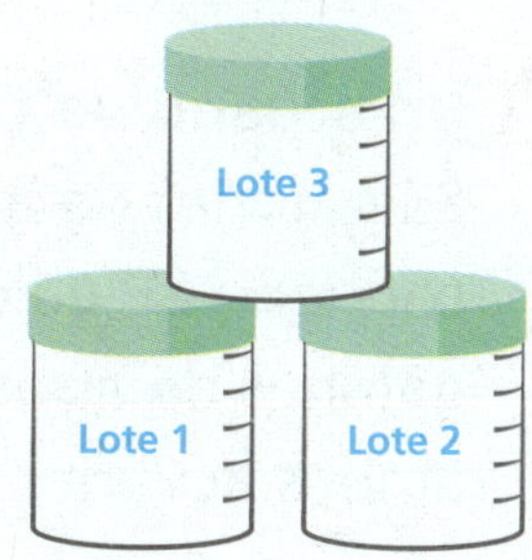

18 Fran tiene una jarra de agua que contiene 24 cuartos de agua. La llena con un envase de 4 cuartos. ¿Cuántas veces debe llenar el envase de 4 cuartos para verter en el jarrón y llenar los 24 cuartos?

____

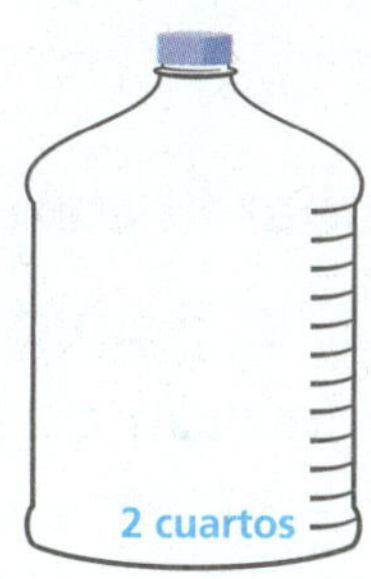

© Houghton Mifflin Harcourt Publishing Company

Resolver problemas

Usa el dibujo para representar y resolver el problema.

Muestra tu trabajo.

19 Shanna compró 8 cajas de jugo llenas de su jugo favorito. Cada caja contiene 10 onzas fluidas. ¿Cuántas onzas fluidas de su jugo favorito compró Shanna?

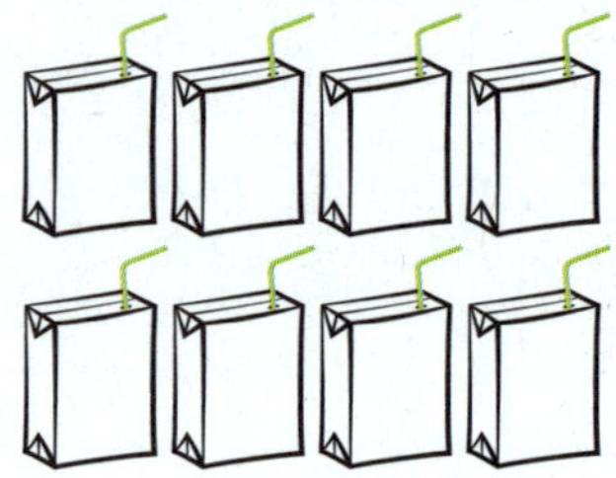

____

20 Juana llenó su tazón de ponche con 12 tazas de ponche. Le repartió una taza de ponche a cada uno de sus amigos. Hay 7 tazas de ponche todavía en el tazón. ¿Cuántas tazas repartió a sus amigos?

____

21 La Sra. Chávez preparó 20 cuartos de pepinillos. Hizo 4 cuartos cada día. ¿Cuántos días le tomó hacer los pepinillos?

____

22 Un acuario de tamaño mediano contiene 25 galones de agua y un acuario grande contiene 35 galones de agua. ¿Cuántos galones de agua se necesitan para llenar ambos acuarios?

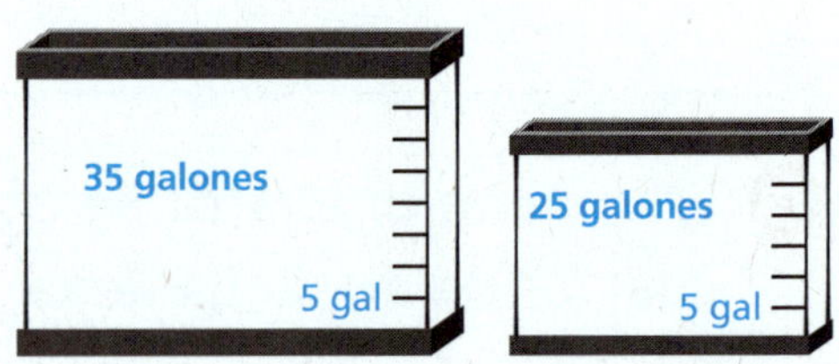

____

Comprobar la comprensión

Nombra las 5 unidades de volumen líquido que aparecen en esta lección de la más grande a la más pequeña.

_______________, _______________, _______________,

_______________, _______________

© Houghton Mifflin Harcourt Publishing Company

Nombre ____________________

VOCABULARIO
mililitro (mL)
litro (L)

Elegir la unidad adecuada

Elige la unidad que usarías para medir el volumen líquido para cada uno. Escribe *mL* o *L*.

1. un fregadero de cocina ________
2. una cuchara sopera ________
3. una taza de té ________
4. una lavadora ________

Encierra en un círculo la mejor estimación.

5. un envase de jugo   1 L   1 mL
6. un tazón de sopa   500 L   500 mL

Usar dibujos para representar problemas

Usa el dibujo para representar y resolver el problema.

7. Hay 900 mililitros de agua en una jarra. Terri vierte 500 mililitros de agua en un tazón. ¿Cuántos mililitros de agua quedan en la jarra?

____

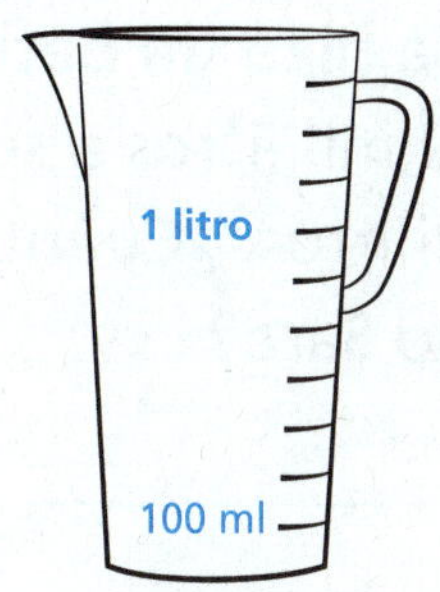

8. El Sr. Rojo puso 6 litros de combustible en una lata de gasolina con una capacidad de 10 litros. Luego, añadió más litros de combustible para llenar la lata. ¿Cuántos litros más de combustible añadió a la lata?

____

9. Shelby necesita regar cada una de sus 3 plantas con 200 mililitros de agua. ¿Cuántos mililitros de agua necesita?

____

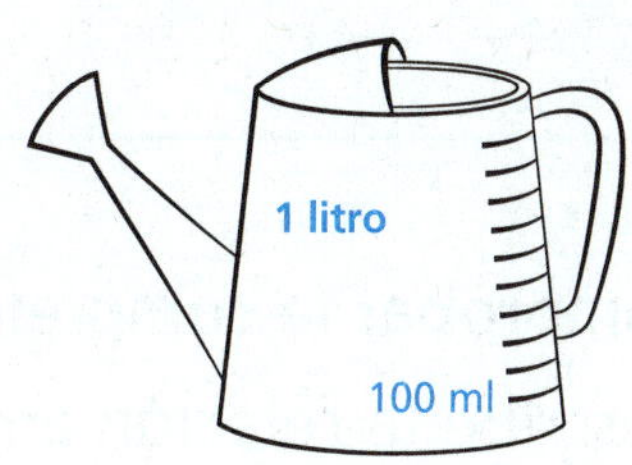

© Houghton Mifflin Harcourt Publishing Company

Razonar problemas de volumen líquido

Usa el dibujo para representar y resolver el problema.

10 La tienda de alimentos vendió 24 litros de jugo en 3 días. Se vendió la misma cantidad de jugo cada día. ¿Cuántos litros de jugo vendió la tienda cada día?

____

11 Tim tiene un balde lleno con 12 litros de agua y otro balde lleno con 20 litros de agua. ¿Cuál es la suma del volumen líquido en ambos baldes?

____

12 Sara hizo un batido de frutas y le dio 250 mililitros a su amiga. Quedan 550 mililitros. ¿Cuántos mililitros de batido hizo Sara?

____

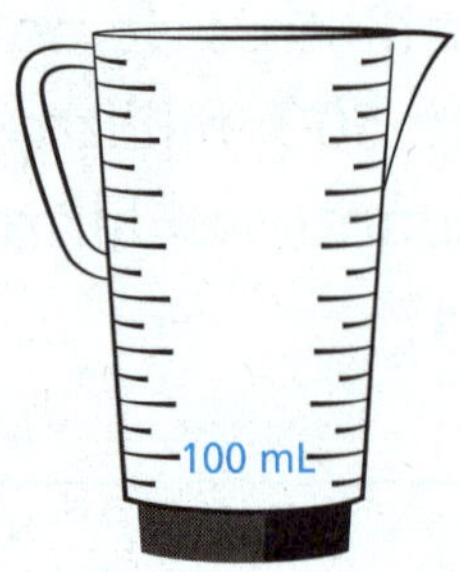

Resuelve. Usa un dibujo si lo necesitas.

13 Diane tiene 12 litros de té frio para dividir en partes iguales para 4 mesas. ¿Cuántos litros debe colocar en cada mesa?

____

14 El Sr. Valle llenó 7 frascos con su famosa salsa barbacoa. Cada frasco contiene 500 mililitros. ¿Cuántos mililitros de salsa tiene?

____

© Houghton Mifflin Harcourt Publishing Company

Comprobar la comprensión

Describe la relación entre un litro y un mililitro.

Nombre ______________________________

VOCABULARIO
peso
libra (lb)
onza (oz)

Elegir la unidad adecuada

Elige la unidad que usarías para medir el peso de cada uno. Escribe *libra* u *onza*.

1. una mochila llena de libros ______________________

2. un sofá ______________________

3. un cacahuate ______________________

4. un lápiz ______________________

Encierra en un círculo la mejor estimación.

5	un pupitre	3lb	30 lb
6	un televisor	20 oz	20 lb
7	un hámster	5 oz	5 lb
8	una rebanada de queso	1 lb	1 oz

Usar dibujos para representar problemas

Usa el dibujo para representar y resolver el problema.

9. Selma llenó 3 bolsas cada una con 5 onzas de sus nueces favoritas. ¿Cuántas onzas de nueces usó en total para llenar las bolsas?

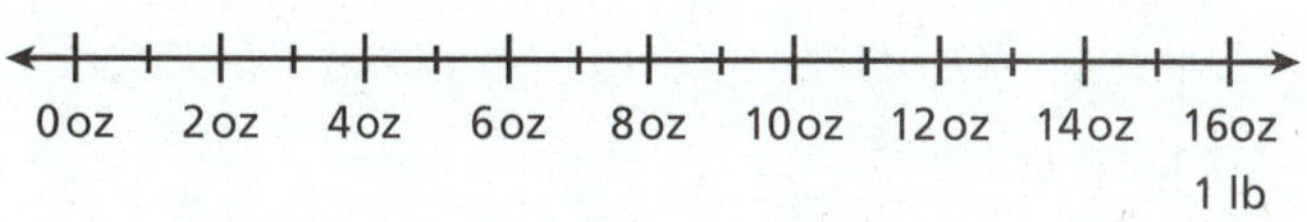

____

10. Dos manzanas juntas pesan 16 onzas. Si una manzana pesa 9 onzas, ¿cuánto pesa la otra manzana?

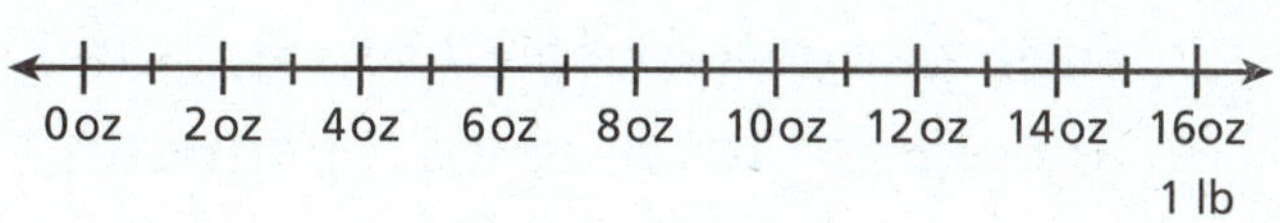

____

© Houghton Mifflin Harcourt Publishing Company

Usar dibujos para representar problemas (continuación)

Usa el dibujo para representar y resolver el problema.

11 Noah compró 16 onzas de carne de pavo. Si usa 4 onzas para hacer una hamburguesa de pavo, ¿cuántas hamburguesas puede hacer?

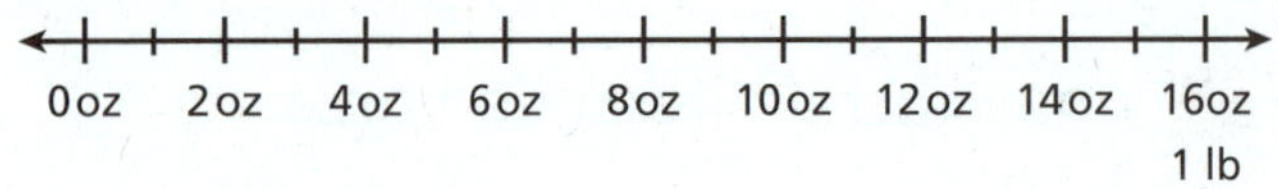

____

12 Un paquete de cuentas plateadas pesa 6 onzas y un paquete de cuentas de madera pesa 7 onzas más. ¿Cuánto pesa el paquete de cuentas de madera?

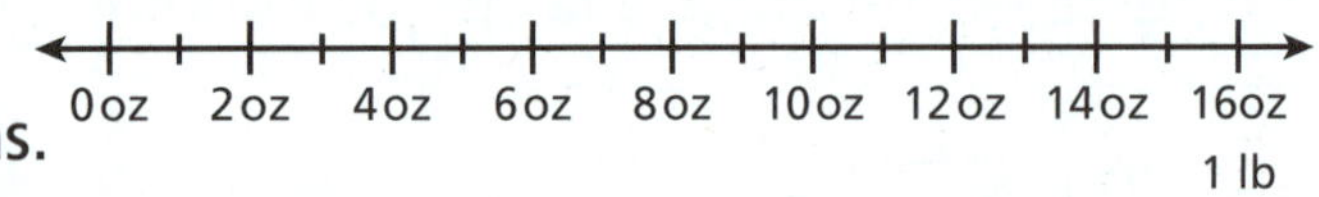

____

Resolver problemas

Resuelve. Usa un dibujo si lo necesitas.

13 Ted tiene dos perros. Juntos, los perros pesan 88 libras. Si un perro pesa 70 libras, ¿cuánto pesa el otro perro?

____

14 Emma tiene 20 onzas de granos de palomitas de maíz en una bolsa. Si hace 4 onzas en una tanda, ¿cuántas veces puede hacer palomitas de maíz?

____

15 Susana envió 3 paquetes por correo. Cada paquete pesó 20 onzas. ¿Cuál fue el peso total de los 3 paquetes?

____

16 Bailey pescó dos peces. El pez más pequeño pesa 14 onzas y el más grande pesa 6 onzas más. ¿Cuánto pesa el pez más grande?

____

© Houghton Mifflin Harcourt Publishing Company

Nombre ____________________

Elegir la unidad adecuada

VOCABULARIO
masa
gramo (g)
kilogramo (kg)

Elige la unidad que usarías para medir la masa de cada uno. Escribe *gramo* o *kilogramo*.

17 un elefante ____________________

18 un crayón ____________________

19 una estampilla ____________________

20 un perro ____________________

Encierra en un círculo la mejor estimación.

21 un par de gafas	150 g	150 kg
22 un caballo	6 kg	600 kg
23 una sandía	40 g	4 kg
24 una moneda de 25¢	500 g	5 g

Usar dibujos para representar problemas

Usa el dibujo para representar y resolver el problema.

25 Zach quiere comprar 900 gramos de semillas de calabaza. La balanza muestra 400 gramos. ¿Cuántos gramos más necesita?

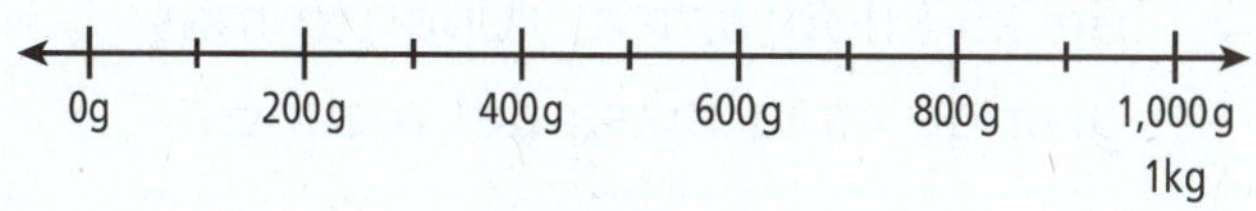

____

26 Laura tenía 800 gramos de frutos secos. Puso la misma cantidad en 4 envases. ¿Cuántos gramos puso en cada envase?

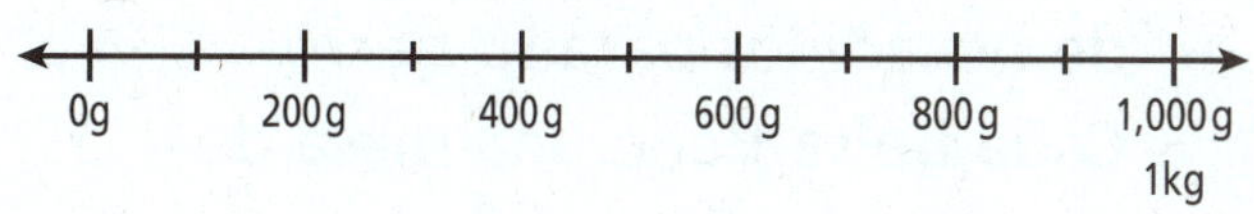

____

© Houghton Mifflin Harcourt Publishing Company

Resolver problemas

Usa el dibujo para representar y resolver el problema.

27 Nancy usó 30 gramos de fresas y 45 gramos de manzanas en su ensalada. ¿Cuántos gramos de frutas usó en total?

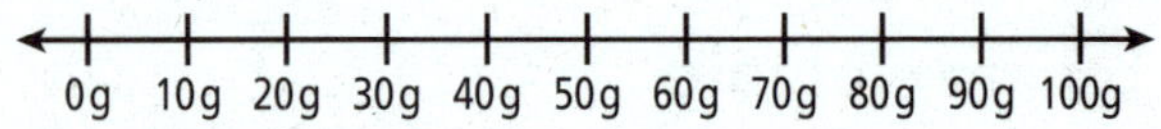

____

28 Tres personas donaron cada uno una bolsa de 20 kilogramos de comida para perros a un refugio de animales. ¿Cuántos kilogramos de comida de perros se donaron en total?

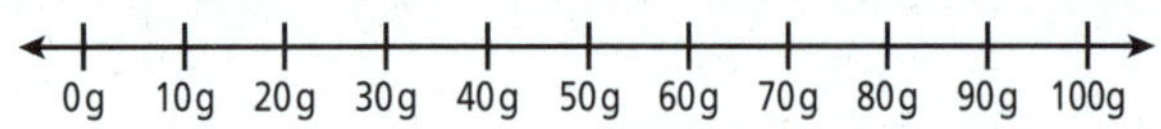

____

Resuelve. Usa un dibujo si lo necesitas.

29 Un leopardo macho tiene una masa de 40 kilogramos y un leopardo hembra tiene una masa de 25 kilogramos. ¿Cuánto más grande es la masa del macho?

____

30 Jolie hizo 3 collares que tienen una masa total de 180 gramos. Si cada collar tiene la misma masa, ¿cuál es la masa de cada collar?

____

31 Dan compró 6 bolsas pequeñas de bocadillos para su perro. Cada bolsa tiene una masa de 40 gramos. ¿Cuál es la masa total de todas las bolsas?

____

32 Carrie tiene un perro y un gato. Juntos tienen una masa de 21 kilogramos. Si el gato tiene una masa de 9 kilogramos, ¿cuál es la masa del perro de Carrie?

____

© Houghton Mifflin Harcourt Publishing Company

Nombre ______________________

¿Cuál es el error?

Queridos estudiantes de matemáticas,

Hoy tuve que resolver este problema: Toby compró 3 bolsas de papas fritas. Cada bolsa tiene una masa de 50 gramos. ¿Cuál es la masa de las 3 bolsas juntas? Así fue como resolví el problema.

50 + 3 = 53; 53 grams

¿Tengo razón? Si no la tengo, por favor corrige mi trabajo y dime lo que hice mal. ¿Cómo sabes que mi respuesta es incorrecta?

Tu amigo,
El Pingüino Confundido

33 Escribe una respuesta para el Pingüino Confundido.

____

____

____

____

Resuelve. Muestra tu trabajo en una hoja de papel aparte.

34 Una pelota de tenis tiene una masa de 60 gramos. Una pelota de golf tiene una masa de 45 gramos. ¿Cuál es la masa total de las dos pelotas?

____

35 ¿Cuántos gramos más tiene la masa de la pelota de tenis que la masa de la pelota de golf?

____

36 Gary compró 10 rebanadas de jamón en la charcutería. Cada rebanada pesó 2 onzas. ¿Cuántas onzas de jamón compró Gary?

____

37 Sadie tenía 40 gramos de semillas de girasol. Repartió equitativamente las semillas entre sus 5 amigas. ¿Cuántos gramos le dio a cada amiga?

____

© Houghton Mifflin Harcourt Publishing Company

Elegir la mejor estimación

Encierra en un círculo la mejor estimación.

38 

90 gramos

90 kilogramos

39 

100 libras

10 onzas

40 

3 onzas

3 libras

41 

10 kilogramos

10 gramos

42 

100 kilogramos

1,000 kilogramos

43 

1 libra

10 libras

Resuelve.

44 Suzi explicó que los objetos pequeños son los que menos pesan y los objetos grandes son los que más pesan. ¿Estás de acuerdo con Suzie?

____

____

Comprobar la comprensión

Explica las estrategias que usaste para estimar la masa en el Problema 38.

© Houghton Mifflin Harcourt Publishing Company

Nombre ______________________________

Razonar problemas de volumen líquido

Resuelve. Usa dibujos si necesitas.

Muestra tu trabajo.

1. Fran trabaja en un laboratorio de ciencias. Vierte 80 mililitros de un líquido en cada uno de 4 tubos de ensayo. ¿Cuántos mililitros de líquido vierte Fran en total en todos los tubos de ensayo?

   ____

2. Nicholas quiere comprar una botella de champú. Una botella grande tiene 375 mililitros de champú y una pequeña tiene 250 mililitros. ¿Cuántos mililitros de champú más hay en la botella grande?

   ____

3. Allison usa dos envases con agua para llenar su acuario. Usa un envase lleno con 18 litros de agua y otro con 12 litros de agua. ¿Cuál es el volumen total del líquido del acuario?

   ____

4. La cafetería preparó 28 litros de chocolate caliente. Si se vierte la misma cantidad en 4 envases diferentes, ¿cuántos litros de chocolate caliente hay en cada envase?

   ____

5. Una receta necesita 50 mililitros de leche. Eva tiene una cuchara de 10 mililitros. ¿Cuántas veces deberá llenar Eva la cuchara para seguir la receta?

   ____

© Houghton Mifflin Harcourt Publishing Company

Razonar problemas de masa

Resuelve. Usa dibujos si los necesitas. Muestra tu trabajo.

6. Una bolsa de habichuelas tiene una masa de 335 gramos. Una bolsa de guisantes tiene una masa de 424 gramos. ¿Cuál es la suma de la masa de ambas bolsas?

______

7. Un huevo de gallina promedio tiene una masa de 60 gramos. ¿Cuál sería la suma de la masa de media docena de huevos?

______

8. Un canguro y su cría juntos tienen una masa de 75 kilogramos. Si la masa de la madre es 69 kilogramos, ¿cuál es la masa de la cría?

______

9. Liam y 2 amigos tienen mochilas. Las mochilas tienen una masa de 6 kilogramos, 4 kilogramos y 5 kilogramos. ¿Cuál es la suma de las masas de las 3 mochilas?

______

10. Grady compró 4 bolsas de semillas de girasol. Cada bolsa tiene 60 gramos de semillas. Luke compró 3 bolsas de semillas de calabaza. Cada bolsa tiene 80 gramos de semillas. ¿Quién compró más gramos de semillas, Grady o Luke? Explica.

______

© Houghton Mifflin Harcourt Publishing Company

Comprobar la comprensión

Escribe y resuelve una ecuación para el Problema 8.

______

Prueba rápida 1 de la Unidad 7

Nombre ____________________ Fecha ____________

Escribe la respuesta correcta.

1. ¿Cuál sería la unidad más apropiada de usar para explicar la masa de un camión grande, gramos o kilogramos?

____

2. ¿Cuál sería la unidad más apropiada de usar para explicar el volumen de agua que cabe en tu mano, litros o mililitros?

____

Resuelve.

Muestra tu trabajo.

3. Un paquete de 6 marcadores pesa 48 gramos. ¿Cuánto pesa 1 marcador?

____

4. Se necesitan 15 litros de pintura para pintar el cobertizo. He usado 8 litros hasta ahora. ¿Cuántos litros más de pintura necesitaré para terminar de pintar el cobertizo?

____

5. Un chico con una masa de 50 kilogramos está montado sobre una tabla de surf con una masa de 7 kilogramos. ¿Cuál es la masa total del chico y la tabla?

____

© Houghton Mifflin Harcourt Publishing Company

Comprobar el conocimiento 13

Nombre ____________________ Fecha ____________________

Camino al conocimiento

Multiplica o divide.

1. $3 \div 1 = \square$
2. $2 \times 6 = \square$
3. $18 \div 3 = \square$
4. $6 \times 8 = \square$
5. $32 \div 4 = \square$
6. $7 \times 10 = \square$
7. $42 \div 7 = \square$
8. $7 \times 9 = \square$
9. $72 \div 8 = \square$

Suma o resta.

10. $\begin{array}{r} 112 \\ +\ 834 \\ \hline \end{array}$
11. $\begin{array}{r} 650 \\ -\ 300 \\ \hline \end{array}$
12. $\begin{array}{r} 534 \\ +\ 307 \\ \hline \end{array}$
13. $\begin{array}{r} 843 \\ -\ 478 \\ \hline \end{array}$
14. $\begin{array}{r} 354 \\ +\ 618 \\ \hline \end{array}$
15. $\begin{array}{r} 903 \\ -\ 648 \\ \hline \end{array}$

© Houghton Mifflin Harcourt Publishing Company

Dear Family:

Your student has been learning about geometry and measurement during this school year. The second part of Unit 7 is about angles, triangles, and other polygons, including the geometric figures called quadrilaterals. These polygons get their name because they have four (*quad-*) sides (*-lateral*).

Here are some examples of quadrilaterals students will be learning about in this unit.

 **Parallelogram** opposite sides parallel	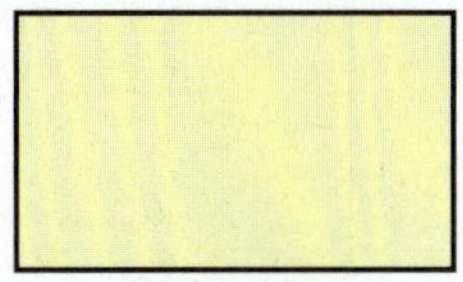 **Rectangle** opposite sides parallel 4 right angles
 **Square** opposite sides parallel 4 right angles all sides equal in length	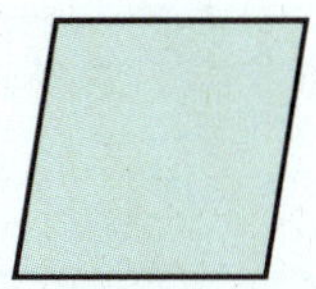 **Rhombus** opposite sides parallel all sides equal in length

Students will be able to recognize and describe different quadrilaterals by their sides angles, and vertices. Some sides may be of equal length. Some sides may be parallel; they do not meet no matter how far they are extended. Some sides may be perpendicular; where they meet is like the corner of a square.

If you have any questions, please contact me.

Thank you.

Sincerely,
Your child's teacher

© Houghton Mifflin Harcourt Publishing Company

Estimada familia:

Su niño ha estado aprendiendo acerca de geometría y medición. La segunda parte de la Unidad 7 trata sobre ángulos, triángulos y otros polígonos incluyendo las figuras geométricas llamadas cuadriláteros. Se llaman así porque tienen cuatro (*quadri-*) lados (*-lateris*).

Aquí se muestran algunos ejemplos de cuadriláteros que los estudiantes estudiarán en esta unidad.

 **Paralelogramo** lados opuestos paralelos	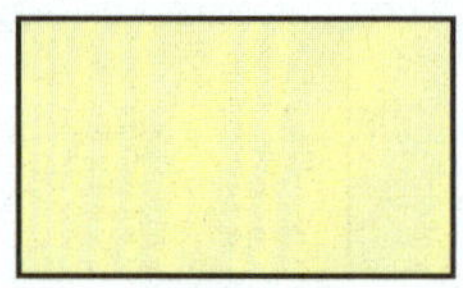 **Rectángulo** lados opuestos paralelos 4 ángulos rectos
 **Cuadrado** lados opuestos paralelos 4 ángulos rectos todos los lados de igual longitud	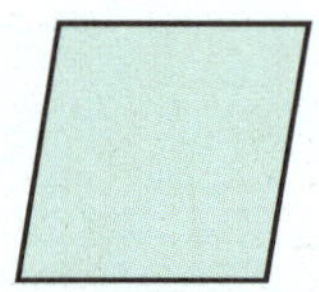 **Rombo** lados opuestos paralelos todos los lados de igual longitud

Los estudiantes podrán reconocer y describir diferentes cuadriláteros según sus lados, ángulos y vértices. Algunos lados pueden tener la misma longitud. Algunos lados pueden ser paralelos; nunca se juntan, no importa cuánto se extiendan. Algunos lados pueden ser perpendiculares; donde se juntan es como el vértice de un cuadrado.

Si tiene alguna pregunta o algún comentario, por favor comuníquese conmigo.

Gracias.

Atentamente,
El maestro de su niño

© Houghton Mifflin Harcourt Publishing Company

Nombre ____________________

Tipos de rectas

VOCABULARIO
paralela
perpendicular

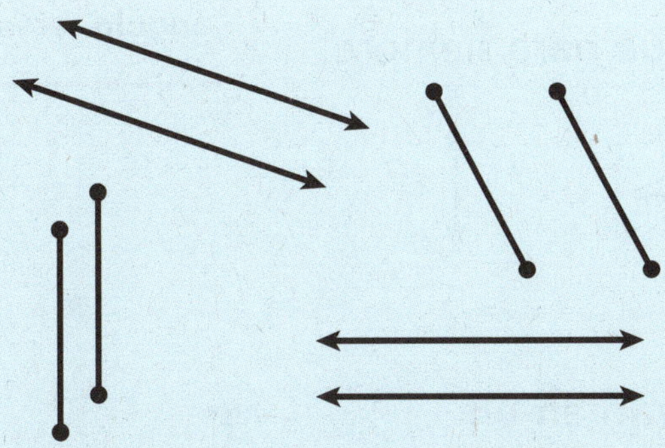

Las rectas o segmentos de estos pares son **paralelos**.

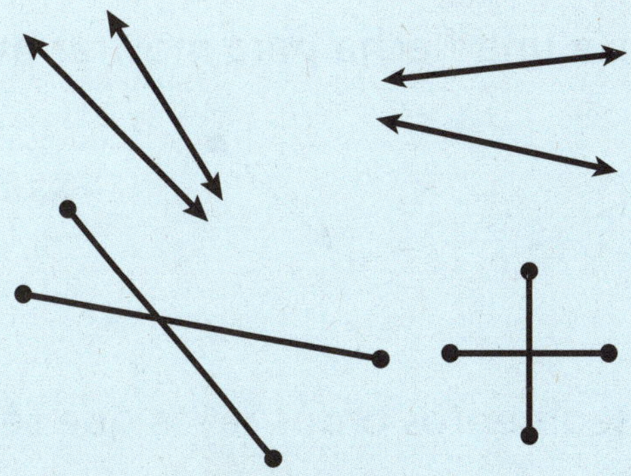

Las rectas o segmentos de estos pares no son paralelos.

1. Escribe una descripción de segmentos paralelos.

____

____

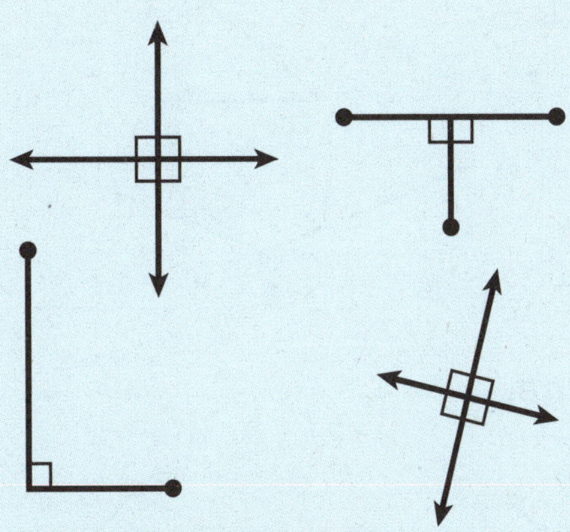

Las rectas o segmentos de estos pares son **perpendiculares**.

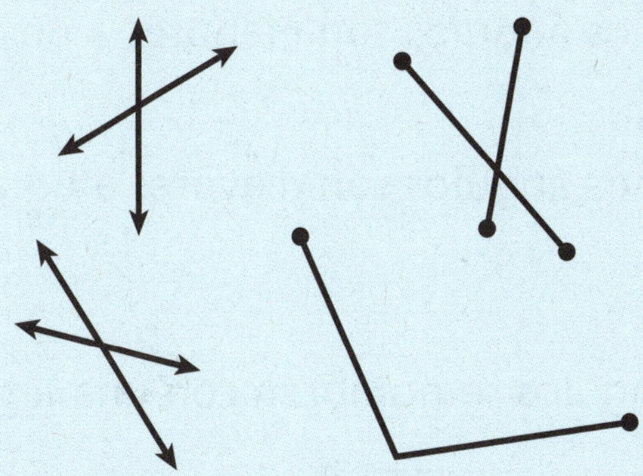

Las rectas o segmentos de estos pares no son perpendiculares.

2. Escribe una descripción de segmentos perpendiculares.

____

____

© Houghton Mifflin Harcourt Publishing Company

Tipos de ángulos

VOCABULARIO
rayo
ángulo
vértice
ángulo recto

Un **rayo** es parte de una recta que tiene un extremo y se extiende hasta el infinito en una sola dirección. Para dibujar un rayo, haz una flecha para mostrar que continúa para siempre.

Dos segmentos o dos rayos que se encuentran en un extremo forman un **ángulo**. El punto se llama **vértice**.

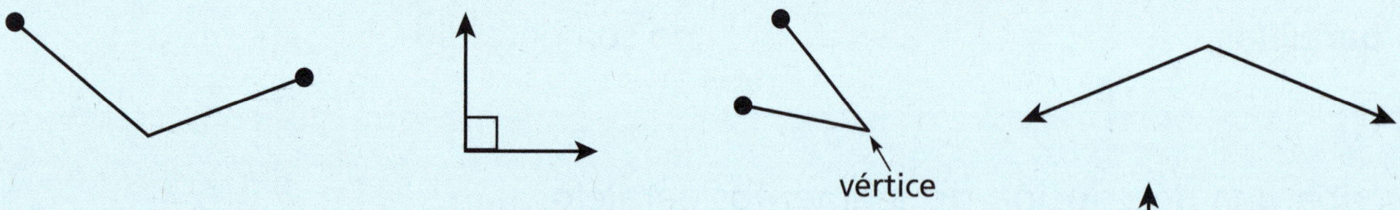

Un ángulo que forma una esquina cuadrada se llama **ángulo recto**.

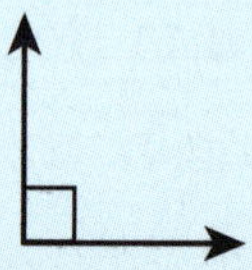

ángulo recto

Algunos ángulos son menores a un ángulo recto.

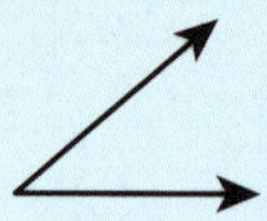

Algunos ángulos son mayores a un ángulo recto.

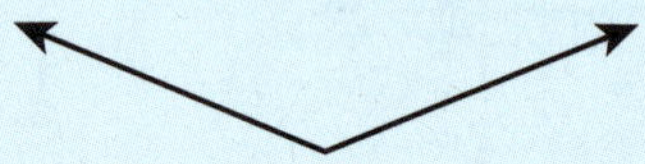

Estos ángulos se nombran con una letra en la esquina.

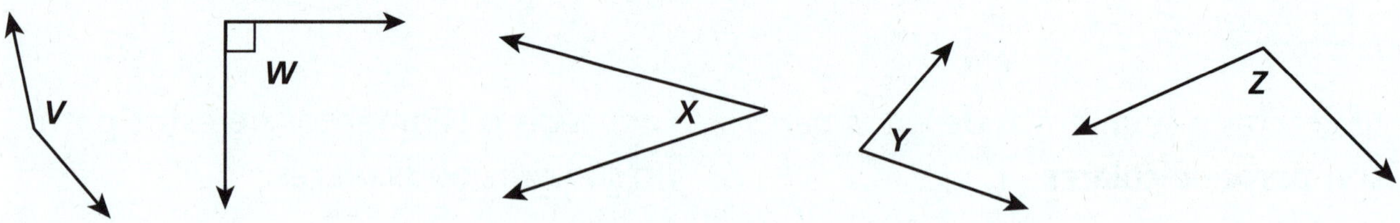

3. ¿Cuáles ángulos son ángulos rectos? ____________

4. ¿Cuáles ángulos son menores que un ángulo recto? ____________

5. ¿Cuáles ángulos son mayores que un ángulo recto? ____________

© Houghton Mifflin Harcourt Publishing Company

Nombre ______________________________

Describir triángulos por los tipos de ángulos

VOCABULARIO
triángulo

Los **triángulos** se pueden describir por los tipos de ángulos que tienen.

En estos triángulos, dos segmentos perpendiculares se encuentran para formar un ángulo recto.

Estos triángulos tienen tres ángulos menores a un ángulo recto.

Estos triángulos tienen un ángulo mayor a un ángulo recto.

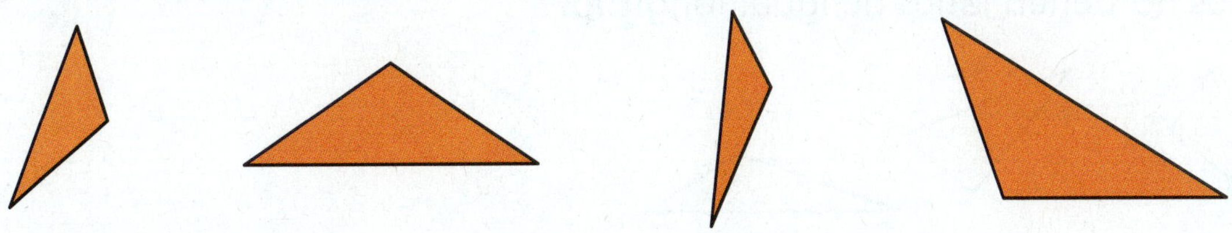

Usa los triángulos *K*, *L* y *M* para los Ejercicios 6 a 8.

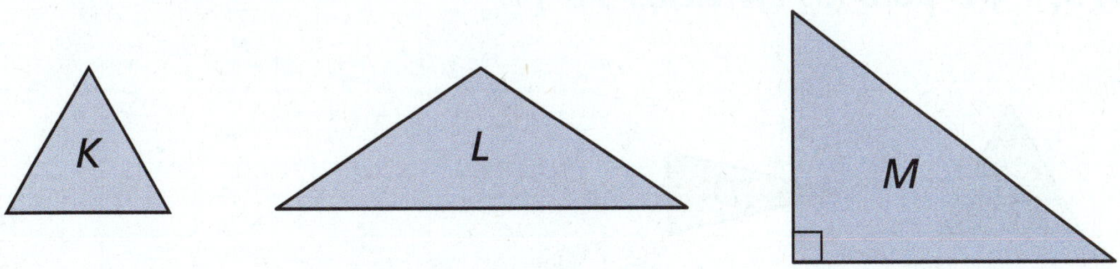

6 ¿Qué triángulo tiene un ángulo recto?

____

7 ¿Qué triángulo tiene tres ángulos menores a un ángulo recto?

____

8 ¿Qué triangulo tiene un ángulo mayor a un ángulo recto?

____

© Houghton Mifflin Harcourt Publishing Company

Describir triángulos por el número de lados de igual longitud

Puedes describir los triángulos también por el número de lados que son de la misma longitud.

Estos triángulos tienen tres lados de igual longitud.

Estos triángulos tienen dos lados de igual longitud.

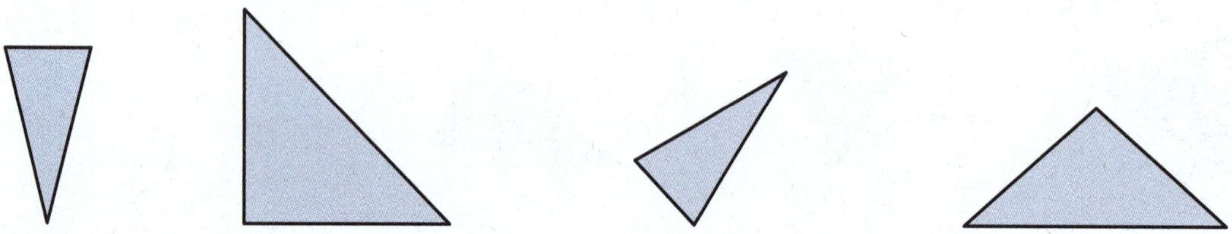

Estos triángulos no tienen lados de igual longitud.

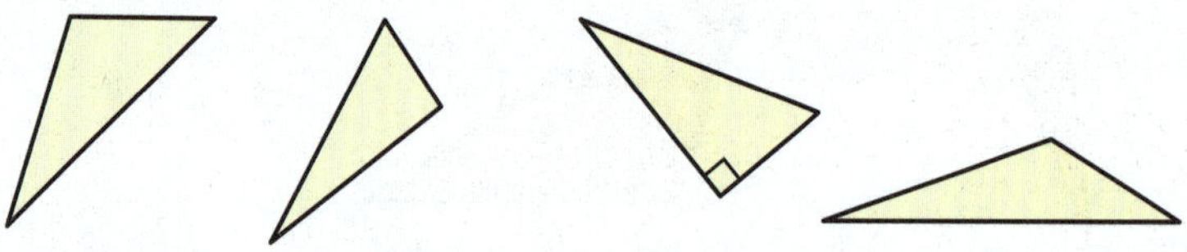

Usa los triángulos *B*, *C* y *D* para los Ejercicios 9 a 11.

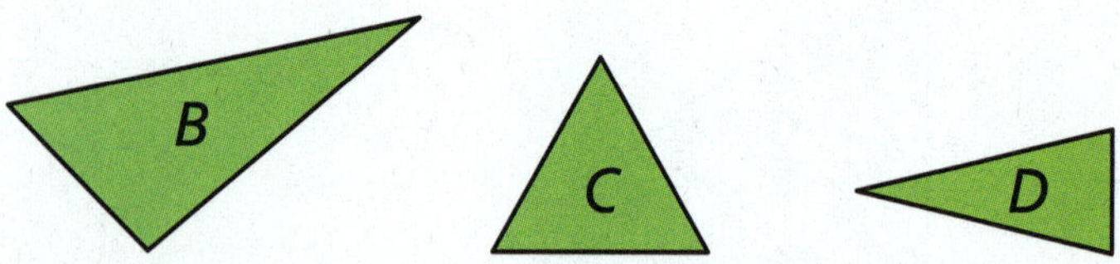

9 ¿Qué triangulo tiene 3 lados iguales?

____

10 ¿Qué triangulo tiene 2 lados iguales?

____

11 ¿Qué triángulo tiene 0 lados iguales?

____

© Houghton Mifflin Harcourt Publishing Company

Nombre ____________________

Describir triángulos por los tipos de ángulos y el número de lados de igual longitud

Usa los triángulos *M*, *N* y *O* para los Problemas 12 a 14. Escribe *M*, *N* u *O*. Luego, completa la oración.

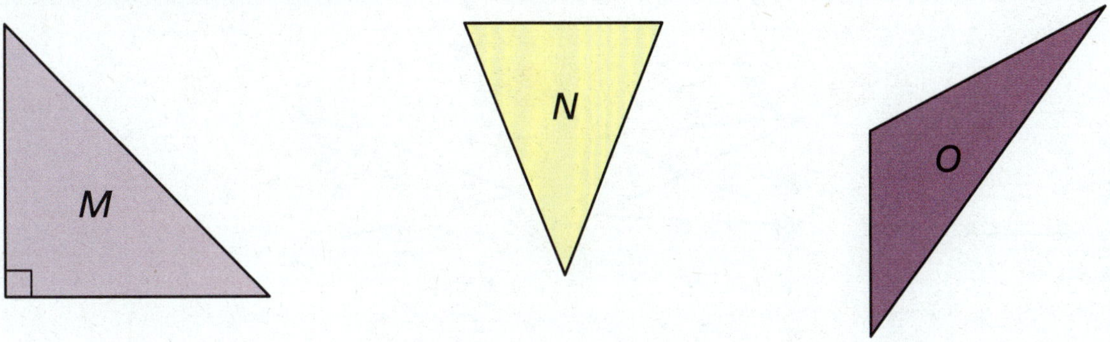

12 El triángulo ______ tiene 1 ángulo mayor a un ángulo recto y ______ lados de igual longitud.

13 El triángulo ______ tiene 1 ángulo recto y ______ lados de igual longitud.

14 El triángulo ______ tiene 3 ángulos menores a un ángulo recto y ______ lados de igual longitud.

Usa los triángulos *P*, *Q* y *R* para los Problemas 15 a 17. Escribe *P*, *Q* o *R*. Luego, completa la oración.

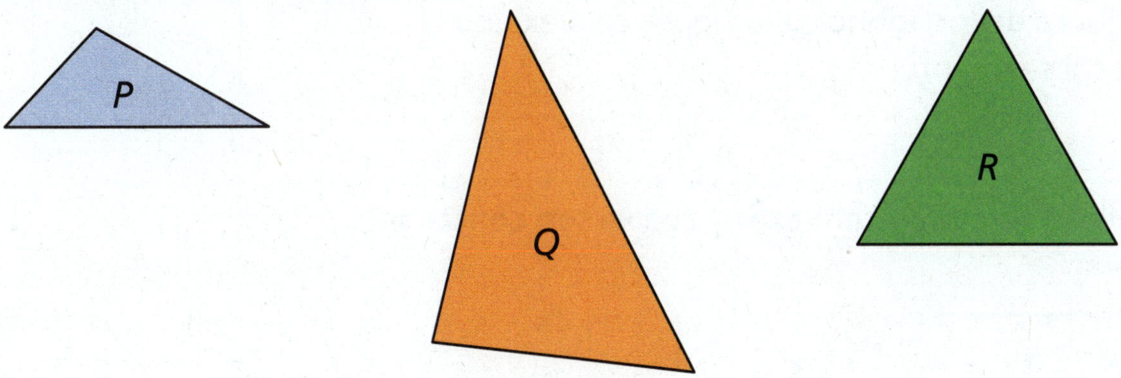

15 El triángulo ______ tiene 3 ángulos menores a un ángulo recto y ______ lados de igual longitud.

16 El triángulo ______ tiene 3 ángulos menores a un ángulo recto y ______ lados de igual longitud.

17 El triángulo ______ tiene 1 ángulo mayor a un ángulo recto y ______ lados de igual longitud.

© Houghton Mifflin Harcourt Publishing Company

Polígonos

VOCABULARIO
polígono
cóncavo
convexo

Un **polígono** es una figura plana y cerrada compuesta de segmentos que no se cruzan.

Encierra en un círculo las figuras que son polígonos.

18
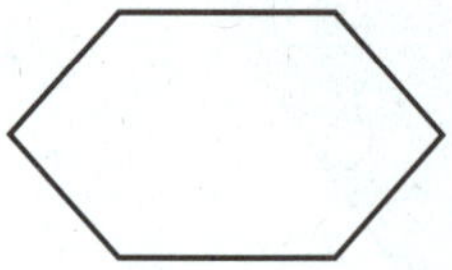

19

20
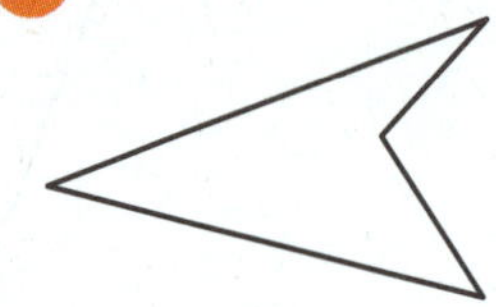

21
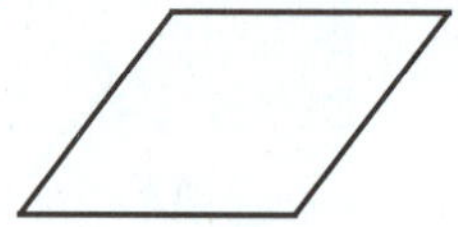

22
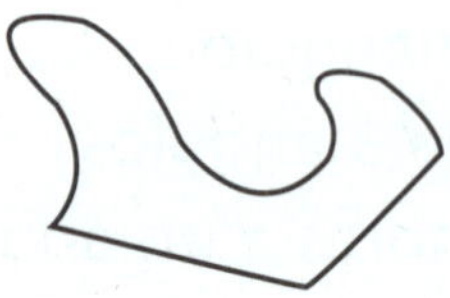

23
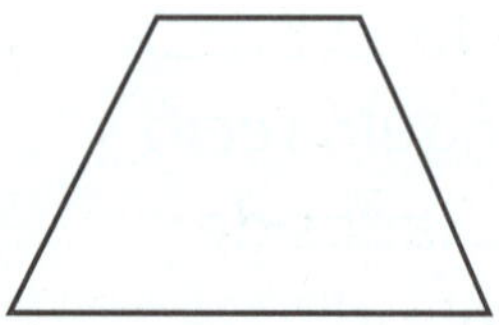

24
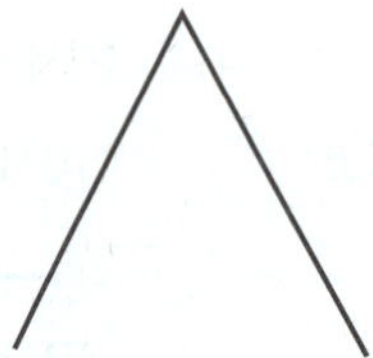

25
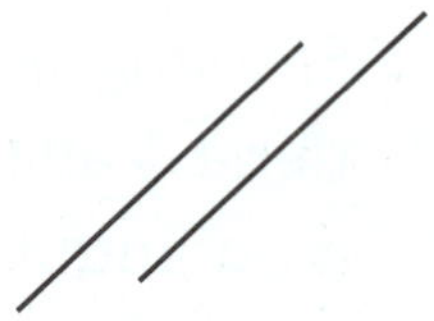

Una figura puede ser **cóncava** o **convexa**. En los polígonos cóncavos, hay un segmento con extremos dentro del polígono y un punto en el segmento que está fuera del polígono. Una figura convexa no tiene tal segmento.

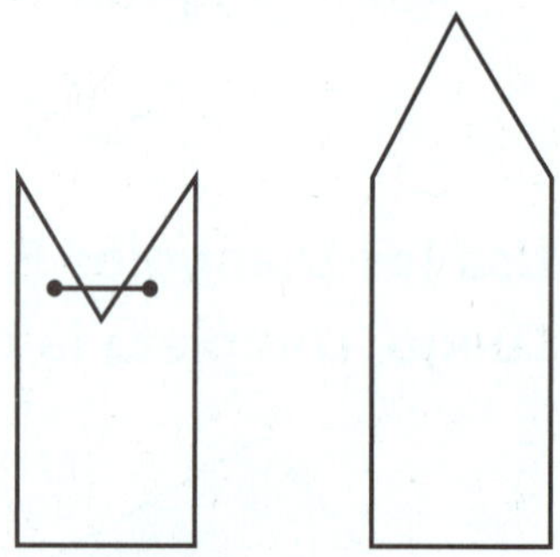

cóncavo **convexo**

¿Cuáles figuras son convexas y cuáles son cóncavas?

26
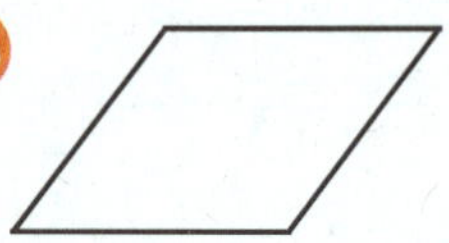

27

28
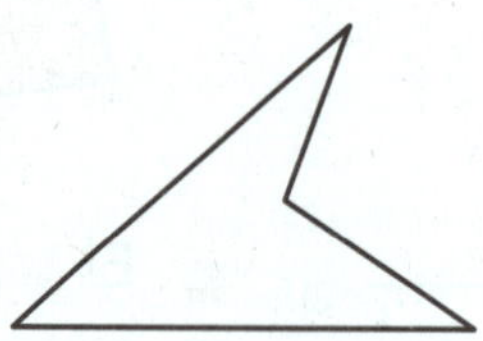

29
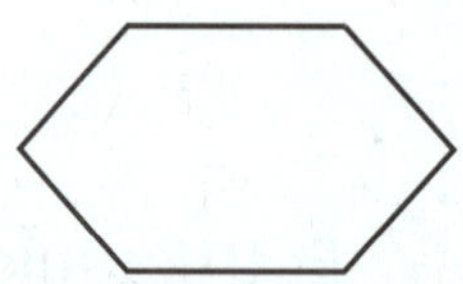

© Houghton Mifflin Harcourt Publishing Company

Nombre ______________________________

Nombrar polígonos

VOCABULARIO
cuadrilátero pentágono
hexágono
octágono decágono

Los polígonos se nombran según el número de lados y vértices que tengan.

triángulo	cuadrilátero	pentágono	hexágono	octágono	decágono
3 lados	4 lados	5 lados	6 lados	8 lados	10 lados
3 vértices	4 vértices	5 vértices	6 vértices	8 vértices	10 vértices

Escribe el número de lados y vértices. Luego, nombra la figura.

30

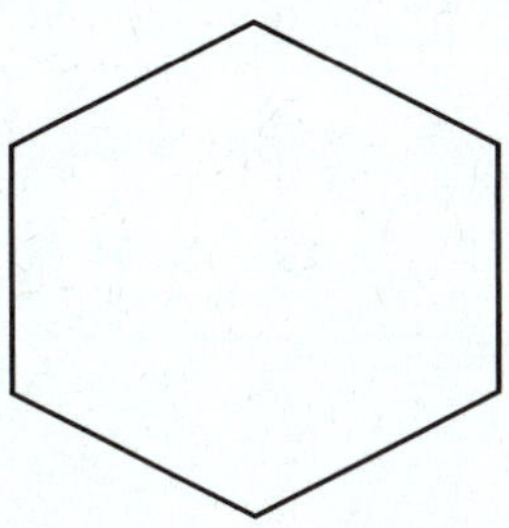

__________ lados

__________ vértices

____

31

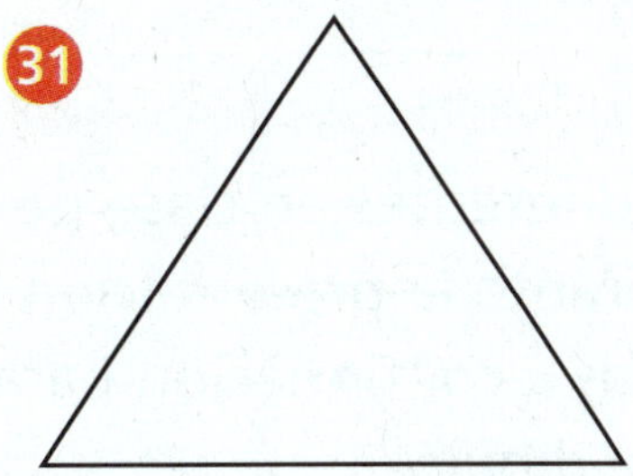

__________ lados

__________ vértices

____

32

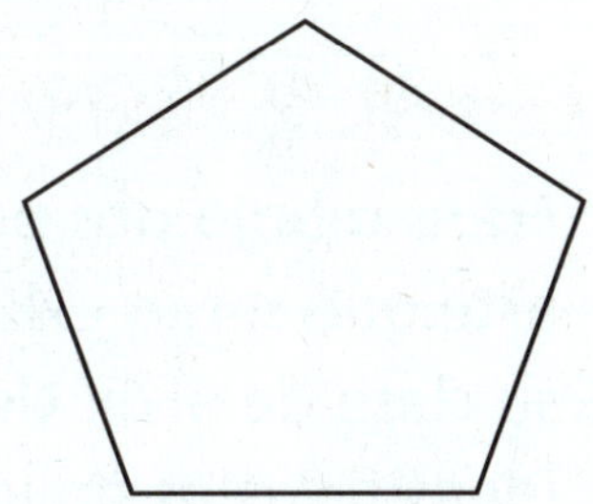

__________ lados

__________ vértices

____

33

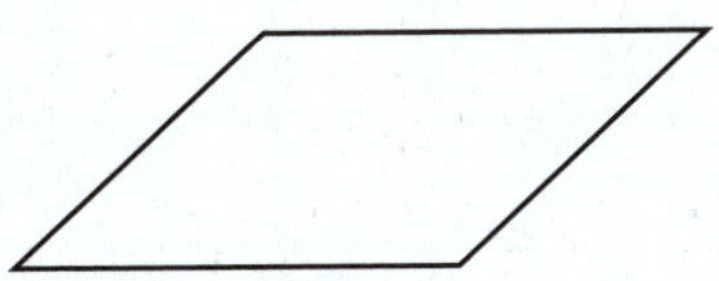

__________ lados

__________ vértices

____

34

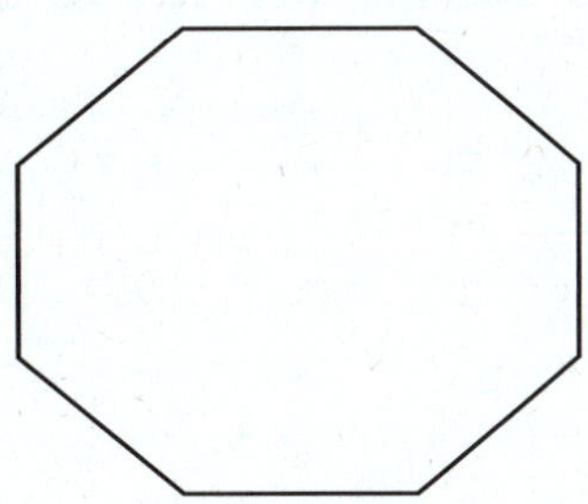

__________ lados

__________ vértices

____

35

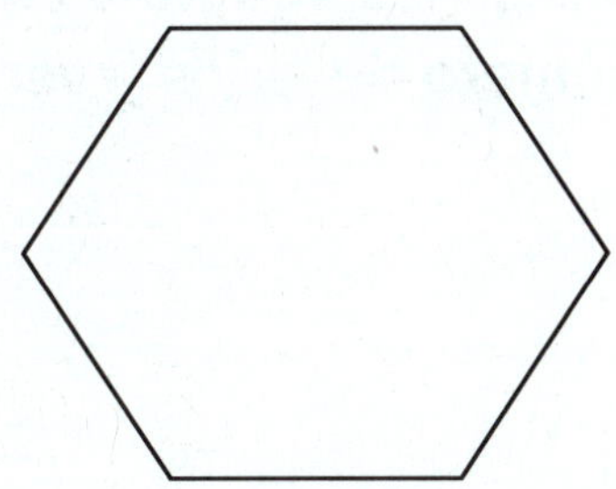

__________ lados

__________ vértices

____

© Houghton Mifflin Harcourt Publishing Company

Nombrar polígonos (continuación)

Escribe el número de lados y vértices. Luego, nombra la figura.

36 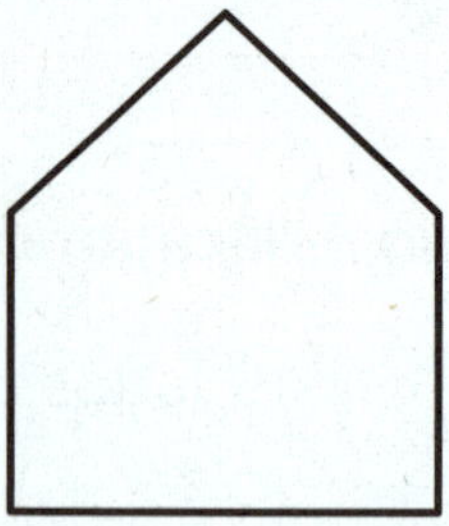

__________ lados

__________ vértices

____

37 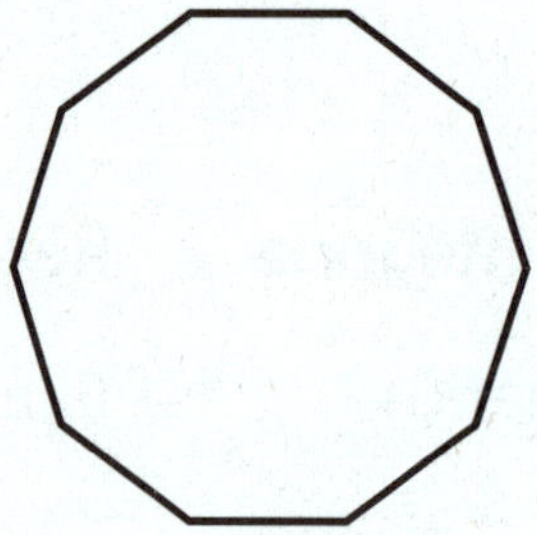

__________ lados

__________ vértices

____

38 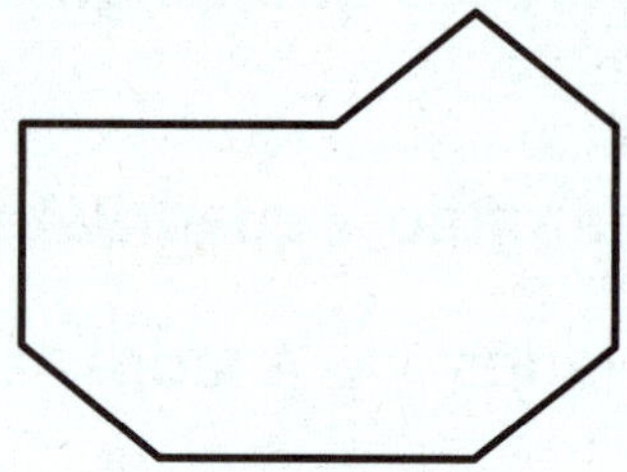

__________ lados

__________ vértices

____

Clasificar polígonos

39 Frans dibujó dos polígonos diferentes en clase de arte que serán exhibidos durante la presentación de su clase de arte. Usa las pistas a continuación para identificar los polígonos que dibujó.

- Los polígonos tienen menos lados que un decágono.
- Cada polígono tiene un número de lados impar.
- Ninguno de los polígonos se puede clasificar como alguno de los que están enumerados en la página 461.

Dibuja los polígonos que Frans dibujó. Identifica el número de lados y vértices.

__________ lados

__________ vértices

__________ lados

__________ vértices

Comprobar la comprensión

Dibuja y describe tres triángulos diferentes.

© Houghton Mifflin Harcourt Publishing Company

Nombre ______________________________

Formar cuadriláteros con triángulos

Un cuadrilátero es una figura con 4 lados.

Recorta cada par de triángulos. Usa cada par para construir tantos cuadriláteros como puedas. Puedes voltear un triángulo y usar la parte de atrás. Traza cada cuadrilátero que construyas en una hoja de papel aparte.

Triángulos con un ángulo mayor a un ángulo recto

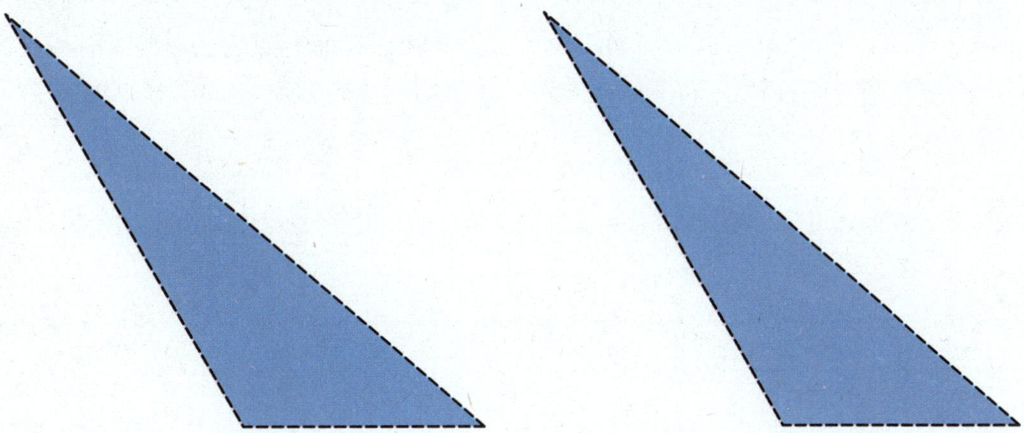

Triángulos con tres ángulos menores a un ángulo recto

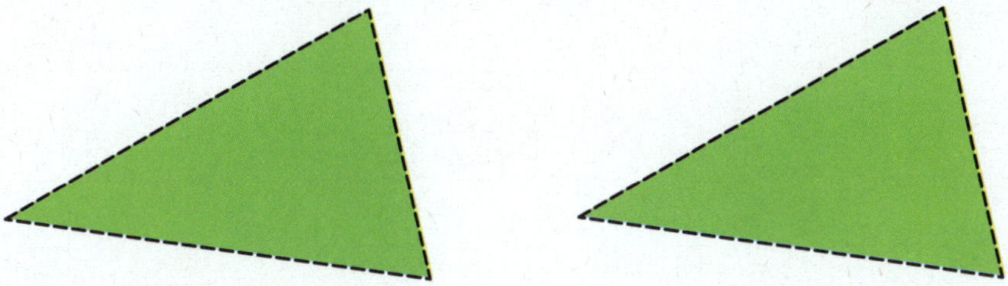

Triángulos con un ángulo recto

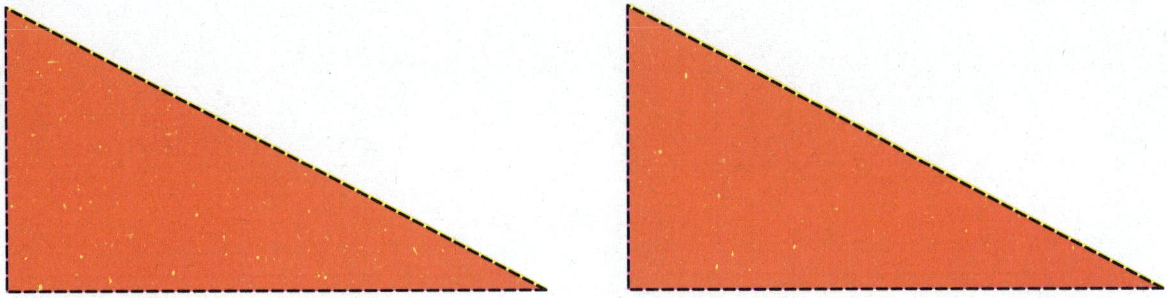

© Houghton Mifflin Harcourt Publishing Company

© Houghton Mifflin Harcourt Publishing Company

Nombre ______________________________

Formar polígonos con triángulos

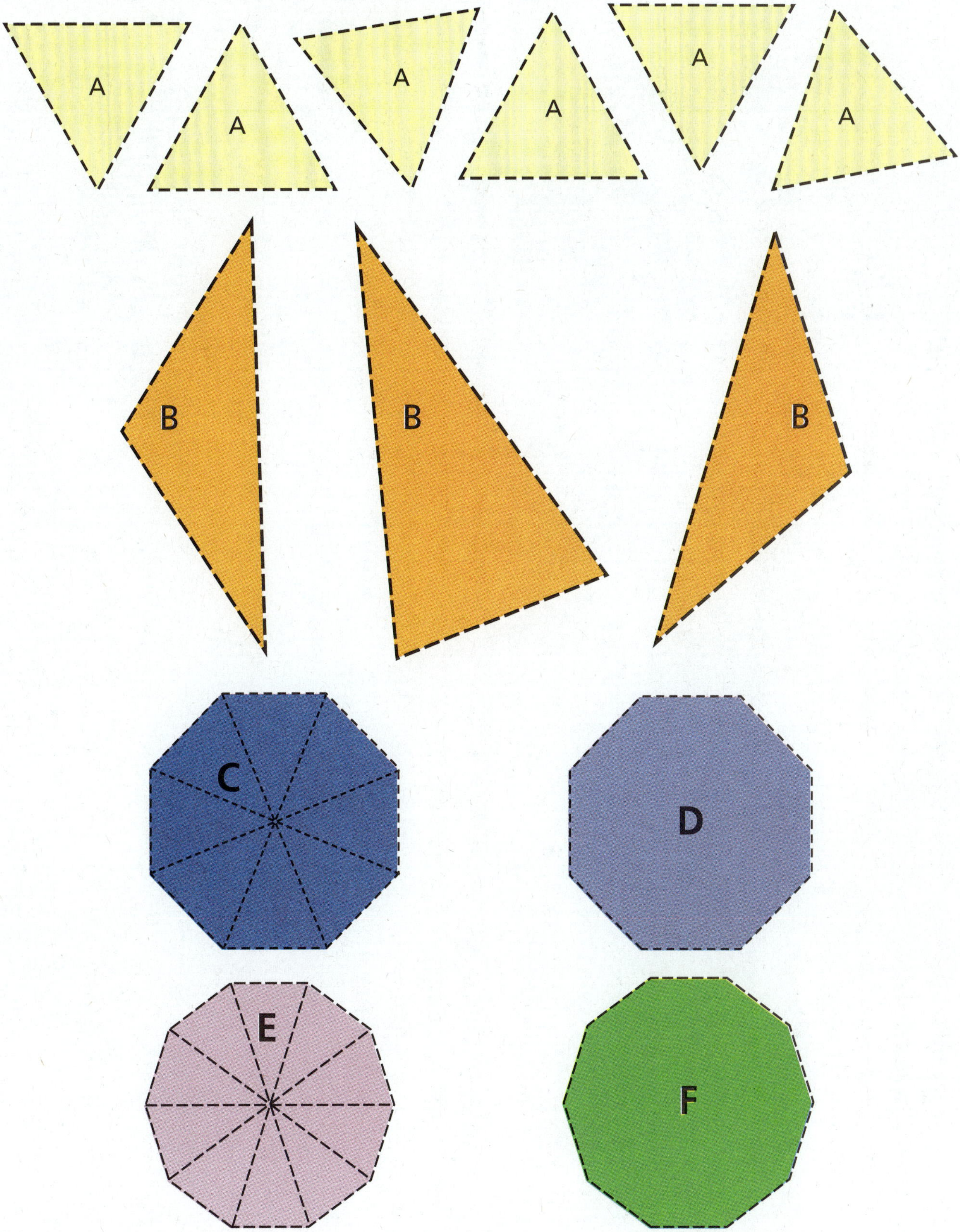

© Houghton Mifflin Harcourt Publishing Company

© Houghton Mifflin Harcourt Publishing Company

Nombre ______________________________

VOCABULARIO
paralelogramo

Describir paralelogramos

Todas estas figuras son **paralelogramos**. Ambos pares de lados opuestos son paralelos.

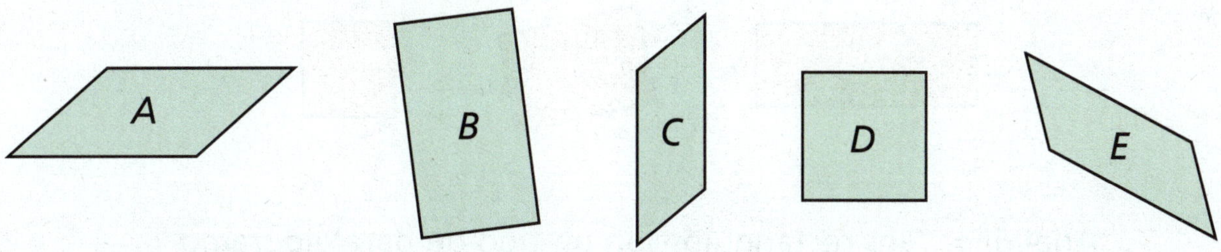

Estas figuras no son paralelogramos.

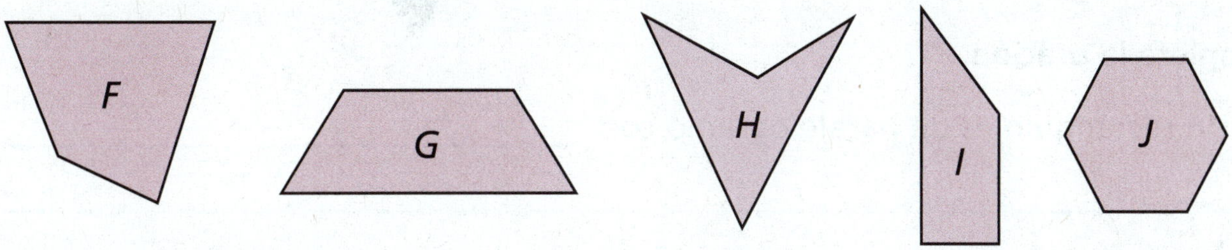

Completa la oración.

1. Un paralelogramo es un cuadrilátero con ______________________________
____

Medir los lados de los paralelogramos

Para cada paralelogramo, mide los lados al centímetro más cercano y rotula cada longitud.

2. 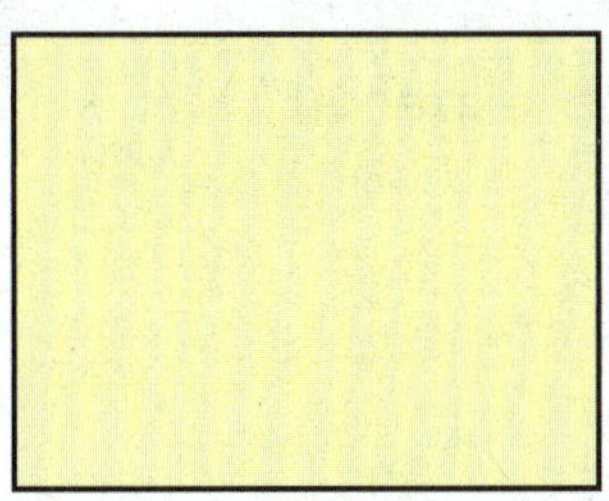

3. 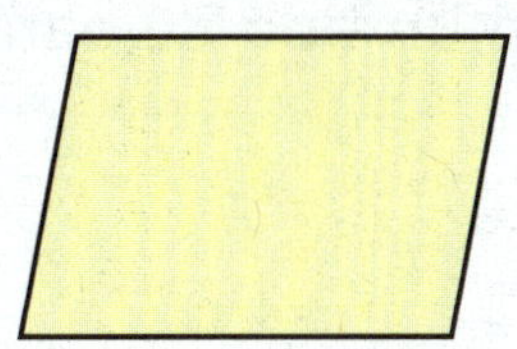

4. 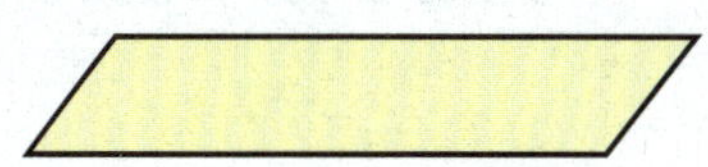

5. Observa las longitudes de los lados. ¿Qué patrones observas? ______________________________

© Houghton Mifflin Harcourt Publishing Company

Describir rectángulos

VOCABULARIO
rectángulo
cuadrado
rombo

Todas estas figuras son **rectángulos**. Los rectángulos tienen lados adyacentes que son perpendiculares.

Adel dijo: "Los rectángulos son un tipo de paralelogramo especial".

Completa la oración.

6 Un rectángulo es un paralelogramo con ______________________________

____

Explorar cuadrados y rombos

Estas figuras con **cuadrados**.

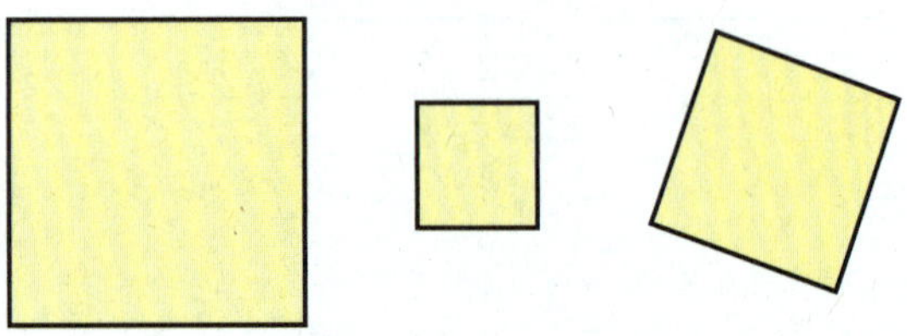

Estas figuras son **rombos**.

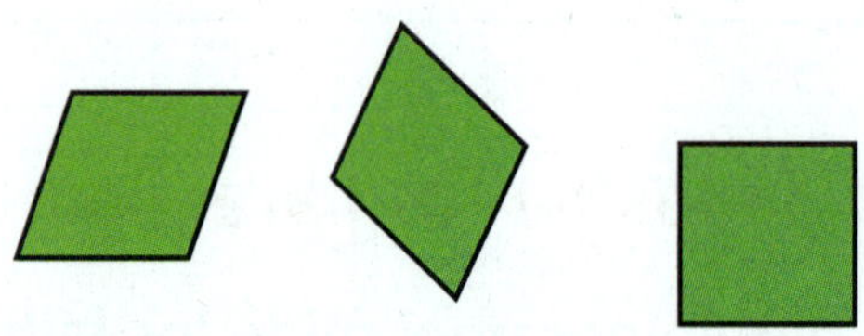

Takeshi dijo: "Los cuadrados son un tipo de rectángulo especial".

Cora dijo: "los rombos son un tipo de paraleograma especial".

Completa la oración.

7 Un cuadrado es un rectángulo con ______________________________

____

8 Un rombo es un paralelogramo con ______________________________

____

© Houghton Mifflin Harcourt Publishing Company

Nombre ______________________

Describir cuadriláteros

Usa tantas palabras como puedas de la lista a continuación para describir cada figura.

cuadrilátero	paralelogramo	rectángulo	cuadrado

9. 

____
____
____
____

10. 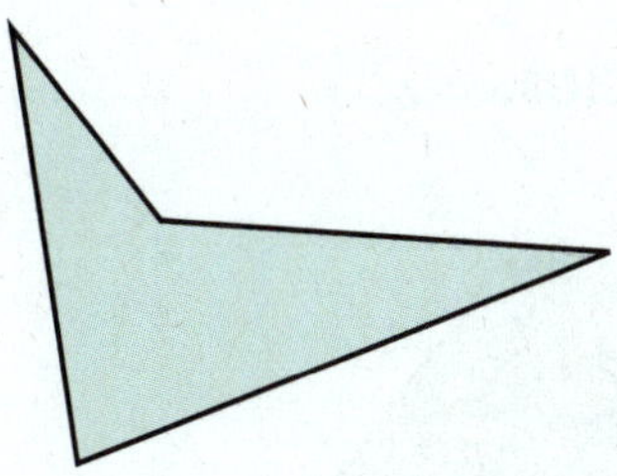

____
____
____
____

11. 

____
____
____
____

12. 

____
____
____
____

© Houghton Mifflin Harcourt Publishing Company

Describir trapecios

VOCABULARIO
trapecio
lados opuestos

Los siguientes cuadriláteros son **trapecios**.

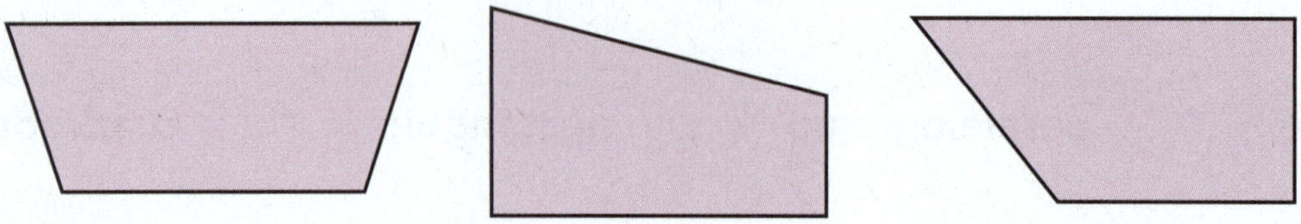

13 Escribe lo que sabes sobre los **lados opuestos** de un trapecio.

14 Encierra en un círculo los cuadriláteros que son trapecios.

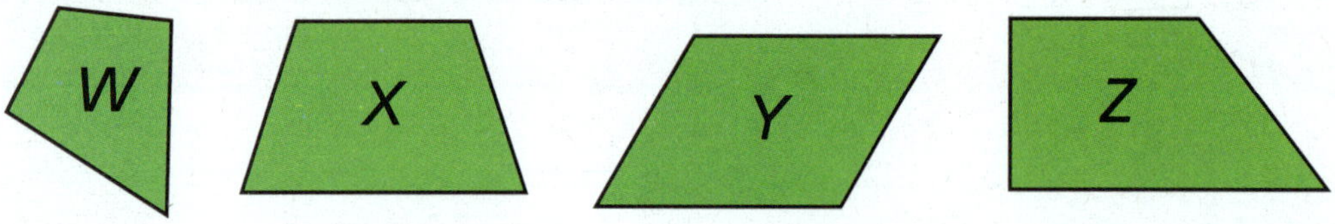

15 Explica por qué las figuras que no encerraste en un círculo no son trapecios.

Comprobar la comprensión
Dibuja un cuadrilátero y descríbelo.

© Houghton Mifflin Harcourt Publishing Company

Nombre ______________________________

Dibujar paralelogramos

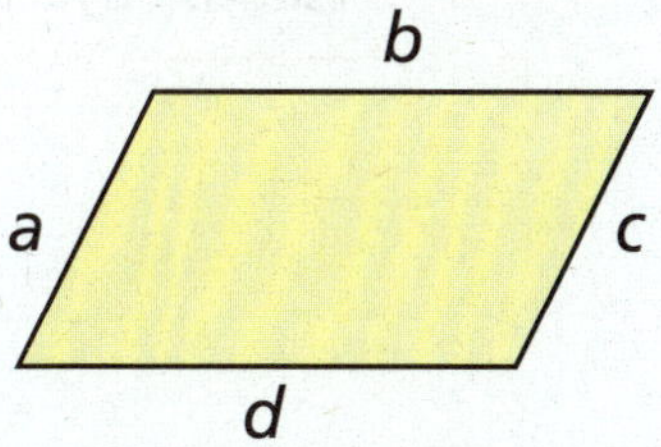

1. Escribe lo que sabes sobre los lados opuestos de un paralelogramo.

____

____

2. Dibuja tres paralelogramos diferentes.

© Houghton Mifflin Harcourt Publishing Company

VOCABULARIO
lados adyacentes

Dibujar rectángulos

3 Escribe todo lo que sabes sobre los lados opuestos de un rectángulo.

____

4 ¿Qué sabes de los **lados adyacentes** de un rectángulo?

____

5 Dibuja tres rectángulos diferentes.

© Houghton Mifflin Harcourt Publishing Company

Nombre ____________________

Dibujar cuadrados y rombos

6 Escribe todo lo que sabes sobre los cuadrados.

____

____

7 Escribe todo lo que sabes sobre los rombos.

____

____

8 Dibuja dos cuadrados diferentes y dos rombos diferentes.

© Houghton Mifflin Harcourt Publishing Company

Dibujar cuadriláteros que no sean cuadrados, rectángulos o rombos

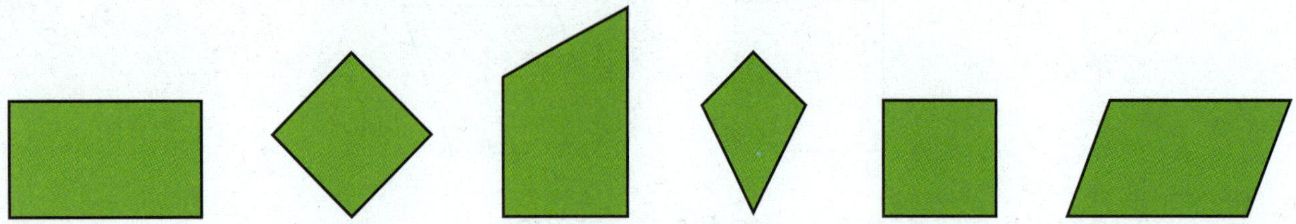

9 ¿Qué es un cuadrilátero?

____

10 Nombra todos los cuadriláteros que tengan por lo menos un par de lados paralelos.

____

11 Dibuja tres cuadriláteros diferentes que no sean cuadrados, rectángulos o rombos.

© Houghton Mifflin Harcourt Publishing Company

Comprobar la comprensión

Dibuja un cuadrilátero que no sea un paralelogramo.

Nombre ____________________

Nombrar cuadriláteros

Coloca una tilde junto a los nombres que describen la figura.

1. 

☐ cuadrilátero
☐ paralelogramo
☐ rombo
☐ rectángulo
☐ cuadrado

2. 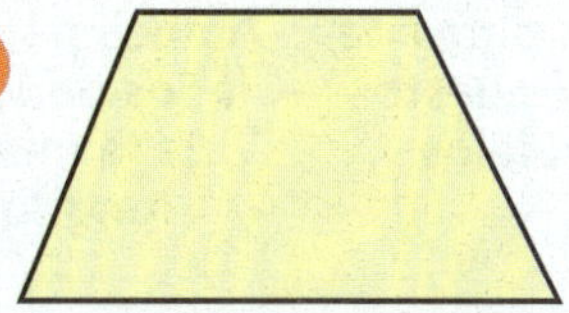

☐ cuadrilátero
☐ paralelogramo
☐ rombo
☐ rectángulo
☐ trapecio

3. 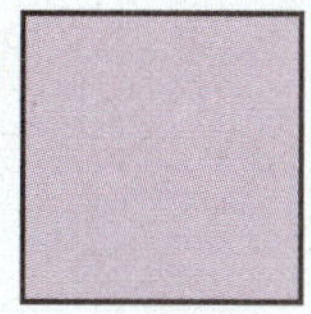

☐ cuadrilátero
☐ paralelogramo
☐ rombo
☐ rectángulo
☐ cuadrado

4. 

☐ cuadrilátero
☐ paralelogramo
☐ rombo
☐ rectángulo
☐ cuadrado

5. 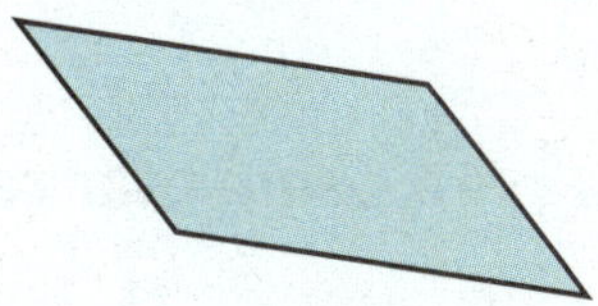

☐ cuadrilátero
☐ paralelogramo
☐ rombo
☐ rectángulo
☐ cuadrado

6. 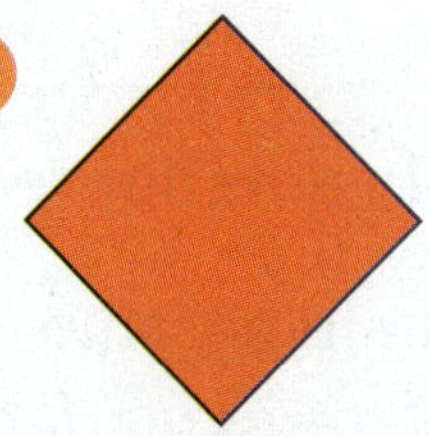

☐ cuadrilátero
☐ paralelogramo
☐ rombo
☐ rectángulo
☐ cuadrado

7. 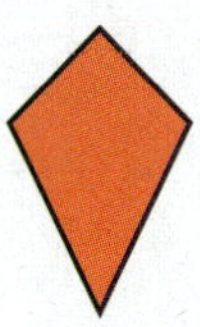

☐ cuadrilátero
☐ paralelogramo
☐ rombo
☐ rectángulo
☐ cuadrado

8. 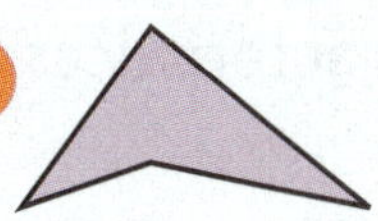

☐ cuadrilátero
☐ paralelogramo
☐ rombo
☐ rectángulo
☐ cuadrado

9. 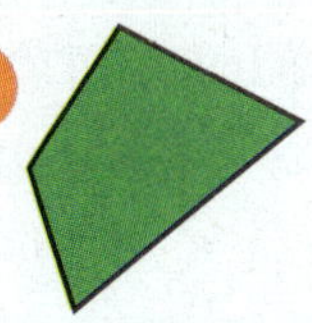

☐ cuadrilátero
☐ paralelogramo
☐ rombo
☐ rectángulo
☐ cuadrado

© Houghton Mifflin Harcourt Publishing Company

Analizar cuadriláteros

10 Para cada figura, coloca una X bajo las descripciones que son siempre verdaderas.

	Cuatro lados	Ambos pares de lados opuestos paralelos	Ambos pares de lados opuestos de la misma longitud	Cuatro ángulos rectos	Todos los lados de la misma longitud
Cuadrilátero					
Trapecio					
Paralelogramo					
Rombo					
Rectángulo					
Cuadrado					

Usa la tabla anterior terminada para completar cada enunciado.

11 Los paralelogramos tienen todas las características de los cuadriláteros y *además*

____

12 Los rectángulos tienen las mismas características que los paralelogramos y *además*

____

13 Los cuadrados tienen las mismas características que los cuadriláteros y *además*

____

____

14 Los rombos tienen las mismas características que los cuadriláteros y *además*

____

____

© Houghton Mifflin Harcourt Publishing Company

Nombre ______________________________

Dibujar cuadriláteros a partir de una descripción

Dibuja cada figura.

15 Dibuja un cuadrilátero que *no* sea un paralelogramo.

16 Dibuja un paralelogramo que *no* sea un rectángulo.

17 Dibuja un rectángulo que *no* sea un cuadrado.

¿Cuál es el error?

Queridas estudiantes de matemáticas,

Hoy tuve que dibujar un cuadrilátero con lados paralelos que no fuera un rectángulo, ni un cuadrado, ni un rombo. A continuación, les coloco mi dibujo.

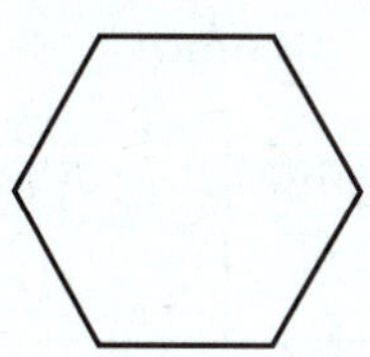

¿Hice correctamente el dibujo? Si no, por favor ayúdame a comprender lo que hice mal.

Tu amigo,
El Pingüino Confundido

© Houghton Mifflin Harcourt Publishing Company

18 Escribe una respuesta para el Pingüino Confundido.

____

____

Ordenar y clasificar cuadriláteros

Usa el diagrama de categorías para ordenar las figuras que recortaste de la página 475A del Libro de actividades del estudiante. Escribe la letra de la figura en el diagrama para anotar tu trabajo.

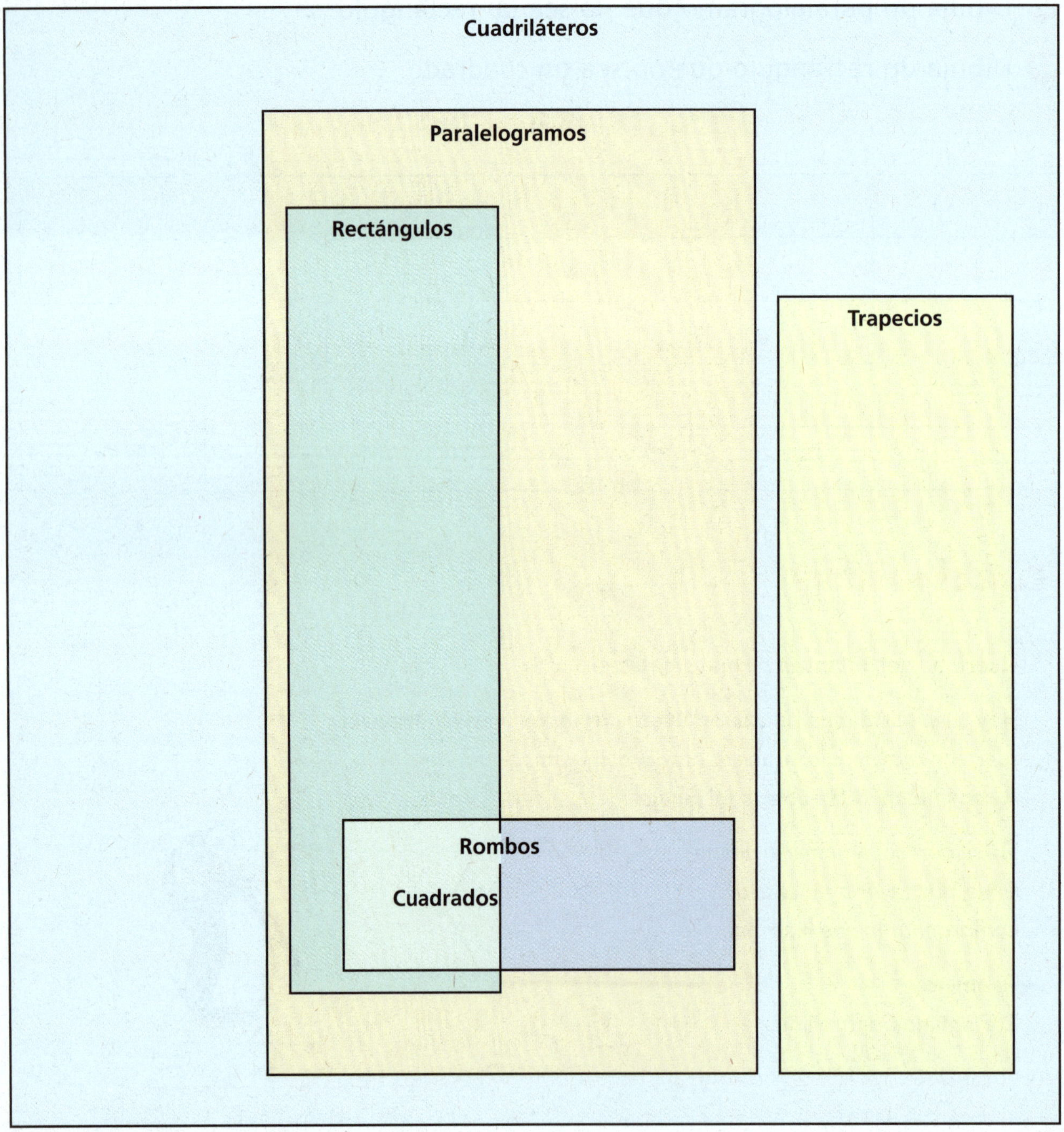

© Houghton Mifflin Harcourt Publishing Company

Comprobar la comprensión

Completa el enunciado. Un rombo siempre es un ______________

y un ______________.

Nombre ______________________________

Cuadriláteros para ordenar

Recorta por las líneas punteadas.

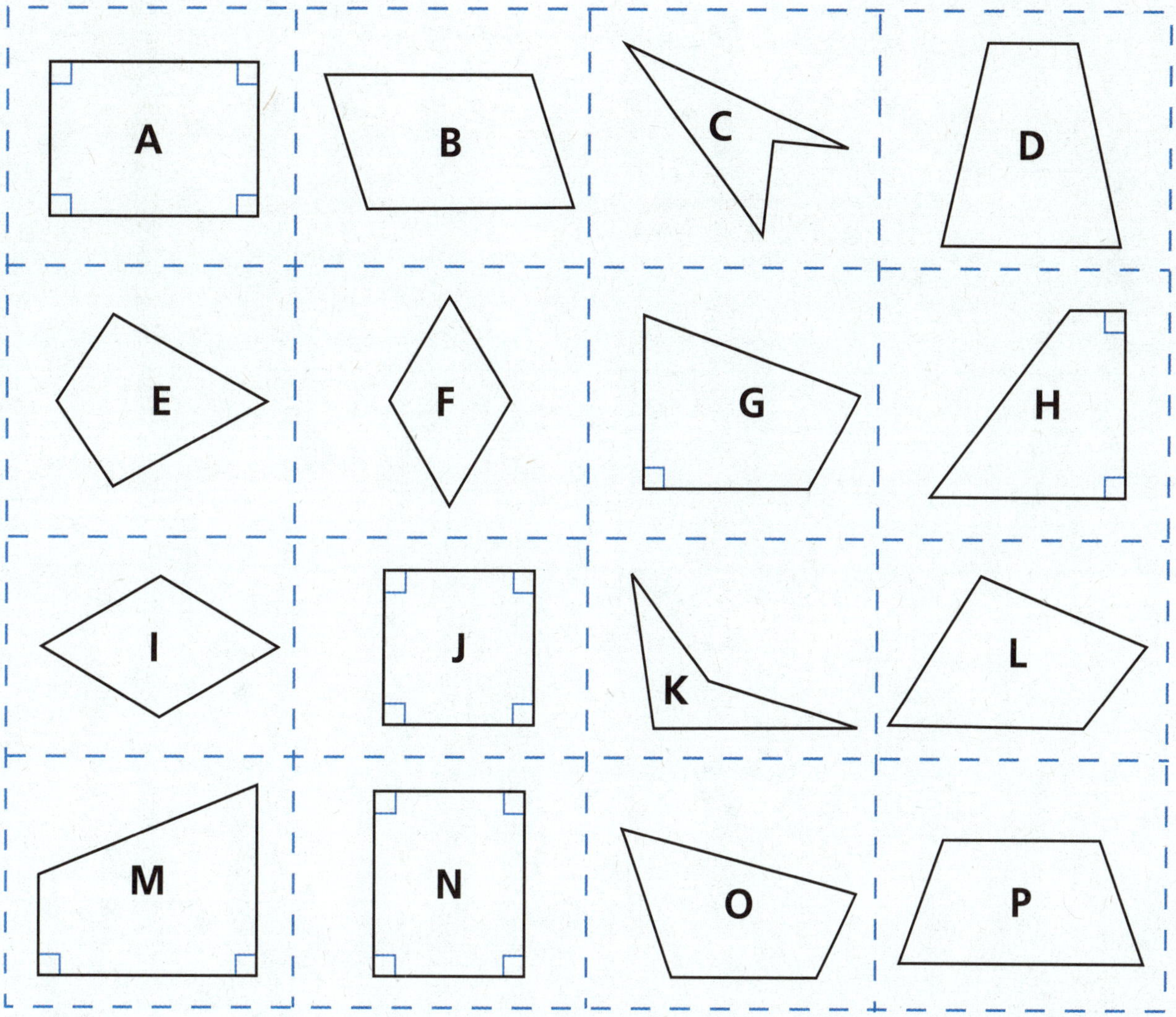

© Houghton Mifflin Harcourt Publishing Company

© Houghton Mifflin Harcourt Publishing Company

Nombre ______________________

El área y la jardinería

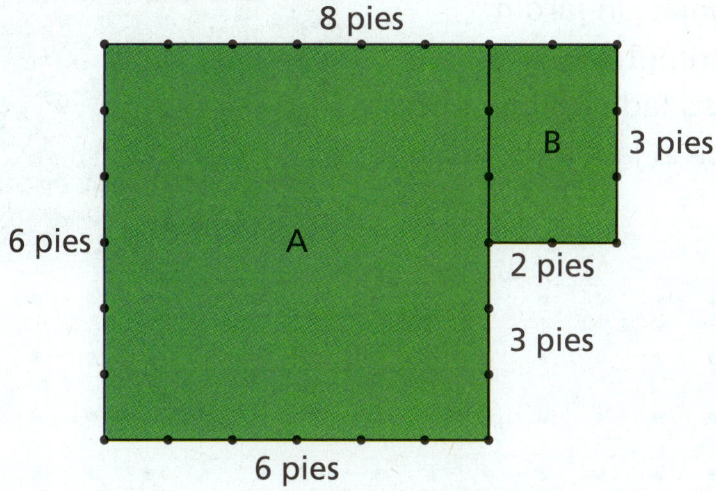

Observa el dibujo del jardín de Joaquín.
Se divide en dos cuadriláteros.

1. ¿Cuál es el perímetro de la parte A? ______________

   ¿Cuál es el perímetro de la parte B? ______________

2. ¿Cuál es el perímetro de todo el jardín combinado? ______________

3. ¿Necesitará Joaquín más cerca para cerrar las dos partes del jardín por separado o el jardín combinado? ______________

   ____

4. ¿Cuál es el área de la parte A? ______________

   ¿Cuál es el área de la parte B? ______________

5. ¿Cuál es el área de todo el jardín combinado?

   ____

6. ¿En qué se diferencia o se parece el área total de las dos partes del jardín del área de las partes combinadas?

   ____

© Houghton Mifflin Harcourt Publishing Company

Diseñar un jardín

Usa el papel con puntos para dibujar un jardín diferente que tenga el mismo perímetro que el jardín combinado de Joaquín. A su lado, dibuja otro jardín que tenga la misma área que el jardín de Joaquín.

1 pie

7. ¿Cuál es el área de jardín que dibujaste con el mismo perímetro que el jardín de Joaquín?

____

8. ¿Cuál es el perímetro del jardín que dibujaste con la misma área que el jardín de Joaquín?

____

9. Usa el papel punteado en centímetros para dibujar diferentes áreas dentro del jardín donde puedas sembrar maíz, frijoles y tomates.

   El área para el maíz es 12 pies cuadrados.
   El área para los frijoles es 25 pies cuadrados.
   El área para los tomates es 20 pies cuadrados.

© Houghton Mifflin Harcourt Publishing Company • Image Credits: ©Garry Black/Moment/Getty Images

Prueba rápida 2 de la Unidad 7

Nombre ______________________ Fecha ______________

Escribe la respuesta correcta.

1 ¿Qué tienen en común un rombo y un cuadrado?

____

2 Coloca una tilde junto a cada nombre que describa la figura.

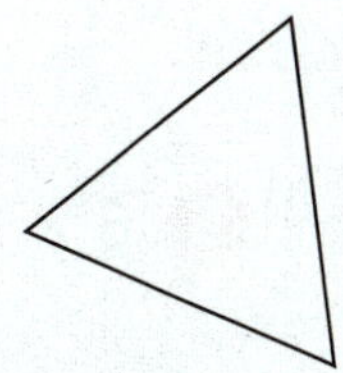

- ☐ cuadrilátero
- ☐ no es un cuadrilátero
- ☐ rectángulo
- ☐ rombo
- ☐ trapecio
- ☐ cuadrado

3 ¿Qué triángulo tiene un ángulo recto?

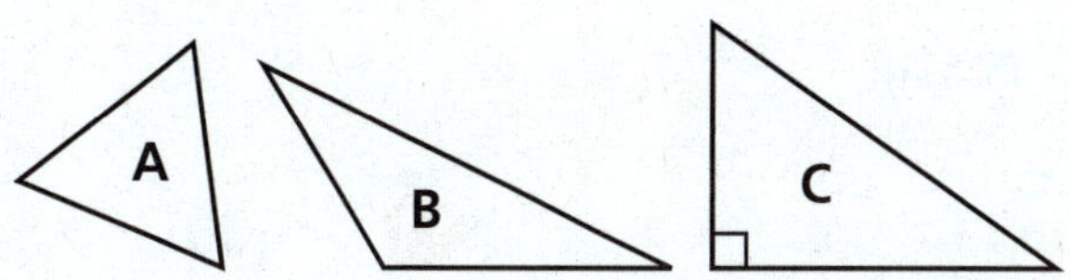

____

4 Enumera las figuras que son cuadriláteros.

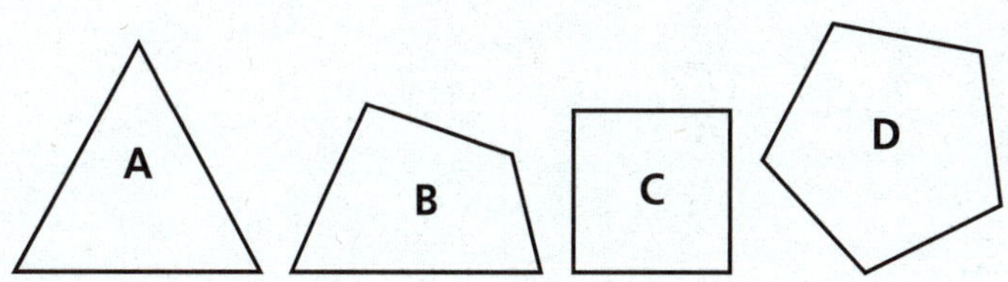

____

5 ¿Qué tienen en común las figuras?

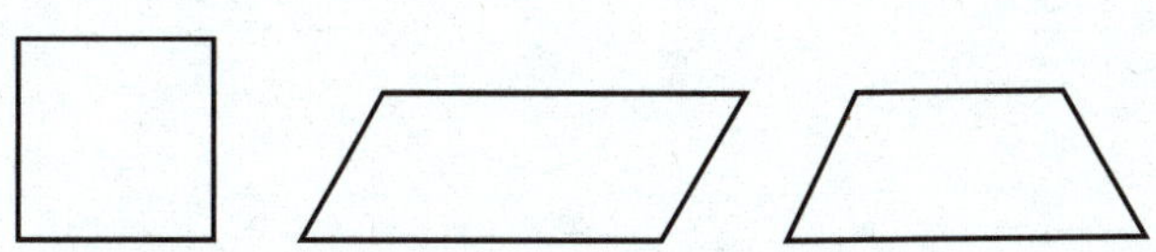

____

© Houghton Mifflin Harcourt Publishing Company

Nombre ______________________ Fecha ______________

Camino al conocimiento

Multiplica o divide.

1. $2 \times 4 = \square$
2. $9 \div 3 = \square$
3. $6 \times 6 = \square$
4. $30 \div 6 = \square$
5. $6 \times 9 = \square$
6. $48 \div 8 = \square$
7. $4 \times 9 = \square$
8. $72 \div 9 = \square$
9. $8 \times 7 = \square$

Suma o resta.

10. $\begin{array}{r} 563 \\ -\ 240 \\ \hline \end{array}$
11. $\begin{array}{r} 300 \\ +\ 620 \\ \hline \end{array}$
12. $\begin{array}{r} 562 \\ -\ 428 \\ \hline \end{array}$
13. $\begin{array}{r} 529 \\ +\ 386 \\ \hline \end{array}$
14. $\begin{array}{r} 338 \\ -\ 189 \\ \hline \end{array}$
15. $\begin{array}{r} 482 \\ +\ 379 \\ \hline \end{array}$

© Houghton Mifflin Harcourt Publishing Company

Nombre ____________________ Fecha ____________

1 Escribe la letra para cada figura en el recuadro que describe la figura.

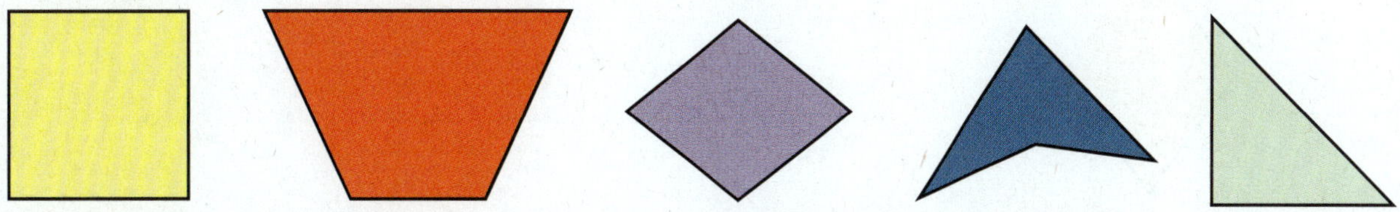

A B C D E

Cuadrilátero	Paralelogramo	Lados perpendiculares	Todos los lados de la misma longitud

2 Dibuja dos paralelogramos diferentes que no sean cuadrados ni rombos.

¿Cómo decidiste qué figuras dibujar?

© Houghton Mifflin Harcourt Publishing Company

Nombre ____________________ Fecha ____________

3 Emily dibuja la siguiente figura.

Para los Ejercicios 3a al 3e, elige Sí o No para indicar si el nombre describe a la figura.

3a. cuadrilátero ○ Sí ○ No

3b. rectángulo ○ Sí ○ No

3c. paralelogramo ○ Sí ○ No

3d. rombo ○ Sí ○ No

3e. cuadrado ○ Sí ○ No

4 Emma toma un tazón de sopa para la cena. Estima que el tazón contiene 2 cuartos de sopa. ¿Crees que la estimación de Emma es razonable? ¿Por qué?

© Houghton Mifflin Harcourt Publishing Company

Nombre ______________________ Fecha ______________

5 Dibuja una figura con 8 lados y 8 vértices.
Nombra la figura.

____

6 Escribe el nombre del objeto en el recuadro que muestre la unidad que usarías para medir la masa del objeto.

trozo de pan	sandía	persona
llave	león	peine

gramo	kilogramo

7 Estima el volumen líquido de cada objeto.
Dibuja una línea desde la estimación al objeto.

100 litros • | 3 litros • | 300 mililitros •

© Houghton Mifflin Harcourt Publishing Company

Nombre ______________________________ Fecha ______________

8 Billy necesita 200 mililitros de limonada para llenar una jarra pequeña. ¿Cuántos mililitros de limonada necesita para llenar 6 jarras del mismo tamaño?

Elige la medida para completa el enunciado.

Billy necesita [600 / 800 / 1,200] mililitros de limonada.

9 Dibuja un cuadrilátero que sea tanto un cuadrado como un rombo.

¿Son todos los rombos también cuadrados? Explica.

10 Maya usa 40 litros de agua para su jardín. Esos son 12 litros más que Rob. ¿Cuántos litros de agua usa Rob?

______________ litros

© Houghton Mifflin Harcourt Publishing Company

Nombre ______________________ Fecha ______________

11 Rani usa un envase que contiene 2 litros de agua para llenar una pecera. La pecera tiene una capacidad de 8 litros de agua. ¿Cuántas veces debe llenar el envase pequeño para llenar la pecera?

______________ veces

12 Sam usa 28 gramos de cebollas picadas para hacer una salsa. Quedan 6 gramos de cebolla. ¿Con cuántos gramos de cebolla comenzó Sam?

______________ gramos

13 Mei tiene 80 kilogramos de madera para dividir en 10 montones. ¿Cuántos kilogramos de madera deberá poner en cada montón?

______________ kilogramos

14 Chaseedah cree que la siguiente figura es un cuadrado. Anaya cree que es un rectángulo.

¿Quién tiene razón? Explica tu respuesta.

© Houghton Mifflin Harcourt Publishing Company

Nombre ______________________ Fecha ______________________

15 Roy usa 6 gramos de maíz en cada hamburguesa vegetariana. ¿Cuántos gramos de maíz necesita para hacer 20 hamburguesas vegetarianas?

______________ gramos

16 Janie tiene tres perros. Los perros tienen masas de 4 kilogramos, 8 kilogramos y 7 kilogramos. ¿Cuál es la suma de las masas de lo tres perros?

______________ kilogramos

17 Si cada bolsa contiene 185 gramos de chips de manzana, ¿cuántos gramos de chips de manzana hay en 3 bolsas?

______________ gramos

18 Seleciona todas las figuras que tengan por lo menos un conjunto de lados paralelos.

○ 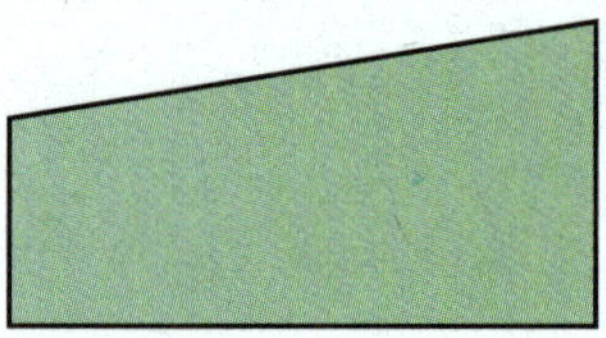

○ 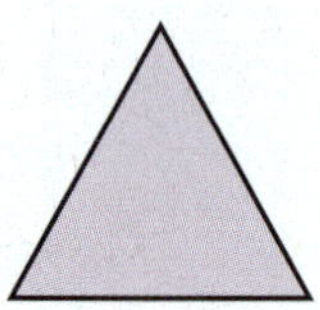

○ 

○ 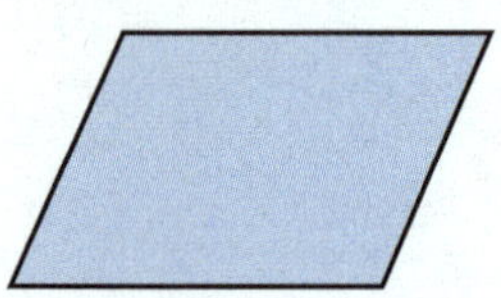

○ 

© Houghton Mifflin Harcourt Publishing Company

 Nombre Fecha

¿Puedes cortarlo?

La clase de Lucía elabora sándwiches para la feria de matemáticas. Lucía cortará los sándwiches en tres figuras diferentes.

Figura A: un cuadrilátero que no es un cuadrado

Figura B: un triangulo con un ángulo recto

Figura C: un paralelogramo que no es un rectángulo

1. Usa una regla para ayudarte a dibujar las figuras de Lucía.

2. Rotula las figuras **Figura A, Figura B** y **Figura C.**

3. Combina 2 o más de las figuras anteriores para crear un cuadrilátero que Lucía pueda usar para sus sándwiches.

© Houghton Mifflin Harcourt Publishing Company

Nombre ______________________ Fecha ____________

La clase de Lucía también hace ensalada de frutas para la feria. Usa la tabla para ayudarte a planificar la ensalada de frutas.

1 manzana............150 gramos	**1 pera..............150 gramos**
1 mandarina............75 gramos	**1 ciruela............65 gramos**
1 plátano..............160 gramos	**1 durazno........100 gramos**

Instrucciones para hacer la ensalada de frutas

- La ensalada de frutas debe tener un total de 8 porciones.
- Cada porción debe tener entre 90 y 100 gramos.
- La ensalada de frutas debe incluir por lo menos 3 frutas diferentes.

4 Completa la tabla para mostrar los ingredientes de la ensalada de frutas.

Fruta	Número	Masa total

Masa total de la ensalada de frutas: ____________

5 Explica el método que usaste para decidir cuántos gramos incluías de cada fruta.

____

____

____

____

____

____

© Houghton Mifflin Harcourt Publishing Company

Medios y cuartos en la medición

Fracciones en la medición

Longitud

Medios

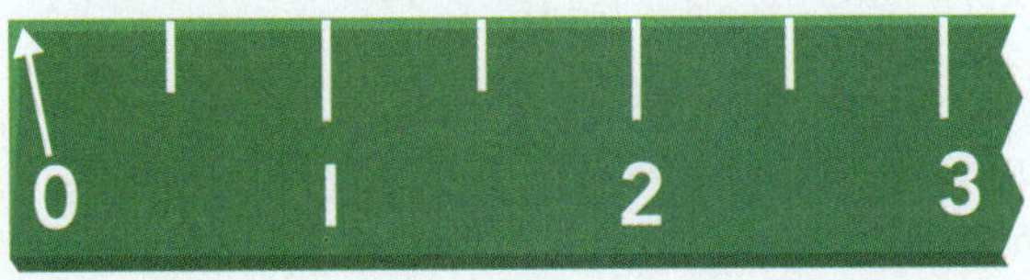

Cuartos

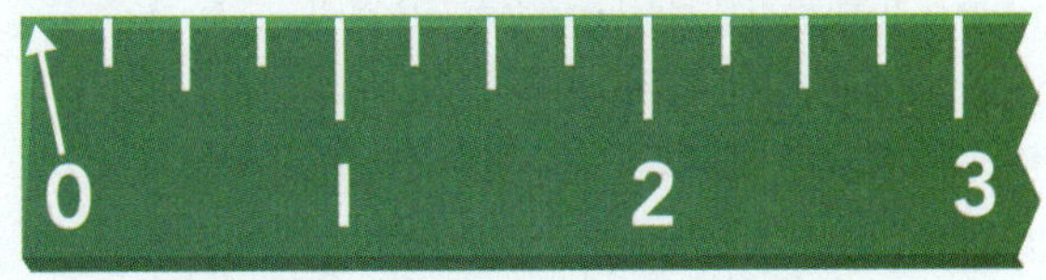

Dinero

Medios

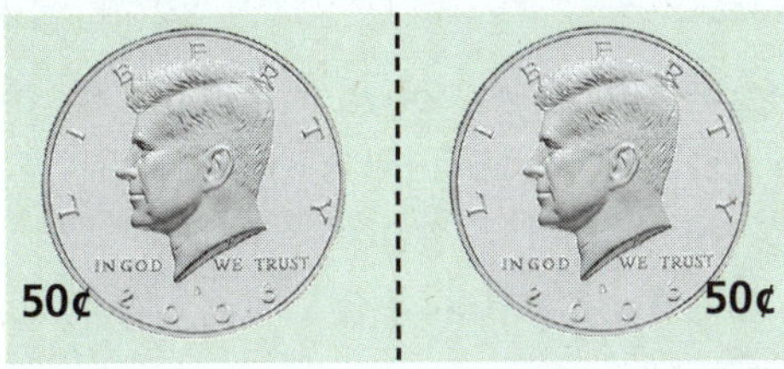

Moneda de 50¢ Moneda de 50¢

Cuartos

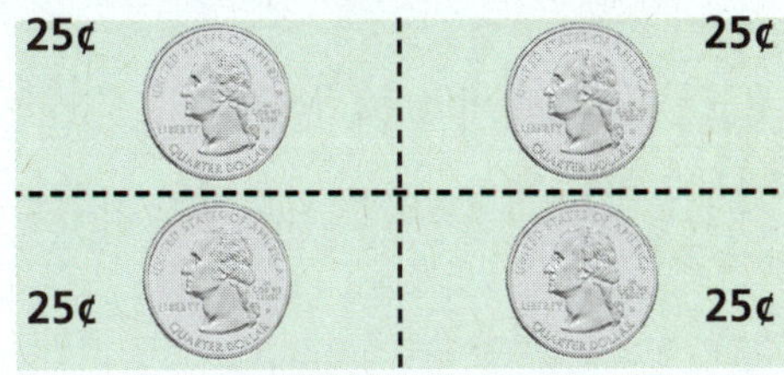

4 monedas de 25¢

Tiempo

Medios

30 minutos + 30 minutos
= 60 minutos
= 1 hora

Cuartos

15 minutos + 15 minutos +
15 minutos + 15 minutos
= 60 minutos
= 1 hora

Capacidad líquida

Medios

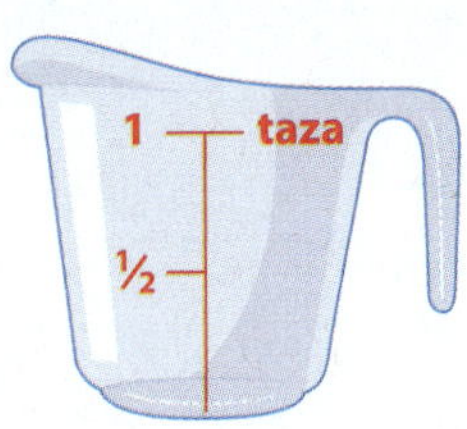

Cuartos

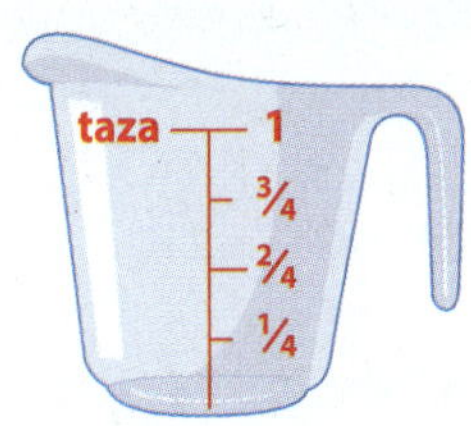

© Houghton Mifflin Harcourt Publishing Company

Medidas y unidades de tiempo

Tabla de medidas

Métricas	Usuales
Longitud/Área	
1 metro (m) = 10 decímetros (dm) 1 metro (m) = 100 centímetros (cm) 1 decímetro (dm) = 10 centímetros (cm) 1 centímetro cuadrado = 1 cm^2 Unidad del sistema métrico para medir el área de un cuadrado de un centímetro por lado.	1 pie = 12 pulgadas (pulg) 1 yarda (yd) = 3 pies 1 milla (mi) = 5,280 pies 1 pulgada cuadrada = 1 $pulg^2$ Unidad del sistema usual para medir el área de un cuadrado de una pulgada por lado.
Volumen líquido	
1 litro (L) = 1,000 mililitros (mL)	1 cucharada (cda) = $\frac{1}{2}$ onza fluida (oz fl) 1 taza (tz) = 8 onzas fluidas (oz fl) 1 pinta (pt) = 2 tazas (tz) 1 cuarto (ct) = 2 pintas (pt) 1 galón (gal) = 4 cuartos (ct)

Tabla de unidades de tiempo

Tiempo	
1 minuto (min) = 60 segundos (s) 1 hora (h) = 60 minutos 1 día = 24 horas 1 semana = 7 días 1 mes, aproximadamente 30 días 1 año = 12 meses o aproximadamente 52 semanas	1 año = 365 días 1 año bisiesto = 366 días

© Houghton Mifflin Harcourt Publishing Company

Propiedades de las operaciones	
Propiedad asociativa de la suma	
$(a + b) + c = a + (b + c)$	$(2 + 5) + 3 = 2 + (5 + 3)$
Propiedad conmutativa de la suma	
$a + b = b + a$	$4 + 6 = 6 + 4$
Propiedad de identidad de la suma	
$a + 0 = 0 + a = a$	$3 + 0 = 0 + 3 = 3$
Propiedad asociativa de la multiplicación	
$(a \cdot b) \cdot c = a \cdot (b \cdot c)$	$(3 \cdot 5) \cdot 7 = 3 \cdot (5 \cdot 7)$
Propiedad conmutativa de la multiplicación	
$a \cdot b = b \cdot a$	$6 \cdot 3 = 3 \cdot 6$
Propiedad de identidad de la multiplicación	
$a \cdot 1 = 1 \cdot a = a$	$8 \cdot 1 = 1 \cdot 8 = 8$
Propiedad del cero de la multiplicación	
$a \cdot 0 = 0 \cdot a = 0$	$5 \cdot 0 = 0 \cdot 5 = 0$
Propiedad distributiva de la multiplicación sobre la suma	
$a \cdot (b + c) = (a \cdot b) + (a \cdot c)$	$2 \cdot (4 + 3) = (2 \cdot 4) + (2 \cdot 3)$

© Houghton Mifflin Harcourt Publishing Company

Tipos de problemas de suma y resta

	Resultado desconocido	Cambio desconocido	Comienzo desconocido
Sumar a	Aisha tiene 274 estampillas en su colección. Su abuelo le regala 65 estampillas. ¿Cuántas estampillas tiene Aisha ahora? *Ecuación de situación y de solución*[1]: $274 + 65 = s$	Aisha tiene 274 estampillas en su colección. Su abuelo le regala algunas estampillas. Ahora Aisha tiene 339 estampillas. ¿Cuántas estampillas le regaló su abuelo? *Ecuación de situación:* $274 + e = 339$ *Ecuación de solución:* $e = 339 - 274$	Aisha tiene algunas estampillas en su colección. Su abuelo le regala 65 estampillas. Ahora Aisha tiene 339 estampillas. ¿Cuántas estampillas tenía al principio? *Ecuación de situación* $e + 65 = 339$ *Ecuación de solución:* $e = 339 - 65$
Restar de	Al comienzo del día, una tienda tiene 750 botellas de agua. Durante el día, vende 490 botellas. ¿Cuántas botellas tiene la tienda al final del día? *Ecuación de la situación y de la solución:* $750 - 490 = b$	Al comienzo del día, una tienda tiene 750 botellas de agua. Al final del día, quedan 260 botellas en la tienda. ¿Cuántas botellas se vendieron? *Ecuación de la situación:* $750 - b = 260$ *Ecuación de la solución:* $b = 750 - 260$	Al comienzo del día, una tienda tiene cierto número de botellas de agua. La tienda vende 490 botellas. Al final del día, quedan 260 botellas. ¿Cuántas botellas tenía la tienda al comienzo del día? *Ecuación de la situación:* $b - 490 = 260$ *Ecuación de la solución:* $b = 260 + 490$

[1]La ecuación de la situación representa la estructura (acción) del problema. La ecuación de la solución muestra la operación que se usa para calcular la respuesta.

© Houghton Mifflin Harcourt Publishing Company

Tipos de problemas de suma y resta (continuación)

<table>
<tr><th></th><th>Total desconocido</th><th>Sumando desconocido</th><th>Otro sumando desconocido</th></tr>
<tr><td rowspan="3">Juantar/ Separar</td>
<td>Una tienda de ropa tiene 375 camisas de manga corta y 148 camisas de manga larga. ¿Cuántas camisas tiene la tienda en total?

Dibujo matemático:[1]
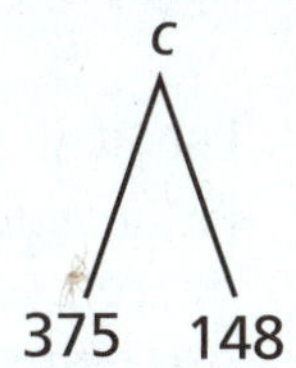

Ecuación de la situación y de la solución:
$375 + 148 = c$</td>
<td>De las 523 camisas que tiene una tienda de ropa, 375 tienen manga corta. Las demás tienen manga larga. ¿Cuántas camisas tienen manga larga?

Dibujo matemático:

Ecuación de la situación:
$523 = 375 + c$
Ecuación de la solución:
$c = 523 - 375$</td>
<td>Una tienda de ropa tiene 523 camisas. Algunas tienen manga corta y 148 tienen manga larga. ¿Cuántas de las camisas tienen manga corta?

Dibujo matemático:
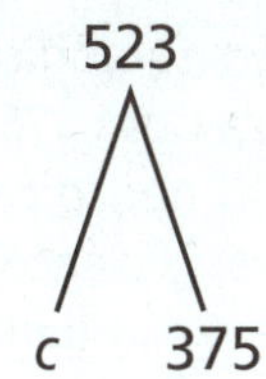

Ecuación de la situación:
$523 = c + 148$
Ecuación de la solución:
$c = 523 - 148$</td></tr>
<tr><td colspan="2" rowspan="2">Un problema con ambos sumandos desconocidos es una extensión productiva de esta situación básica, especialmente para números pequeños menores que o iguales a 10. Este tipo de situaciones de "separar" pueden usarse para mostrar las descomposiciones de un número dado. Las ecuaciones asociadas, que tienen el total a la izquierda del signo de igual, ayudan a los estudiantes a entender que el signo = no siempre significa que forma o resulta en, pero sí significa siempre que es el mismo número que.</td>
<th>Ambos sumandos desconocidos</th></tr>
<tr><td>Una tienda de ropa tiene 523 camisas. Unas son de manga corta y otras son de manga larga. Escribe una ecuación de situación para cuántas camisas de manga larga y cuántas camisas de manga corta podría tener la tienda.

Dibujo matemático:

Ecuación de la situación:
$523 = \square + \square$</td></tr>
</table>

[1]Estos dibujos matemáticos se llaman Montañas matemáticas en los Grados 1 a 3 y dibujos de separación en los Grados 4 y 5.

© Houghton Mifflin Harcourt Publishing Company

Tipos de problemas de suma y de resta (continuación)

<table>
<tr><th></th><th>Diferencia desconocida</th><th>Valor mayor desconocido</th><th>Valor menor desconocido</th></tr>
<tr><td>Comparar</td>
<td>En un zoológico, la osa negra pesa 175 libras. El oso negro pesa 260 libras. ¿Cuánto más que la osa negra pesa el oso negro?

En un zoológico, la osa negra pesa 175 libras. El oso negro pesa 260 libras. ¿Cuánto menos que el oso negro pesa la osa negra?

Dibujo matemático:
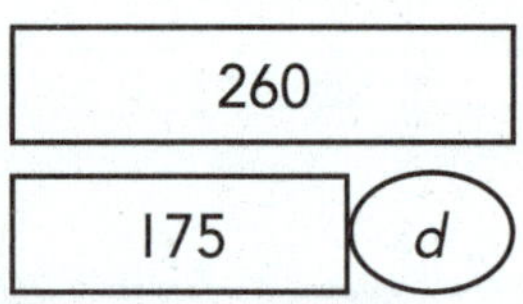
Ecuación de la situación:
$175 + d = 260$, o
$d = 260 - 175$

Ecuación de la solución:
$d = 260 - 175$</td>
<td>Lenguaje directo
En un zoológico, la osa negra pesa 175 libras. El oso negro pesa 85 libras más que la osa negra. ¿Cuánto pesa el oso negro?

Lenguaje engañoso
En un zoológico, la osa negra pesa 175 libras. La osa negra pesa 85 libras menos que el oso negro. ¿Cuánto pesa el oso negro?

Dibujo matemático:
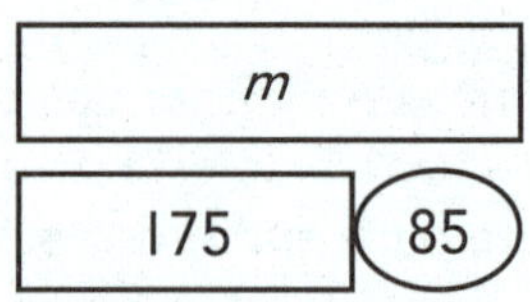
Ecuación de la situación y de la solución:
$175 + 85 = m$</td>
<td>Lenguaje directo
En un zoológico, el oso negro pesa 260 libras. La osa negra pesa 85 libras menos que el oso negro. ¿Cuánto pesa la osa negra?

Lenguaje engañoso
En un zoológico, el oso negro pesa 260 libras. El oso negro pesa 85 libras más que la osa negra. ¿Cuánto pesa la osa negra?

Dibujo matemático:
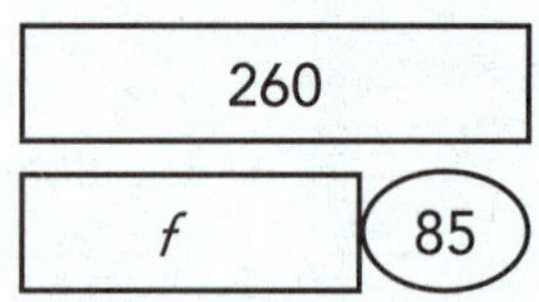
Ecuación de la situación:
$h + 85 = 260$, o
$h = 260 - 85$

Ecuación de la solución:
$h = 260 - 85$</td></tr>
</table>

Un enunciado de comparación siempre puede decirse de dos maneras. Una manera usa *más* y la otra usa *menos* o *menor*. El lenguaje engañoso sugiere la operación incorrecta. Por ejemplo, en el enunciado se dice que *la osa negra pesa 85 libras menos que el oso negro*, pero tienes que sumar 85 libras al peso de la osa para obtener el peso del oso.

© Houghton Mifflin Harcourt Publishing Company

Tipos de problemas de multiplicación y de división

	Producto desconocido	Tamaño de grupo desconocido	Número de grupos desconocido
Grupos iguales	Una maestra compró 5 cajas de marcadores. Hay 8 marcadores en cada caja. ¿Cuántos marcadores compró la maestra? *Dibujo matemático:* 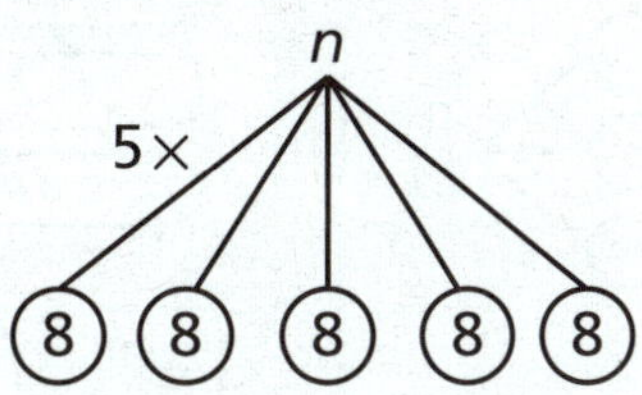 *Ecuación de la situación y de la solución:* $n = 5 \cdot 8$	Una maestra compró 5 cajas de marcadores. Compró 40 marcadores en total. ¿Cuántos marcadores hay en cada caja? *Dibujo matemático:* 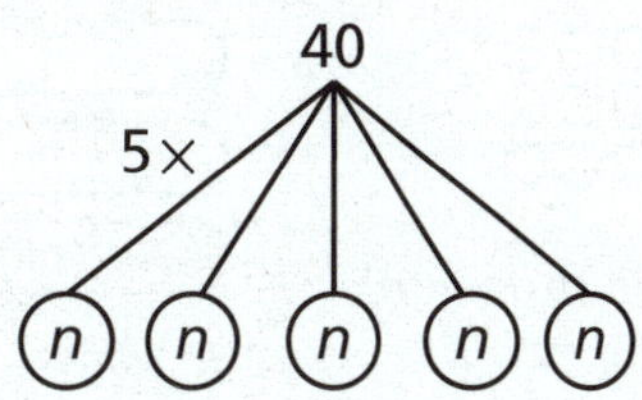 *Ecuación de la situación:* $5 \cdot n = 40$ *Ecuación de la solución:* $n = 40 \div 5$	Una maestra compró cajas de 8 marcadores. Compró 40 marcadores en total. ¿Cuántas cajas de marcadores compró? *Dibujo matemático:* 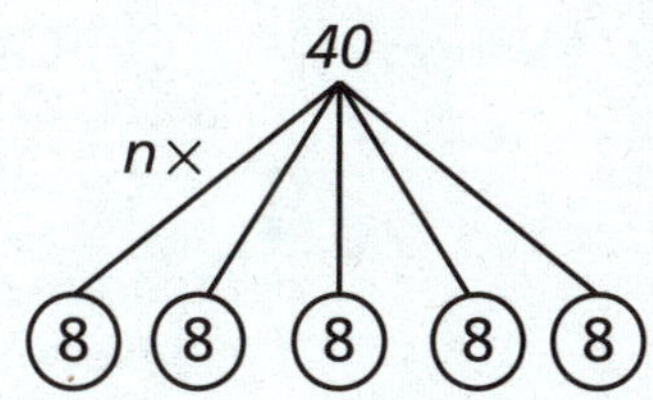 *Ecuación de la situación:* $n \cdot 8 = 40$ *Ecuación de la solución:* $n = 40 \div 8$

© Houghton Mifflin Harcourt Publishing Company

Problemas de multiplicación y de división (continuación)

	Producto desconocido	Factor desconocido	Factor desconocido
Matrices	Para la foto del anuario, los miembros del club de teatro se colocaron en 3 filas de 7 estudiantes. ¿Cuántos estudiantes había en total en la foto? *Dibujo matemático:* 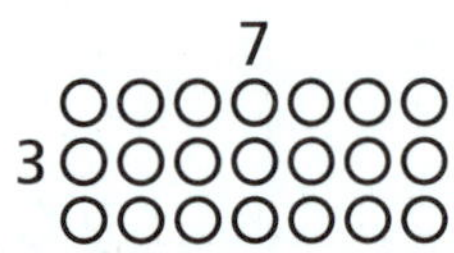 *Ecuación de la situación y de la solución:* $n = 3 \cdot 7$	Para la foto del anuario, los 21 estudiantes del club de teatro se colocaron en 3 filas iguales. ¿Cuántos estudiantes había en cada fila? *Dibujo matemático:* 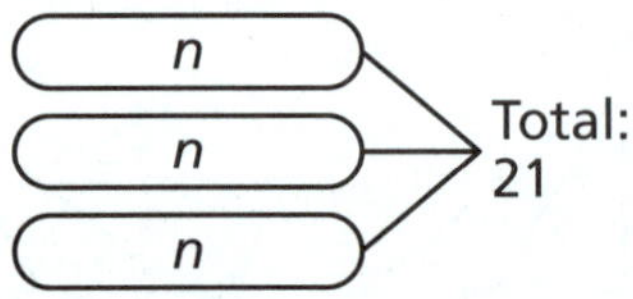 *Ecuación de la situación:* $3 \cdot n = 21$ *Ecuación de la solución:* $n = 21 \div 3$	Para la foto del anuario, los 21 estudiantes del club de teatro se colocaron en filas de 7 estudiantes. ¿Cuántas filas había? *Dibujo matemático:* 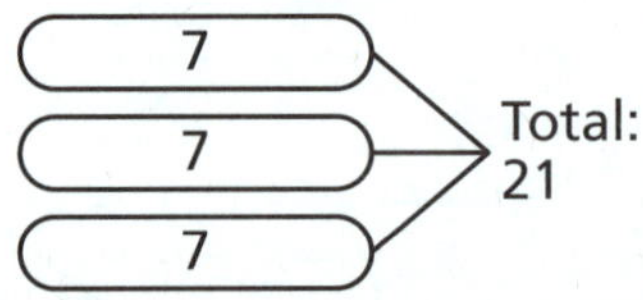 *Ecuación de la situación:* $n \cdot 7 = 21$ *Ecuación de la solución:* $n = 21 \div 7$
Área	El piso de la cocina mide 2 metros por 5 metros. ¿Cuál es el área del piso? *Dibujo matemático:* 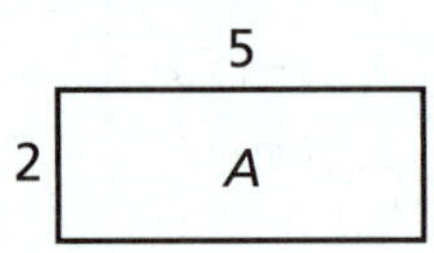 *Ecuación de la situación y de la solución:* $A = 5 \cdot 2$	El piso de la cocina mide 5 metros de longitud. El área del piso es de 10 metros cuadrados. ¿Cuál es el ancho del piso? *Dibujo matemático:* 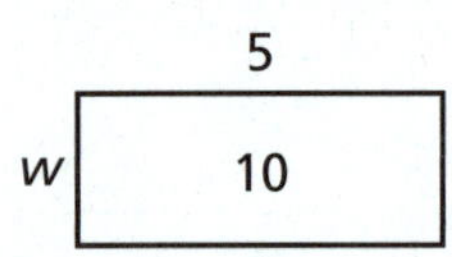 *Ecuación de la situación:* $5 \cdot w = 10$ *Ecuación de la solución:* $w = 10 \div 5$	El piso de la cocina mide 2 metros de ancho. El área del piso es de 10 metros cuadrados. ¿Cuál es la longitud del piso? *Dibujo matemático:* 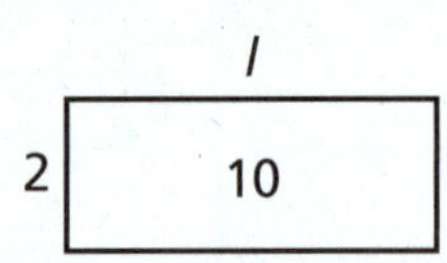 *Ecuación de la situación:* $l \cdot 2 = 10$ *Ecuación de la solución:* $l = 10 \div 2$

© Houghton Mifflin Harcourt Publishing Company

El poder de las palabras matemáticas

Repaso de palabras

Trabaja con un compañero. Elige una palabra de la unidad o una palabra de repaso de una unidad previa. Usa la palabra para completar una de las actividades que aparecen a la derecha. Luego, pregunta a tu compañero si tiene alguna corrección para tu trabajo o alguna pregunta sobre lo que acabas de describir. Repite la actividad, pero esta vez tu compañero elige una palabra.

Actividades

- Da el significado de la palabra con palabras o gestos.
- Haz una oración con la palabra.
- Di otra palabra que se relacione de alguna forma con la palabra elegida y explica la relación.

Crucigrama

Haz un crucigrama similar al ejemplo de abajo. Usa palabras de vocabulario de la unidad. También puedes usar otras palabras relacionadas. Desafía a tu compañero a resolver el crucigrama.

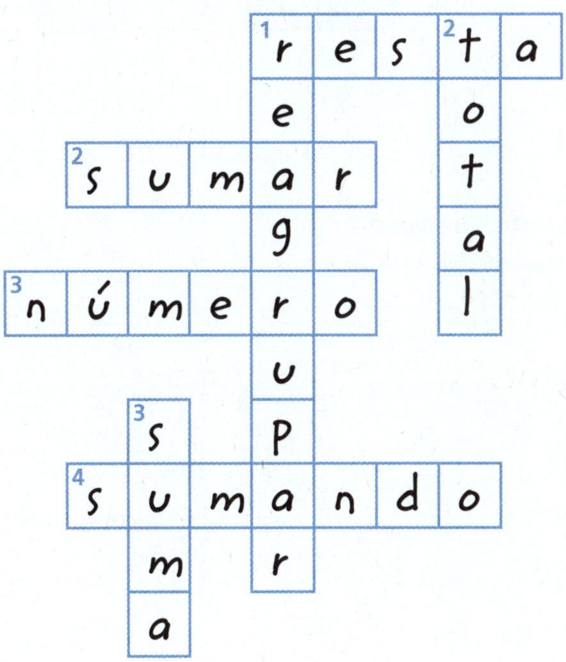

Horizontales

1. La operación que se puede usar para hallar cuánto más que otro es un número.
2. Unir cantidades.
3. Una combinación de los dígitos 0, 1, 2, 3, 4, 5, 6, 7, 8 y 9.
4. En 24 + 65 = 89, 24 es un ___________.

Verticales

1. Cuando se cambian 10 unidades por una decena, eso es ___________________.
2. La respuesta para un problema de suma.
3. La ___________ y la resta son operaciones inversas.

© Houghton Mifflin Harcourt Publishing Company

Actividades de vocabulario

Mural de palabras

Con el permiso de tu maestro, empieza un mural de palabras en el salón de clases. A medida que trabajas cada lección, escribe las palabras de vocabulario matemático en tarjetas y pégalas en el mural de palabras. Puedes trabajar con un compañero o con un grupo pequeño para elegir una palabra y dar su definición.

Red de palabras

Haz una red de palabras con una o varias palabras que no entiendas de alguna unidad. Rellena la red con palabras o frases que se relacionen con la palabra de vocabulario.

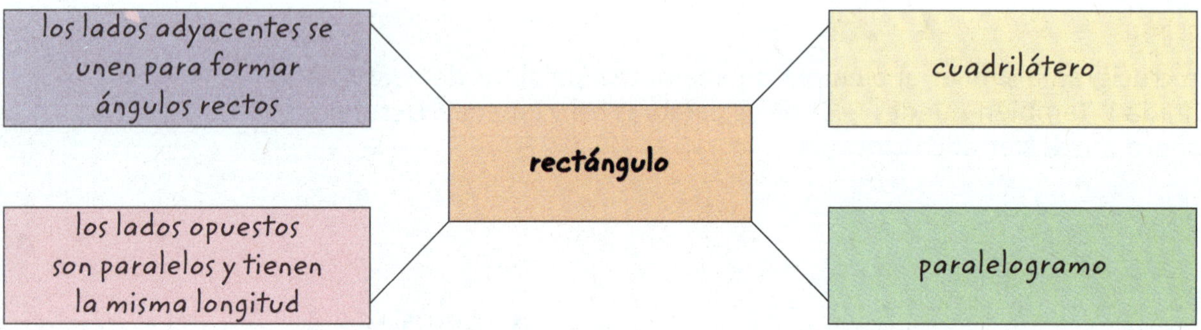

Desafío alfabético

Haz un desafío alfabético. Elige tres letras del alfabeto. Piensa en tres palabras de vocabulario que comienzan con cada letra. Luego, escribe la definición o dibuja un ejemplo de cada palabra.

A	D	L
área	datos	litro
ángulo	denominador	línea
ancho	dividir	libra

© Houghton Mifflin Harcourt Publishing Company

Concentración

Escribe en tarjetas las palabras de vocabulario y las palabras relacionadas de una unidad. Escribe las definiciones en otro conjunto de tarjetas. Elige entre 3 y 6 pares de palabras y definiciones. Mezcla los dos conjuntos de tarjetas. Luego, pon las tarjetas boca abajo en una mesa. Túrnate con tu compañero para dar vuelta a dos tarjetas. Si una tarjeta es una palabra y la otra es la definición que corresponde a esa palabra, te quedas con las dos tarjetas. Continúen hasta que todas las palabras quedan emparejadas con su definición.

área

Número total de unidades cuadradas que cubren una figura.

Diario de matemáticas

En tu Diario de matemáticas, escribe las palabras nuevas que vayas aprendiendo. Escribe la definición de la palabra e incluye un bosquejo o un ejemplo. Añade notas a la definición a medida que aprendes información sobre la palabra.

polígono: Figura plana cerrada con lados formados por segmentos rectos.

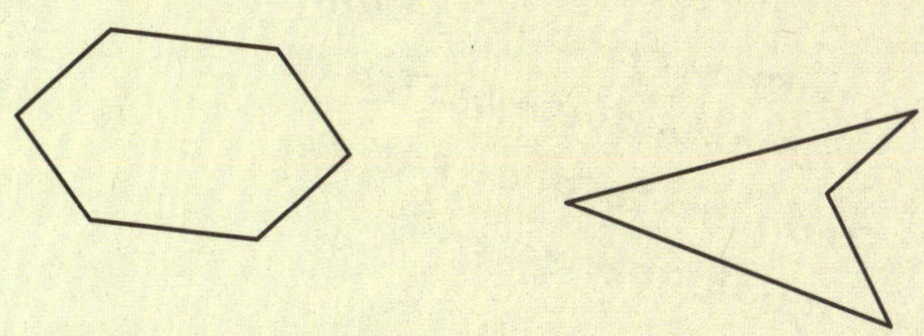

En los polígonos cóncavos hay un segmento de recta que puede conectar dos puntos que están dentro de él, formando un segmento que pasa por fuera del polígono.

© Houghton Mifflin Harcourt Publishing Company

¿Cuál es la palabra?

Trabaja con tu compañero para hacer un cartel o un tablero de anuncios con las palabras de una unidad. Escribe las definiciones en un conjunto de tarjetas. Mezcla las tarjetas. Junto con tu compañero, elige la definición en una de las tarjetas. Tu compañero señala la palabra en el cartel y nombra la palabra de vocabulario matemático correspondiente. Intercambien roles y repitan la actividad.

fracción
fracción unitaria
denominador
numerador
equivalente
fracciones equivalentes
cadena de equivalencias
tercios
cuartos
octavos
medios
sextos

número de abajo de una fracción que muestra el número total de partes iguales del entero

© Houghton Mifflin Harcourt Publishing Company

A

a. m.
Período de tiempo entre la medianoche y el mediodía.

agrupar
Combinar números para formar nuevas decenas, nuevas centenas y nuevos millares, y así sucesivamente.

altura
Distancia vertical o qué tan alto es algo.

ángulo
Figura formada por dos rayos o dos segmentos de recta que se unen en un extremo.

ángulo recto
Ángulo que mide 90°.

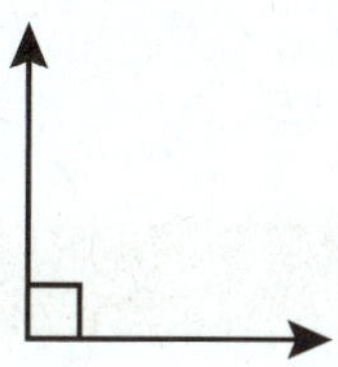

área
Número total de unidades cuadradas que cubren una figura.

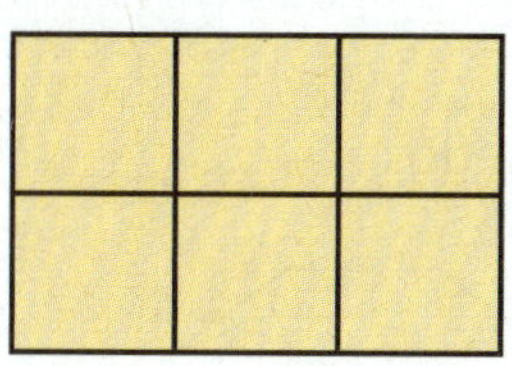

Ejemplo:
El área del rectángulo es 6 unidades cuadradas.

© Houghton Mifflin Harcourt Publishing Company

B

barras de comparación*
Barras que representan la cantidad mayor, la cantidad menor y la diferencia en un problema de comparación.

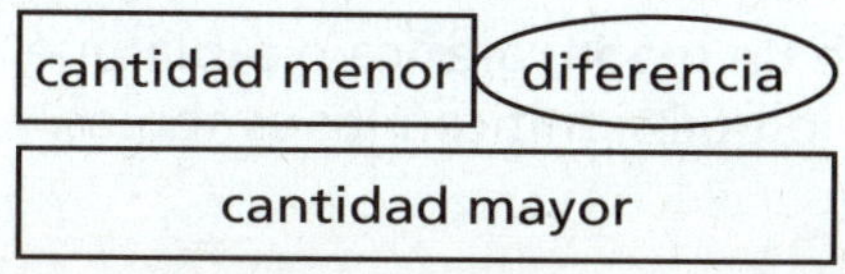

C

cálculo mental
Manera de resolver problemas sin usar lápiz y papel o una calculadora.

capacidad
Cantidad que puede contener un envase.

Celsius (°C)
Escala que se usa para medir la temperatura.

Ejemplos:
El agua se congela a 0 °C.
El agua hierve a 100 °C.

centena de millar

Centenas de millar	Decenas de millar	Millares	Centenas	Decenas	Unidades
5	4	6	7	8	2

Hay 5 centenas de millar en 546,782.

centenas

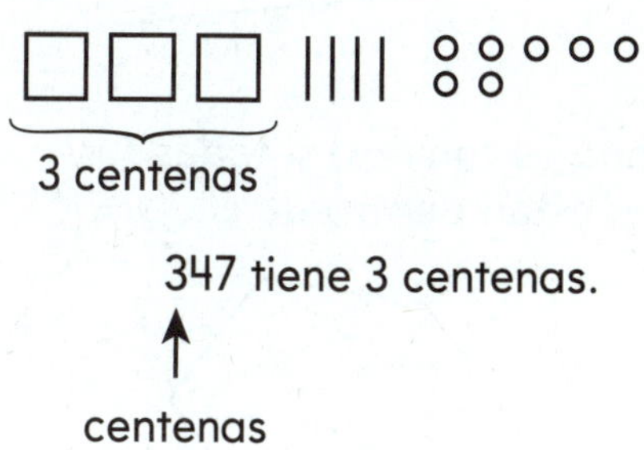

*Término basado en investigaciones escolares y desarrollado para *Expresiones en matemáticas.*

centímetro (cm)
Unidad métrica que se usa para medir la longitud.

100 centímetros = 1 metro

clave
Parte de un mapa, gráfica o tabla que explica lo que significan los símbolos.

cociente
Respuesta cuando se dividen números.

Ejemplos: $35 \div 7 = 5$ ← cociente

$7\overline{)35}$ con cociente 5 ← cociente

columna
Parte de una tabla o de una matriz que contiene elementos ordenados de manera vertical.

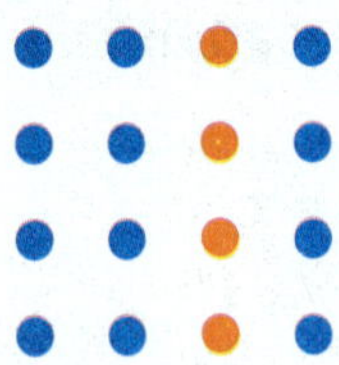

cóncavo
Polígono en el cual se pueden conectar dos puntos que están dentro de él formando un segmento que pasa por fuera del polígono.

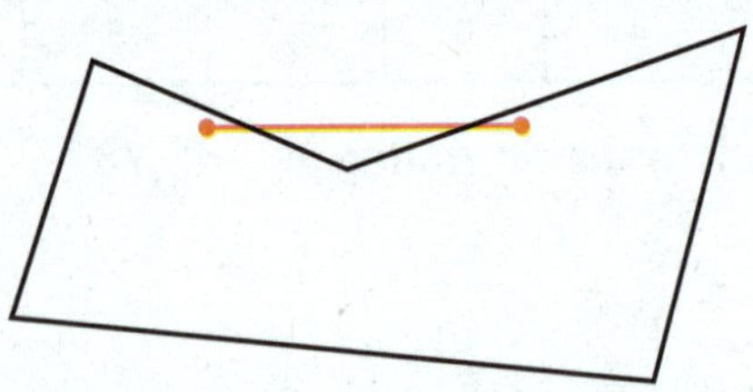

convexo
Un polígono es convexo si todas sus diagonales están dentro de él.

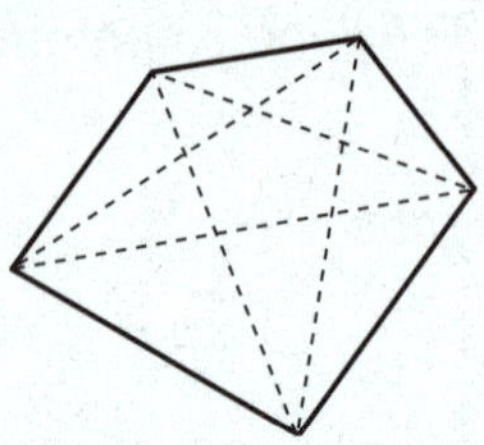

cuadrado
Rectángulo con cuatro lados de la misma longitud.

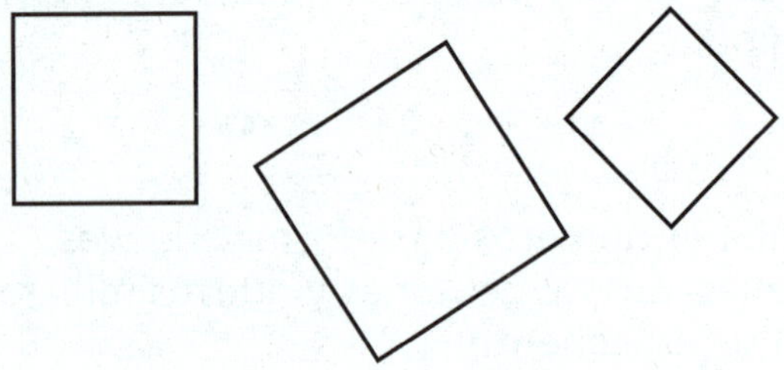

cuadrado unitario
Cuadrado cuya área es 1 unidad cuadrada.

cuadrilátero
Polígono con cuatro lados.

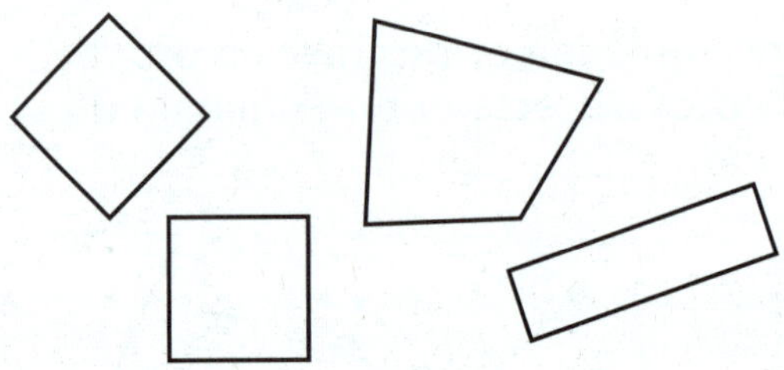

cuarto (ct)
Unidad del sistema usual de EE.UU. que se usa para medir la capacidad.

1 cuarto = 4 tazas

D

datos
Recopilación de información sobre personas o cosas.

decágono
Polígono con 10 lados.

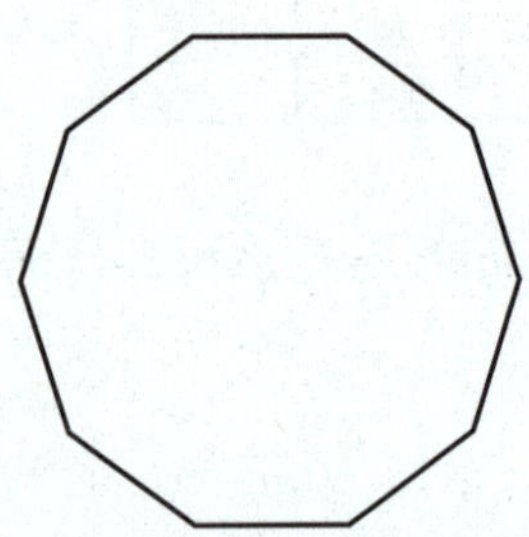

© Houghton Mifflin Harcourt Publishing Company

decena de millar

Centenas de millar	Decenas de millar	Millares	Centenas	Decenas	Unidades
5	4	6	7	8	2

Hay 4 decenas de millar en 546,782.

decenas

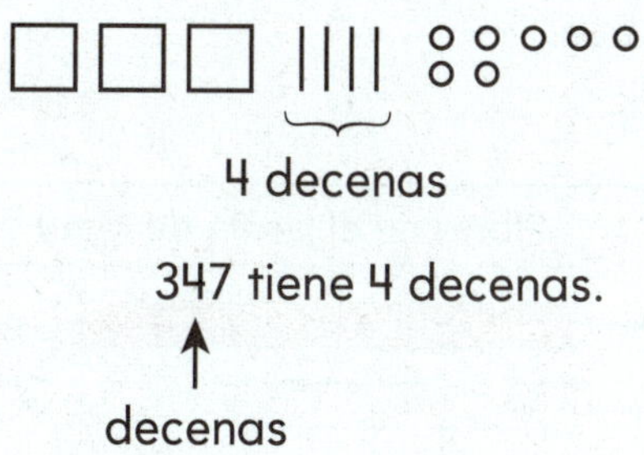

decímetro (dm)

Unidad métrica que se usa para medir la longitud.

1 decímetro = 10 centímetros

denominador

Número de abajo de una fracción que muestra el número total de partes iguales del entero.

Ejemplo:

$\frac{1}{3}$ ← denominador

desagrupar*

Cambiar 1 en un lugar dado para formar 10 del siguiente valor posicional más pequeño para restar.

descomponer

Separar en partes más pequeñas una figura geométrica o un número.

diagonal

Segmento que conecta dos esquinas de una figura y que no es un lado de la figura.

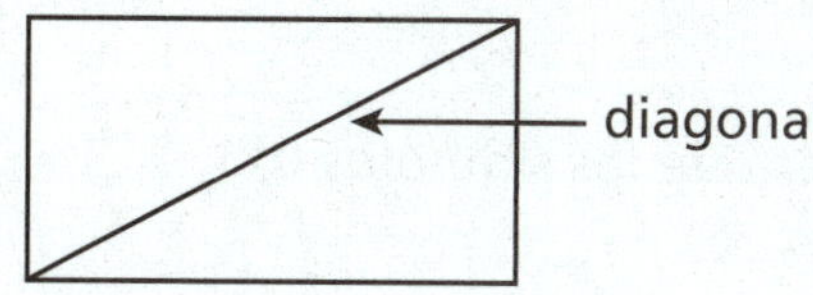

diagrama de puntos

Diagrama que muestra la frecuencia de los datos en una recta numérica.

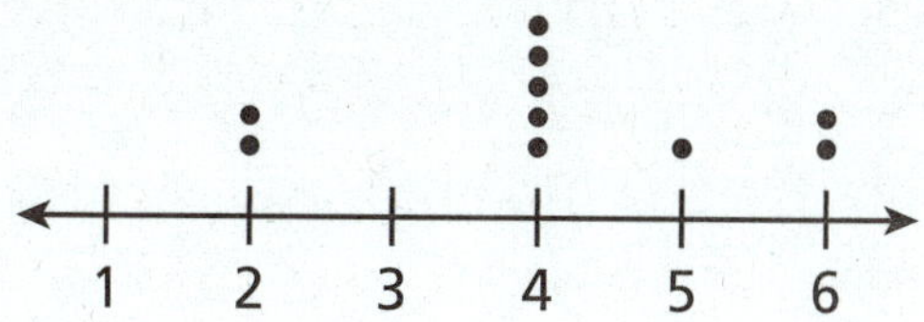

diagrama de Venn

Diagrama que usa círculos para mostrar la relación entre conjuntos de objetos.

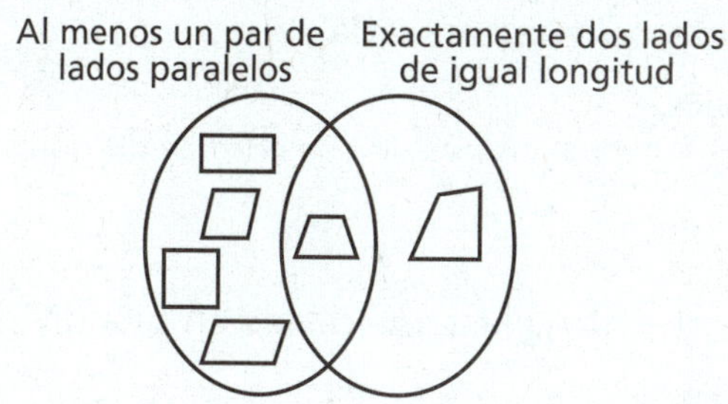

dibujo de prueba*

Dibujo que se usa para mostrar que una respuesta es correcta.

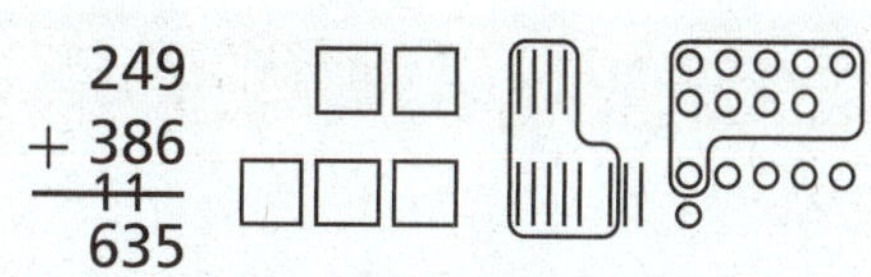

dibujo de valor posicional

Dibujo que representa un número.

Las centenas se representan con cuadros, las decenas con rectas verticales y las unidades con círculos pequeños.

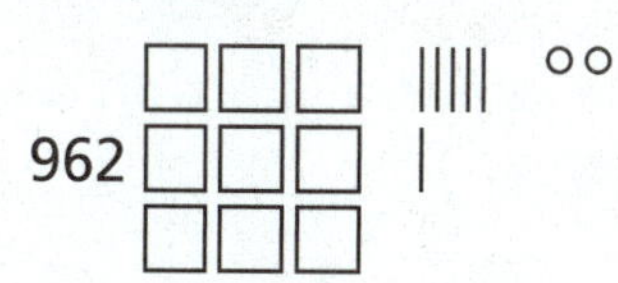

*Término basado en investigaciones escolares y desarrollado para *Expresiones en matemáticas.*

© Houghton Mifflin Harcourt Publishing Company

diferencia
El resultado de una resta o de una comparación.

dígito
Cualquiera de los símbolos 0, 1, 2, 3, 4, 5, 6, 7, 8, 9.

dividendo
Número que se divide en la división.

Ejemplos:

$12 \div 3 = 4$ $\quad$ $\begin{array}{r} 4 \\ 3\overline{)12} \end{array}$

↑ dividendo $\quad$ ↑ dividendo

división
Operación matemática que separa una cantidad en grupos iguales más pequeños para obtener el número de grupos o el número que hay en cada grupo.

Ejemplos:

$12 \div 3 = 4$ es un enunciado numérico de división.

divisor
Número entre el cual se divide en una división.

Ejemplo:

$12 \div 3 = 4$ $\quad$ $\begin{array}{r} 4 \\ 3\overline{)12} \end{array}$

↑ divisor $\quad$ ↑ divisor

E

ecuación
Expresión matemática con un signo de igualdad.

Ejemplos:

$11 + 22 = 33$

$75 - 25 = 50$

ecuación de la situación*
Ecuación que muestra la acción o la relación en un problema.

Ejemplo:

$35 + n = 40$

ecuación de la solución*
Ecuación que muestra la operación a realizar para resolver el problema.

Ejemplo:

$n = 40 - 35$

eje
Línea de referencia para una gráfica.

Una gráfica tiene dos ejes; uno horizontal y otro vertical.

Ejemplo:

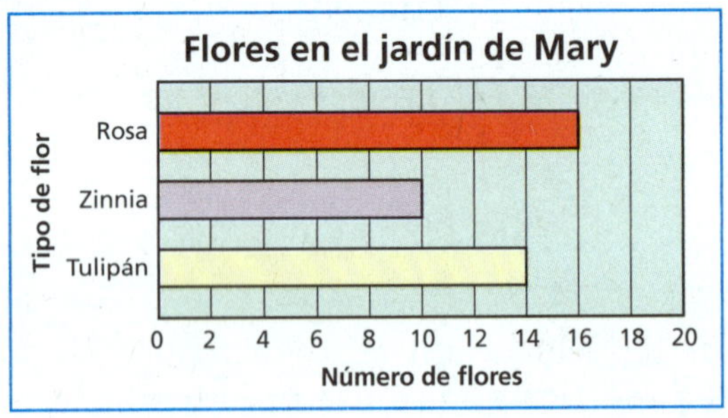

el mayor
56 29 64

64 es el número mayor.

el menor
72 41 89

41 es el menor de los números.

en palabras
Nombre de un número escrito usando palabras en lugar de dígitos.

Ejemplo:

Novecientos ochenta y cuatro

equivalente
Igual o que denota la misma cantidad.

es mayor que (>)
Símbolo que se usa para comparar dos números.

Ejemplo:

$6 > 5$

6 *es mayor que* 5.

© Houghton Mifflin Harcourt Publishing Company

*Término basado en investigaciones escolares y desarrollado para *Expresiones en matemáticas*.

es menor que (<)
Símbolo que se usa para comparar dos números.

Ejemplo:
5 < 6
5 *es menor que* 6.

escala
Disposición de números en orden que tiene intervalos iguales.

estimación
Conjetura razonable sobre aproximadamente cuántos o cuánto.

expresión
Combinación de números, variables y/o signos de operación. Una expresión no tiene un signo de igualdad.

Ejemplos:
4 + 7   a − 3

extremo
Punto al final de un segmento en cualquiera de sus dos direcciones o el punto inicial de un rayo.

F

factor
Cualquiera de los números que se multiplican para obtener un producto.

Ejemplo:

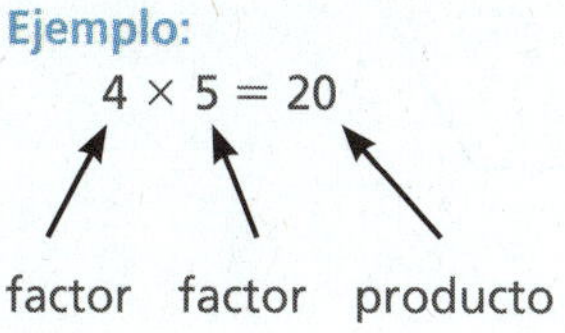

Fahrenheit (°F)
Escala que se usa para medir la temperatura.

Ejemplos:
El agua se congela a 32 °F.
El agua hierve a 212 °F.

fila
Parte de una tabla o matriz que contiene elementos ordenados horizontalmente.

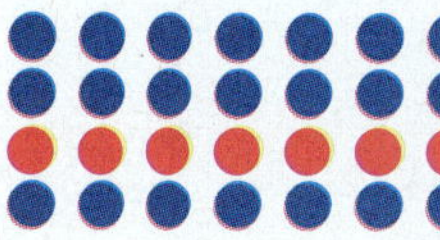

forma desarrollada
Número escrito para mostrar el valor de cada uno de sus dígitos.

Ejemplos:
347 = 300 + 40 + 7
347 = 3 centenas + 4 decenas + 7 unidades

forma estándar
Nombre de un número escrito con dígitos.

Ejemplo:
1,829

fracción
Número que denota parte de un entero o parte de un conjunto.

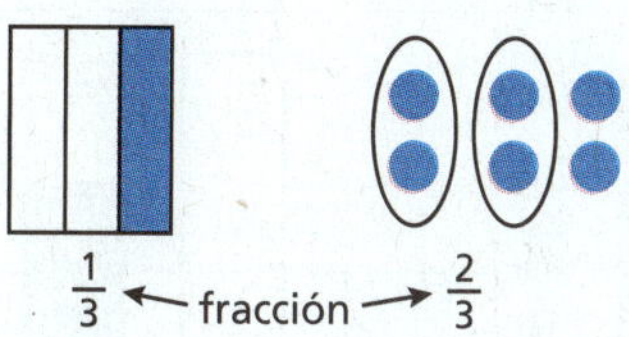

fracción impropia
Fracción en la que el numerador es igual o mayor que el denominador. Las fracciones impropias son iguales o mayores que 1.

$\frac{5}{5}$ y $\frac{8}{3}$ son fracciones impropias.

fracción unitaria
Fracción cuyo numerador es 1. Muestra una parte igual de un entero.

Ejemplo:

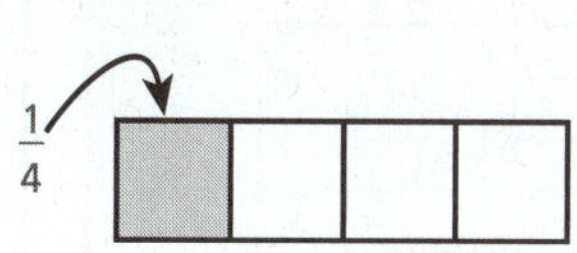

© Houghton Mifflin Harcourt Publishing Company

fracciones equivalentes
Fracciones que denotan la misma cantidad.

Ejemplo:

$\frac{1}{2}$ y $\frac{2}{4}$

fracciones equivalentes

G

galón (gal)
Unidad del sistema usual de EE.UU. que se usa para medir la capacidad.

1 galón = 4 cuartos = 8 pintas = 16 tazas

gráfica de barras
Gráfica que usa barras para representar datos. Las barras pueden ser horizontales o verticales.

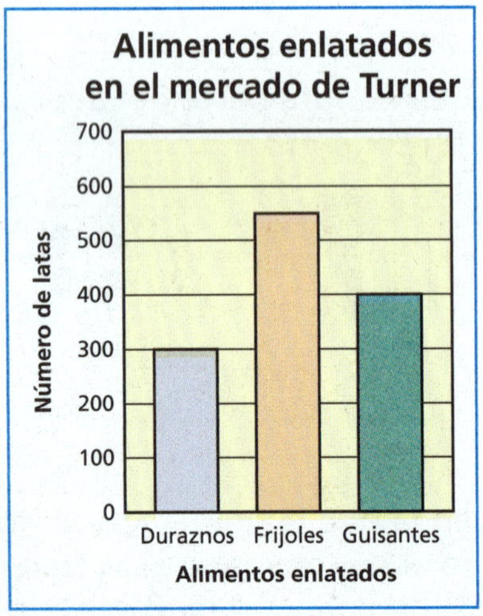

gráfica de barras horizontales
Gráfica de barras con barras horizontales.

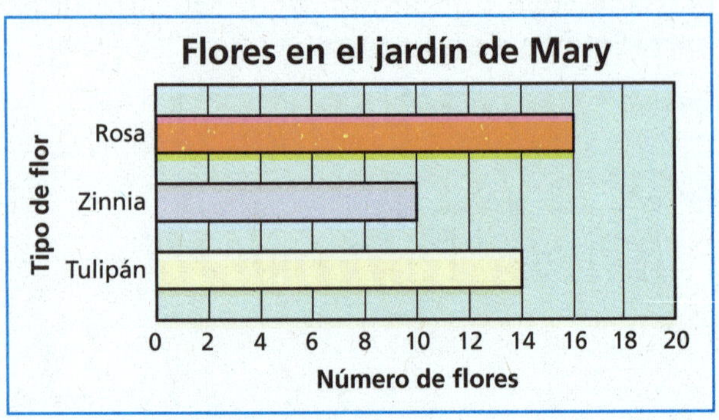

gráfica de barras verticales
Gráfica de barras con barras verticales.

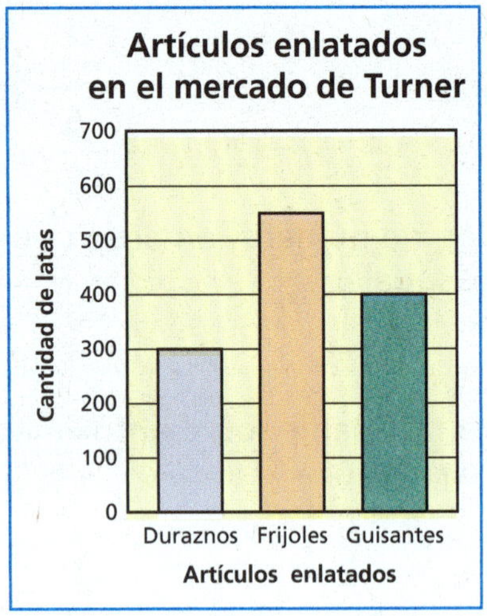

gramo (g)
Unidad métrica de masa. Un clip tiene una masa aproximada de 1 gramo.

1,000 grams = 1 kilogramo

grupos iguales
Dos o más grupos con el mismo número de elementos en cada grupo.

H

hexágono
Polígono con seis lados.

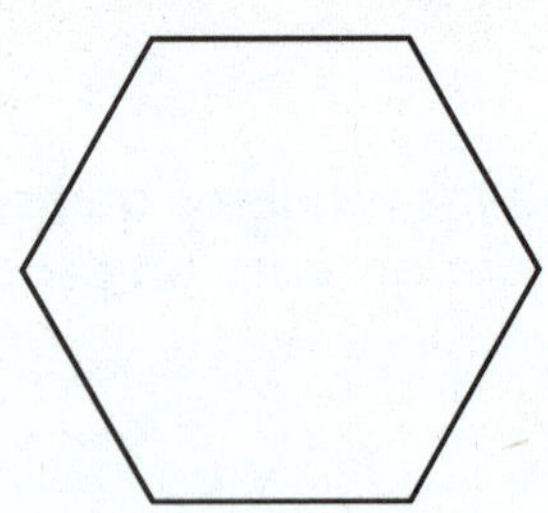

horizontal
Que se extiende en dos direcciones: hacia la izquierda y hacia la derecha.

© Houghton Mifflin Harcourt Publishing Company

I

igual (=)
Símbolo que se usa para comparar dos cantidades o valores. Muestra que lo que está a la izquierda del signo es igual o con el mismo valor que lo que está a la derecha del signo.

Ejemplo:
3,756 = 3,756

3,756 *es igual a* 3,756.

K

kilogramo (kg)
Unidad métrica de masa.

1 kilogramo = 1,000 gramos

kilómetro (km)
Unidad métrica de longitud.

1 kilómetro = 1,000 metros

L

lado (de una figura)
Uno de los segmentos de recta que conforman un polígono.

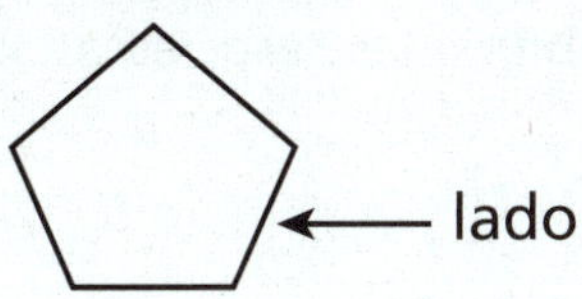

lados adyacentes
Dos lados de una figura que se unen en un punto.

Ejemplo:
Los lados *a* y *b* son adyacentes.

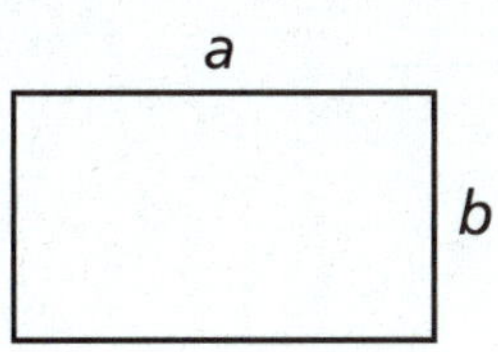

lados opuestos
Lados de un polígono que están uno frente al otro; no se unen en ningún punto.

Ejemplo:
Los lados *a* y *c* son opuestos.

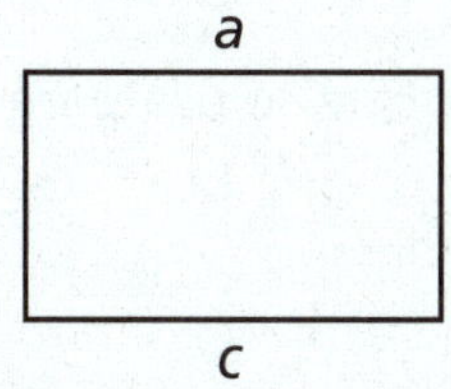

libra (lb)
Unidad del sistema usual de EE.UU. que se usa para medir el peso.

1 libra = 16 onzas

litro (L)
Unidad métrica que se usa para medir la capacidad.

1 litro = 1,000 mililitros

M

marcas de conteo
Segmentos cortos dibujados en grupos de 5. Cada marca, incluyendo la marca inclinada, representa 1 unidad.

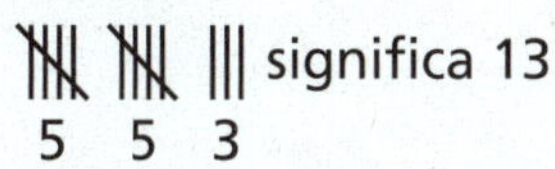

masa
Cantidad de materia en un objeto.

matriz
Disposición de objetos, figuras o números en columnas y filas.

método
Procedimiento o manera de hacer algo.

© Houghton Mifflin Harcourt Publishing Company

metro (m)
Unidad métrica que se usa para medir la longitud.

1 metro = 100 centímetros

mililitro (mL)
Unidad métrica que se usa para medir la capacidad.

1,000 mililitros = 1 litro

milla (mi)
Unidad de longitud del sistema usual de EE.UU.

1 milla = 5,280 pies

millares

Centenas de millar	Decenas de millar	Millares	Centenas	Decenas	Unidades
5	4	6	7	8	2

Hay 6 millares en 546,782.

multiplicación
Operación matemática que combina grupos iguales.

Ejemplo:

$4 \times 3 = 12$

factor factor producto

$\underbrace{3 + 3 + 3 + 3}_{\text{4 veces}} = 12$

múltiplo
Número que es el producto del número dado y cualquier número entero.

N

numerador
Número de arriba de una fracción que muestra la cantidad de partes iguales que se cuentan.

Ejemplo:

$\frac{1}{3}$ ← numerador

número al cuadrado
Producto de un número entero multiplicado por sí mismo.

Ejemplo:

$4 \times 4 = 16$

↑ número al cuadrado

número impar
Número entero que no es múltiplo de 2.

El dígito de las unidades de un número impar es 1, 3, 5, 7 o 9.

número mixto
Un número entero y una fracción.

$1\frac{3}{4}$ es un número mixto.

número par
Número entero múltiplo de 2.

En un número par, el dígito en las unidades es 0, 2, 4, 6 u 8.

números compatibles
Números con los cuales se pueden hacer cálculos mentales fácilmente.

Los números compatibles se pueden usar para comprobar si las respuestas son razonables.

Ejemplo:

692 + 234

Algunos números compatibles para los sumandos son 700 y 200 o 700 y 234.

O

octágono
Polígono con ocho lados.

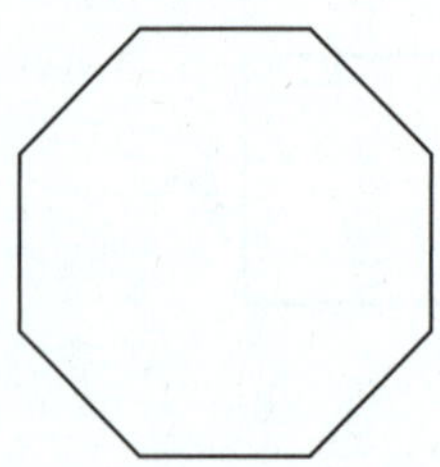

© Houghton Mifflin Harcourt Publishing Company

onza (oz)
Unidad del sistema usual de EE.UU. que se usa para medir el peso.
16 onzas = 1 libra

onza fluida (oz fl)
Unidad de volumen líquido del sistema usual de EE.UU. equivalente a $\frac{1}{8}$ de taza o 2 cucharadas.

orden de las operaciones
Conjunto de reglas que establecen el orden en el cual se deben realizar las operaciones de una expresión.

PASO 1: Realizar primero las operaciones dentro de los paréntesis.
PASO 2: Multiplicar y dividir de izquierda a derecha.
PASO 3: Sumar y restar de izquierda a derecha.

P

p. m.
Período de tiempo entre el mediodía y la medianoche.

paralela
Dos rectas son paralelas si nunca se cruzan o se unen. Las separa la misma distancia.

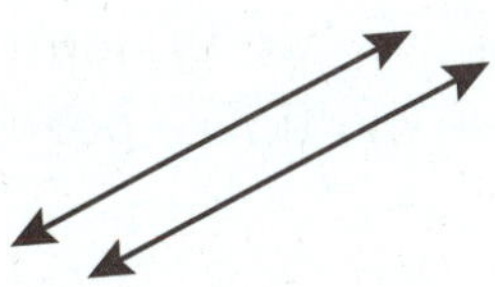

paralelogramo
Cuadrilátero con ambos pares de lados opuestos paralelos.

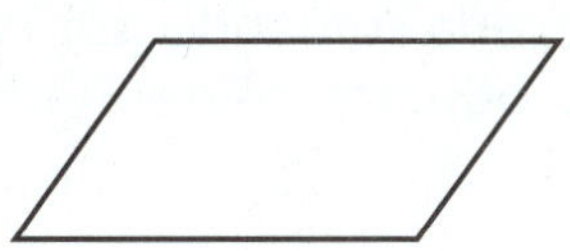

pentágono
Polígono con cinco lados.

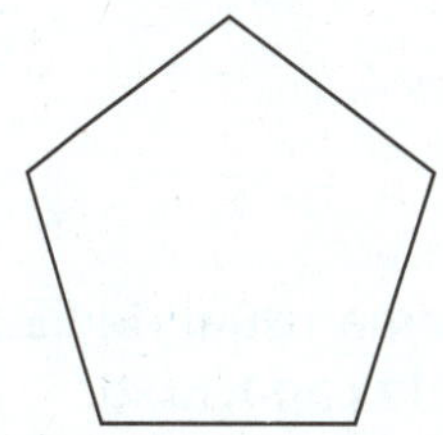

perímetro
Distancia alrededor de una figura.

Ejemplo:
Perímetro = 3 cm + 5 cm + 3 cm + 5 cm = 16 cm

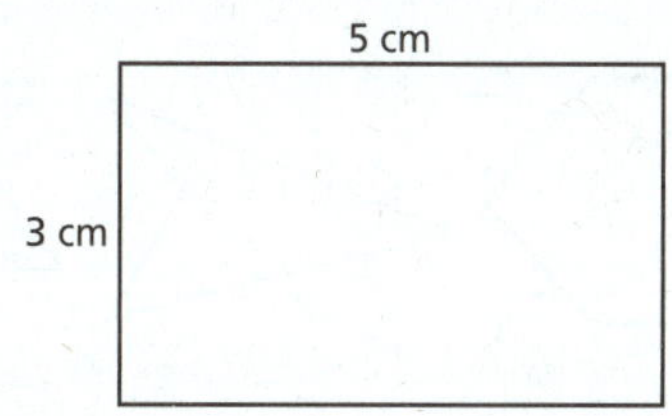

perpendicular
Dos rectas son perpendiculares si se cruzan o se unen formando esquinas cuadradas.

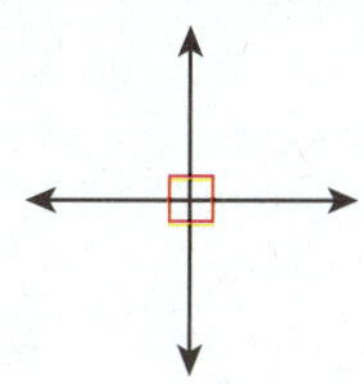

peso
Medida de qué tan pesado es algo.

pictografía
Gráfica que usa ilustraciones o símbolos para representar datos.

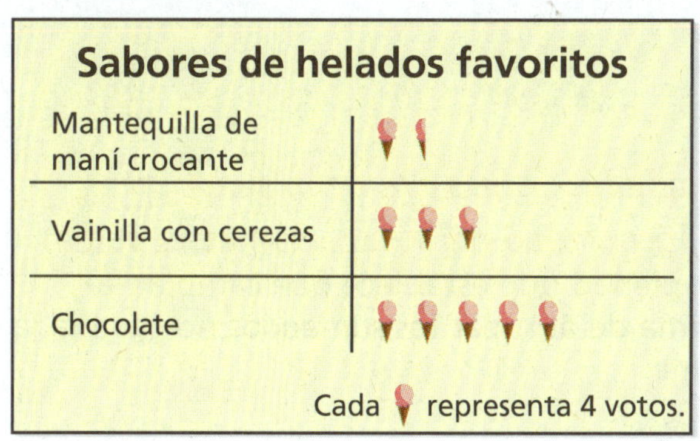

© Houghton Mifflin Harcourt Publishing Company

pie
Unidad del sistema usual de EE.UU. para medir longitud.

1 pie = 12 pulgadas

pinta (pt)
Unidad del sistema usual de EE.UU. que se usa para medir la capacidad.

1 pinta = 2 tazas

polígono
Figura plana cerrada con lados formados por segmentos rectos.

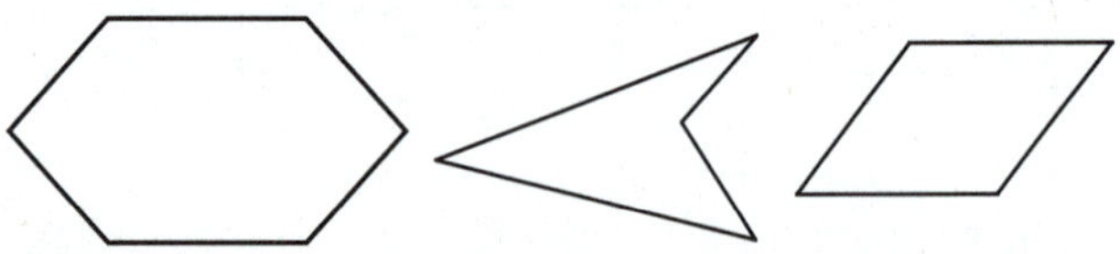

producto
Resultado cuando se multiplican números.

Ejemplo:

$4 \times 7 = 28$

factor factor producto

propiedad asociativa de la multiplicación (propiedad de agrupación de la multiplicación)
Propiedad que establece que cambiar la forma de agrupar los factores no cambia el producto.

Ejemplo:

$(2 \times 3) \times 4 = 2 \times (3 \times 4)$

$6 \times 4 = 2 \times 12$

$24 = 24$

propiedad asociativa de la suma (propiedad de agrupación de la suma)
Propiedad que establece que cambiar la forma de agrupar los sumandos no cambia la suma.

Ejemplo:

$(2 + 3) + 1 = 2 + (3 + 1)$

$5 + 1 = 2 + 4$

$6 = 6$

propiedad conmutativa de la multiplicación (propiedad del orden de la multiplicación)
Propiedad que establece que cambiar el orden de los factores no cambia el producto.

Ejemplo:

$5 \times 4 = 4 \times 5$

$20 = 20$

propiedad conmutativa de la suma (propiedad del orden de la suma)
Propiedad que establece que cambiar el orden de los sumandos no cambia la suma.

Ejemplo:

$3 + 7 = 7 + 3$

$10 = 10$

propiedad de identidad de la multiplicación
El producto de 1 por cualquier número es igual a ese número.

Ejemplo:

$10 \times 1 = 10$

propiedad de identidad de la suma
Si se suma 0 a un número, la suma es igual a ese número.

Ejemplo:

$3 + 0 = 3$

propiedad del cero de la multiplicación
Si un número se multiplica por 0, el producto es 0.

Ejemplo:

$3 \times 0 = 0$

propiedad distributiva
Puedes multiplicar una suma por un número o multiplicar cada sumando por el número y sumar los productos; el resultado es el mismo.

Ejemplo:

$3 \times (2 + 4) = (3 \times 2) + (3 \times 4)$

$3 \times 6 = 6 + 12$

$18 = 18$

© Houghton Mifflin Harcourt Publishing Company

*Término basado en investigaciones escolares y desarrollado para *Expresiones en matemáticas.*

pulgada (pulg)
Unidad del sistema usual de EE.UU. que se usa para medir la longitud.

12 pulgadas = 1 pie

R

rayo
Parte de una recta que tiene un extremo y se extiende hacia el infinito en una sola dirección.

recta
Trayectoria recta que se extiende infinitamente en direcciones opuestas.

recta numérica
Recta en la cual los números están asignados a longitudes.

rectángulo
Paralelogramo que tiene cuatro ángulos rectos.

redondear
Hallar cuántos o cuánto expresando un número a la decena, centena o millar más próximo, y así sucesivamente.

regla
En una tabla de entrada y salida, una *regla* se aplica al valor de entrada para obtener el valor de salida.

Regla: Sumar 4	
Entrada	**Salida**
3	7
5	9
9	13
11	15
15	19

reloj analógico
Reloj con una esfera y manecillas.

reloj digital
Reloj que muestra la hora y los minutos con números.

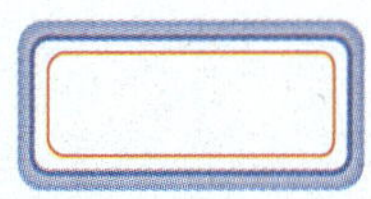

resta
Operación matemática sobre dos números que arroja la diferencia.

Ejemplo:
43 − 40 = 3

restar
Calcular la diferencia entre dos números.

Ejemplo:
18 − 11 = 7

rombo
Paralelogramo con lados iguales.

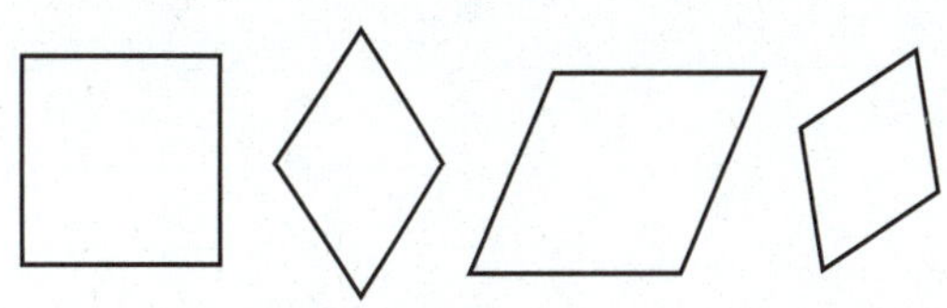

© Houghton Mifflin Harcourt Publishing Company

*Término basado en investigaciones escolares y desarrollado para *Expresiones en matemáticas.*

Glosario

S

segmento de recta

Parte de una recta. Un segmento de recta tiene dos extremos.

simplificar

Escribir una fracción equivalente con un numerador y un denominador más pequeño.

suma

Operación matemática que combina dos o más números.

Ejemplo:

$8 + 4 = 12$

sumando sumando suma

suma

Resultado cuando se suman dos o más sumandos.

Ejemplo:

$37 + 52 = 89$

sumando sumando suma

sumando

Uno de dos o más números a ser sumados para obtener una suma.

Ejemplo:

$8 + 4 = 12$

sumando sumando suma

T

tabla

Disposición de datos fácil de leer, generalmente ordenados en filas y columnas.

Deporte en equipo favorito	
Deporte	**Número de estudiantes**
Béisbol	35
Fútbol	60
Baloncesto	40

tabla de conteo

Tabla en la que se registran y organizan datos usando marcas de conteo.

Tabla de conteo	
Edad	**Conteo**
7	I
8	III
9	卌

tabla de entrada y salida

Tabla que representa pares ordenados de números que siguen una regla específica.

Regla: Sumar 4	
Entrada	**Salida**
3	7
5	9
9	13
11	15
15	19

© Houghton Mifflin Harcourt Publishing Company

tabla de frecuencias
Tabla que muestra cuántas veces ocurre cada suceso, elemento o categoría.

Tabla de frecuencias	
Edad	Número de jugadores
7	1
8	3
9	5
10	4
11	2

tabla de funciones
Tabla de pares ordenados que muestra una función.

Para cada número de entrada, hay solo un número de salida posible.

Regla: Sumar 2	
Entrada	Salida
1	3
2	4
3	5
4	6

taza (tz)
Unidad del sistema usual de EE.UU. que se usa para medir la capacidad.

1 taza = 8 onzas fluidas

2 tazas = 1 pinta

4 tazas = 1 cuarto

16 tazas = 1 galón

temperatura
Medida de qué tan caliente o frío está algo.

© Houghton Mifflin Harcourt Publishing Company

termómetro
Instrumento que se usa para medir la temperatura.

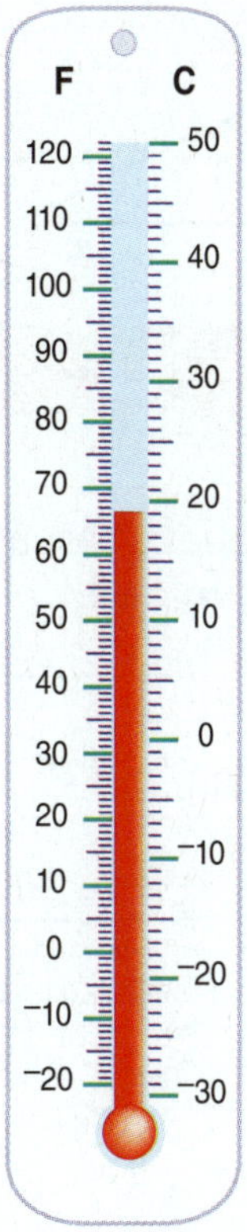

tiempo transcurrido
Tiempo que ha pasado entre el comienzo y el final de una actividad.

total
Respuesta de sumar dos o más sumandos. La suma de dos o más números.

Ejemplo:

672 + 228 = 900

sumando sumando total o suma

trapecio
Cuadrilátero con exactamente un par de lados paralelos.

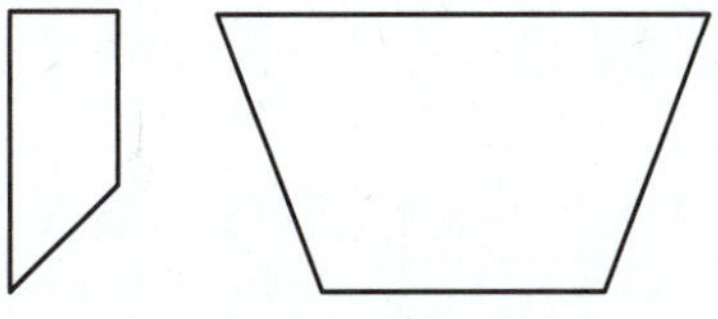

*Término basado en investigaciones escolares y desarrollado para *Expresiones en matemáticas.*

triángulo
Polígono con tres lados.

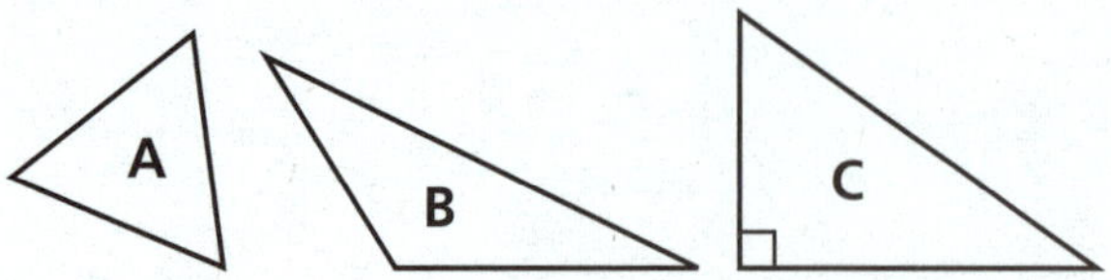

U

unidad cuadrada
Unidad de área igual al área de un cuadrado con lados de una unidad.

unidades

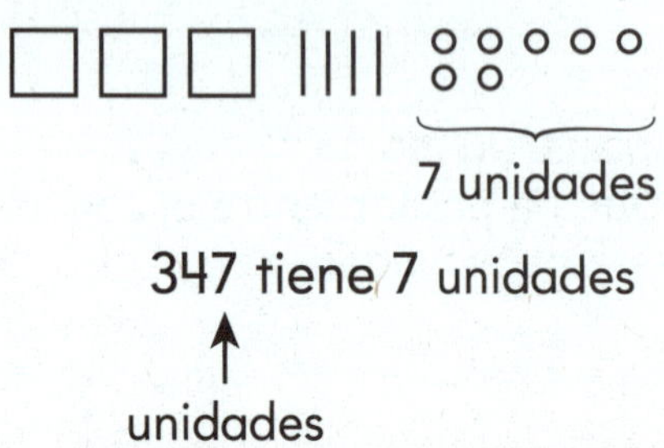

V

valor posicional
Valor asignado al lugar que ocupa un dígito en un número.

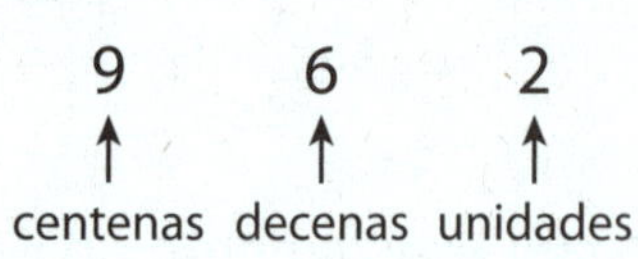

variable
Letra o símbolo que se usa para representar un número desconocido en una expresión algebraica o una ecuación.

Ejemplo:
$2 + n$
n es una variable.

vertical
Que se extiende en dos direcciones: hacia arriba y hacia abajo.

vértice
Punto donde se unen lados, rayos o aristas.

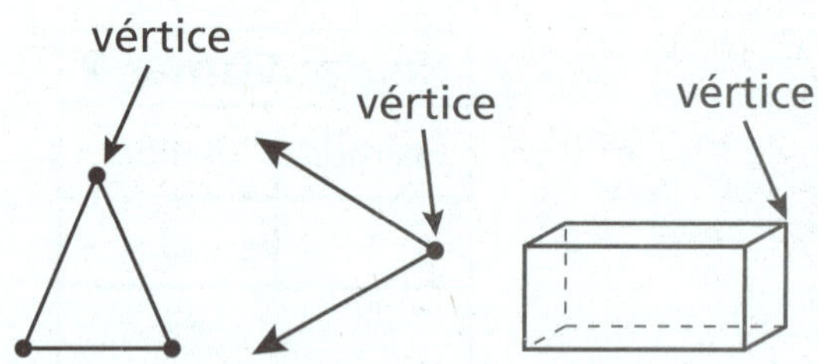

volumen líquido
Medida de cuánto puede contener un envase.

También llamada *capacidad*.

Y

yarda (yd)
Unidad del sistema usual de EE.UU. que se usa para medir la longitud.
1 yarda = 3 pies = 36 pulgadas

© Houghton Mifflin Harcourt Publishing Company

3.ARO Operaciones y pensamiento algebraico		
3.ARO.1	Dada una expresión como 3 × 8, describen el producto como el número total de objetos en 3 grupos de 8 objetos.	Unidad 1 Lecciones 1, 2, 3, 4, 5, 6, 7, 8, 9, 10, 12, 13, 14, 16, 18, 19; Unidad 2 Lecciones 2, 4, 7, 9, 10, 11, 13, 15
3.ARO.2	Dada una expresión como 35 ÷ 7, describen el cociente como el *número de objetos en un grupo* cuando se separan 35 objetos en partes iguales, o el *número de partes iguales* cuando se separan 35 objetos en grupos iguales de 7 objetos.	Unidad 1 Lecciones 4, 5, 6, 7, 9, 10, 12, 13, 14, 16, 17, 18, 19; Unidad 2 Lecciones 2, 4, 7, 9, 10, 11, 13, 15
3.ARO.3	Resuelven problemas de multiplicación y división hasta 100 con matrices, grupos iguales y mediciones (ejemplo: modelo de área); representan el problema usando, por ejemplo, dibujos y ecuaciones con símbolos para la cantidad desconocida.	Unidad 1 Lecciones 2, 3, 4, 5, 6, 7, 9, 10, 12, 13, 14, 16, 17, 18, 19; Unidad 2 Lecciones 2, 4, 7, 9, 10, 11, 13, 15; Unidad 3 Lecciones 20, 21; Unidad 4 Lección 15; Unidad 5 Lección 5; Unidad 6 Lecciones 2, 3, 8, 9, 10, 11; Unidad 7 Lecciones 1, 2, 3, 4
3.ARO.4	Dada una ecuación de multiplicación o división con 3 números enteros, calculan la cantidad desconocida que hace verdadera la ecuación.	Unidad 1 Lecciones 1, 4, 5, 6, 7, 8, 9, 10, 12, 13, 14, 16, 17, 18, 19; Unidad 2 Lecciones 1, 2, 3, 4, 5, 6, 7, 8, 9, 10, 11, 13, 14, 15; Unidad 5 Lección 2; Unidad 6 Lecciones 2, 3
3.ARO.5	Aplican las propiedades de las operaciones como estrategias para multiplicar y dividir.	Unidad 1 Lecciones 3, 6, 11, 12, 14, 15, 19; Unidad 2 Lecciones 1, 8, 12, 15; Unidad 5 Lección 2
3.ARO.6	Aplican el conocimiento de la multiplicación para reconocer que se puede entender la división como un problema de factor desconocido.	Unidad 1 Lecciones 4, 5, 6, 7, 8, 9, 10, 11, 12, 13, 14, 15, 16, 17, 18; Unidad 2 Lecciones 1, 2, 3, 4, 5, 6, 7, 8, 9, 10, 11, 12, 13, 14; Unidad 5 Lección 2
3.ARO.7	Demuestran conocimiento de la multiplicación y la división hasta 100 usando estrategias como las propiedades de las operaciones o la relación entre la multiplicación y la división (ejemplo: Si saben que 4 × 7 = 28 entonces saben que 28 ÷ 4 = 7). Al final del tercer grado, saben de memoria todos los productos de dos números de un solo dígito.	Unidad 1 Lecciones 1, 2, 3, 4, 5, 6, 7, 8, 9, 10, 11, 12, 13, 14, 15, 16, 17, 18, 19; Unidad 2 Lecciones 1, 2, 3, 4, 5, 6, 7, 8, 9, 10, 11, 12, 13, 14, 15

© Houghton Mifflin Harcourt Publishing Company

3.ARO.8	Resuelven problemas verbales de dos pasos utilizando las cuatro operaciones. Representan estos problemas utilizando ecuaciones con una letra que representa la cantidad desconocida. Evalúan si una respuesta es razonable mediante estimación (ejemplo: redondear para estimar la respuesta) y cálculo mental.	Unidad 2 Lecciones 9, 10, 11, 13; Unidad 3 Lecciones 17, 19; Unidad 6 Lecciones 7, 8, 9, 10, 11
3.ARO.9	Identifican patrones aritméticos (ejemplo: identifican patrones en las tablas de suma y de multiplicación). Usan las propiedades de las operaciones para explicar los patrones.	Unidad 1 Lecciones 1, 5, 6, 7, 8, 10, 12, 15, 19; Unidad 2 Lecciones 1, 3, 5, 6, 8, 14, 15; Unidad 3 Lección 17
3.ARO.10	Generan, describen y aplican reglas de entrada y de salida para una operación con suma, resta y multiplicación para resolver problemas en diversos contextos.	Unidad 3 Lección 22

3.PVO Valor posicional y operaciones

3.PVO.1	Entienden cómo utilizar el valor posicional al redondear números enteros hasta la decena (10), la centena (100), el millar y la decena de millar (10,000) más cercana.	Unidad 3 Lecciones 1, 2, 3, 4, 5, 6, 10, 18, 19; Unidad 6 Lecciones 4, 8
3.PVO.2 y/o	Aplican estrategias y algoritmos que reflejan las propiedades de las operaciones, el valor posicional y/o el hecho de que la suma y la resta están relacionadas, para sumar y restar con facilidad hasta 1,000.	Unidad 3 Lecciones 2, 3, 4, 5, 6, 7, 8, 9, 10, 11, 12, 13, 14, 15, 16, 18; Unidad 4 Lecciones 12, 13; Unidad 6 Lecciones 1, 2, 3, 4, 5, 6, 8, 9, 10, 11; Unidad 7 Lecciones 1, 2, 3
3.PVO.3	Aplican el valor posicional y las propiedades de las operaciones para multiplicar un número de un solo dígito y un múltiplo de 10, hasta 90 (ejemplo: 6 × 40 y 9 × 70).	Unidad 2 Lección 12; Unidad 3 Lecciones 20, 21
3.PVO.4	Leen, escriben y demuestran varias representaciones equivalentes para números hasta 100,000 usando objetos, representaciones visuales, incluso la forma estándar, en palabras, desarrollada y notación desarrollada.	Unidad 3 Lección 19
3.PVO.5	Comparan números enteros hasta las centenas de millar y representan las comparaciones con los símbolos >, < o =.	Unidad 3 Lección 19
3.PVO.6	Calculan 10,000 más o 10,000 menos que un número dado de cinco dígitos. Calculan 1,000 más o 1,000 menos que un número dado de cuatro o cinco dígitos. Calculan 100 más o 100 menos que un número dado de cuatro o cinco dígitos.	Unidad 3 Lección 19
3.PVO.7	Aplican estrategias y algoritmos basados en el conocimiento del valor posicional, la igualdad y las propiedades de suma y multiplicación para multiplicar un número de dos o tres dígitos por un número de un solo dígito.	Unidad 3 Lecciones 20, 21

© Houghton Mifflin Harcourt Publishing Company

3.FO Fracciones y operaciones

3.FO.1	Entienden que una fracción unitaria, $\frac{1}{b}$, representa una parte de un entero que se ha separado en *b* partes iguales (ejemplo: $\frac{1}{3}$ es una de 3 partes iguales) y la fracción $\frac{a}{b}$ está formada por partes de tamaño $\frac{1}{b}$ (ejemplo: se puede considerar $\frac{2}{3}$ como la unión de dos partes de $\frac{1}{3}$). Utilizan representaciones visuales para hallar las partes de un conjunto.	Unidad 4 Lecciones 1, 2, 4, 5; Unidad 5 Lecciones 9, 10
3.FO.2	Reconocen que se pueden representar fracciones en una recta numérica. Utilizan una recta numérica para representar fracciones.	Unidad 4 Lecciones 2, 3, 4
3.FO.2.a	Utilizan una recta numérica para indicar una fracción unitaria $\frac{1}{b}$. Saben que el intervalo de 0 a 1 representa un entero; para mostrar $\frac{1}{b}$ el entero debe separarse en *b* partes iguales. Entienden que del 0 al primer punto final del entero separado es el punto donde se sitúa la fracción $\frac{1}{b}$.	Unidad 4 Lecciones 2, 3; Unidad 5 Lección 8
3.FO.2.b	Dibujan una recta numérica para localizar fracciones; comenzando en 0 y terminando en 1, separan el entero en *a* partes de igual tamaño, $\frac{1}{b}$. Entienden que la longitud del intervalo creado es $\frac{a}{b}$, y el punto final del intervalo ubica $\frac{a}{b}$.	Unidad 4 Lecciones 2, 3, 4; Unidad 5 Lección 8
3.FO.3	Entienden casos especiales de fracciones equivalentes y explican por qué tales fracciones son equivalentes. Razonan acerca del tamaño para comparar y ordenar fracciones.	Unidad 4 Lecciones 2, 3, 4, 5; Unidad 5 Lecciones 7, 9, 10
3.FO.3.a	Dadas dos fracciones, entienden que son equivalentes si su tamaño es igual o si están ubicadas en el mismo punto en la recta numérica.	Unidad 4 Lección 3; Unidad 5 Lecciones 8, 9
3.FO.3.b	Reconocen y hallan fracciones equivalentes menores que 1 (ejemplo: $\frac{1}{3} = \frac{3}{6}$ y $\frac{1}{4} = \frac{2}{8}$). Aplican métodos como el de hacer un modelo para explicar por qué las fracciones son equivalentes.	Unidad 5 Lecciones 7, 8, 9, 10
3.FO.3.c	Escriben un número entero como una fracción; identifican fracciones equivalentes a números enteros.	Unidad 4 Lecciones 2, 3; Unidad 5 Lecciones 8, 9
3.FO.3.d	Aplican el razonamiento sobre el tamaño para comparar y ordenar fracciones con el mismo numerador pero denominadores diferentes o con el mismo denominador. Entienden que para hacer una comparación válida, las dos fracciones deben referirse al mismo entero. Anotan la comparación con los símbolos $>$, $<$ o $=$, y justifican los resultados (ejemplo: usan un dibujo u otro modelo).	Unidad 4 Lecciones 4, 5; Unidad 5 Lecciones 9, 10
3.FO.4	Explican y demuestran cómo se relacionan las fracciones $\frac{1}{4}$, $\frac{1}{2}$, $\frac{3}{4}$ y un entero con el tiempo, la medición y el dinero, y demuestran el empleo de la representación visual.	Unidad 4 Lección 11; Unidad 5 Lección 9

© Houghton Mifflin Harcourt Publishing Company

3.MDA Medición y análisis de datos		
3.MDA.1	Dicen y escriben la hora al minuto más cercano y miden intervalos de tiempo en minutos. Usan una recta numérica, u otros métodos, para resolver problemas verbales de suma y resta sobre intervalos de tiempo en minutos. Saben las relaciones entre las unidades de tiempo.	Unidad 4 Lecciones 7, 8, 9, 10, 11
3.MDA.2	Utilizan las unidades estándares, litro (L), gramos (g) y kilogramos (kg) para medir y estimar el volumen líquido y la masa. Resuelven problemas de un solo paso relacionados con masa o volumen presentados en las mismas unidades y que requieren las cuatro operaciones. Representan el problema con diagramas (ejemplo: una recta numérica) u otros métodos.	Unidad 7 Lecciones 1, 2, 3, 4
3.MDA.2.a	Resuelven problemas y hacen cambio de dinero con una combinación de monedas y billetes.	Unidad 5 Lecciones 11, 12
3.MDA.2.b	Resuelven problemas de estimar temperaturas y utilizan un termómetro analógico para determinar la temperatura al grado más cercano en Fahrenheit y Celsius.	Unidad 4 Lección 14; Unidad 5 Lecciones 11, 12
3.MDA.3	Dada una colección de datos en varias categorías, hacen una pictografía y una gráfica de barras con escalas rotuladas. Utilizan la información de gráficas de barras para resolver problemas de uno y de dos pasos a fin de responder preguntas de *cuántos más* y *cuantos menos*. Reúnen datos mediante observaciones, encuestas y experimentos.	Unidad 4 Lecciones 12, 13, 14, 15
3.MDA.4	Generan un grupo de datos estimando y midiendo longitudes con unidades del sistema usual (pulgada, media pulgada, cuarto de pulgada) o la unidad métrica, el centímetro. Utilizan un diagrama de puntos para representar los datos, rotulando la escala horizontal con las unidades correctas (ejemplo: pulgada entera, media pulgada o cuarto de pulgada).	Unidad 4 Lecciones 6, 14,15, 16
3.MDA.5	Saben que el área es un atribulo de las figuras bidimensionales (planas); comprenden los conceptos de medición del área.	Unidad 1 Lección 11; Unidad 2 Lección 2; Unidad 4 Lección 6; Unidad 5 Lecciones 1, 3, 5, 6
3.MDA.5.a	Reconocen que un *cuadrado unitario* tiene lados que miden *1 unidad* y un área de *1 unidad cuadrada* y que sirve para medir el área de las figuras planas.	Unidad 1 Lección 11; Unidad 2 Lección 2; Unidad 5 Lecciones 1, 3
3.MDA.5.b	Entienden que si una figura plana se puede cubrir con cuadrados de *n* unidades sin espacios entre los cuadrados ni cuadrados superpuestos, entonces la figura tiene un área de *n* unidades cuadradas.	Unidad 1 Lección 11; Unidad 2 Lección 2; Unidad 5 Lecciones 1, 3, 6
3.MDA.6	Cuentan cuadrados unitarios para calcular el área de una figura; utilizan unidades estándares (pulgada cuadrada, pie cuadrado, centímetro cuadrado, metro cuadrado) y unidades no convencionales (ejemplo: fichas) para medir el área.	Unidad 1 Lección 11; Unidad 5 Lecciones 1, 2, 4, 6

© Houghton Mifflin Harcourt Publishing Company

3.MDA.7	Entienden la relación entre el área y las operaciones de multiplicación y suma.	Unidad 1 Lecciones 11, 12; Unidad 2 Lección 1; Unidad 3 Lecciones 20, 21; Unidad 5 Lecciones 1, 2, 3; Unidad Lección 9
3.MDA.7.a	Utilizan fichas cuadradas para determinar el área de rectángulos con lados de longitudes dadas; muestran que el área que resulta también se puede determinar multiplicando dos longitudes laterales.	Unidad 1 Lección 11; Unidad 2 Lección 2; Unidad 5 Lecciones 1, 2
3.MDA.7.b	Resuelven problemas de matemáticas y de la vida real que requieren calcular el área de un rectángulo multiplicando las longitudes laterales (dadas en números enteros); aplican el razonamiento para ilustrar los productos como áreas rectangulares.	Unidad 1 Lecciones 11,12; Unidad 2 Lecciones 2, 6; Unidad 5 Lecciones 1, 2, 3, 4, 5; Unidad 7 Lección 9
3.MDA.7.c	Utilizan razonamiento y modelos de área para representar la propiedad distributiva: dado un rectángulo con lados de longitudes a y $b + c$ utilizan fichas para ilustrar su comprensión de que el área es la suma de $a \times b$ y $a \times c$.	Unidad 1 Lecciones 11, 12, 14; Unidad 2 Lección 1; Unidad 5 Lección 2
3.MDA.7.d	Reconocen que se puede utilizar suma para calcular áreas. Separan figuras rectilíneas (ejemplo: figuras rectangulares compuestas) en rectángulos no superpuestos, luego determinan el área de la figura original sumando las áreas de las partes; aplican esta técnica para resolver problemas de la vida real.	Unidad 1 Lecciones 11, 12; Unidad 5 Lecciones 2, 4, 5, 6
3.MDA.8	Resuelven problemas (de la vida real y otros contextos matemáticos) relacionados con el perímetro de polígonos en las siguientes situaciones: dadas las longitudes laterales, hallar el perímetro; dado el perímetro y una longitud lateral, hallar la longitud desconocida; hallar rectángulos con igual perímetro y diferentes áreas o con igual área y diferentes perímetros.	Unidad 5 Lecciones 1, 2, 3, 5; Unidad 7 Lección 9
3.MDA.9	Miden las distancias alrededor de los objetos.	Unidad 4 Lección 14

3.GSR Geometría y razonamiento espacial

3.GSR.1	Reconocen que las figuras geométricas de diferentes categorías pueden tener atributos en común y que estos atributos compartidos pueden formar una categoría más amplia (ejemplo: aunque los cuadrados, rectángulos y rombos pertenecen a categorías diferentes, tienen en común los atributos de cuatro lados, cuatro ángulos y cuatro vértices y pertenecen a la categoría más amplia de los cuadriláteros). Saben que los cuadrados, rectángulos y rombos son cuadriláteros; dibujan cuadriláteros que no pertenecen a esas categorías.	Unidad 7 Lecciones 5, 6, 7, 8, 9
3.GSR.2	Separan figuras geométricas en partes con áreas iguales. Expresan el área de cada parte como una fracción unitaria del entero.	Unidad 4 Lecciones 1, 2, 4, 5; Unidad 5 Lección 10; Unidad 7 Lección 5
3.GSR.3	Identifican rectas paralelas y perpendiculares en diversos contextos y las utilizan para describir y generar figuras geométricas como triángulos rectángulos, rectángulos, paralelogramos y trapecios.	Unidad 7 Lecciones 5, 6, 7, 8

© Houghton Mifflin Harcourt Publishing Company

PPM Prácticas y procesos matemáticos

MPP1	
Resolución de problemas	Unidad 1 Lecciones 3, 4, 5, 6, 7, 9, 10, 12, 13, 14, 16, 18, 19 Unidad 2 Lecciones 1, 2, 4, 7, 9, 10, 13, 15 Unidad 3 Lecciones 3, 4, 5, 6, 7, 8, 9, 10, 11, 12, 14, 15, 16, 17, 18, 20, 21 Unidad 4 Lecciones 9, 10, 11, 12, 13, 14, 15, 16 Unidad 5 Lecciones 2, 5, 9, 10, 11 Unidad 6 Lecciones 1, 2, 3, 4, 5, 6, 7, 8, 9, 10, 11 Unidad 7 Lecciones 1, 2, 3, 4, 5, 9
MPP2	
Razonamiento abstracto y cuantitativo	Unidad 1 Lecciones 1, 3, 5, 7, 8, 10, 11, 12, 19 Unidad 2 Lecciones 1, 2, 3, 5, 6, 8, 13, 15 Unidad 3 Lecciones 1, 2, 5, 6, 8, 9, 11, 12, 13, 14, 15, 16, 17, 18, 19, 20, 22 Unidad 4 Lecciones 1, 2, 3, 4, 5, 6, 9, 11, 12, 16 Unidad 5 Lecciones 1, 2, 3, 4, 5, 7, 8, 9, 10 Unidad 6 Lecciones 1, 2, 3, 4, 8, 11 Unidad 7 Lecciones 1, 2, 3, 5, 9
MPP3	
Aplicación y evaluación del razonamiento lógico	Unidad 1 Lecciones 1, 2, 3, 4, 5, 6, 7, 8, 9, 10, 11, 12, 13, 14, 15, 16, 18, 19 Unidad 2 Lecciones 1, 2, 3, 4, 5, 6, 8, 9, 10, 11, 12, 13, 14, 15 Unidad 3 Lecciones 1, 2, 3, 4, 5, 6, 7, 8, 9, 10, 11, 12, 13, 14, 15, 16, 17, 18, 20, 21, 22 Unidad 4 Lecciones 1, 2, 3, 4, 5, 6, 7, 8, 9, 10, 11, 12, 13, 14, 15, 16 Unidad 5 Lecciones 1, 2, 3, 4, 5, 7, 8, 9, 10, 11, 12 Unidad 6 Lecciones 1, 2, 3, 4, 5, 6, 7, 8, 9, 10, 11 Unidad 7 Lecciones 1, 2, 3, 4, 5, 6, 8, 9
MPP4	
Uso de modelos matemáticos	Unidad 1 Lecciones 1, 2, 3, 4, 5, 6, 7, 9, 10, 12, 13, 14, 15, 16, 17, 18, 19 Unidad 2 Lecciones 2, 4, 7, 9, 11, 13, 15 Unidad 3 Lecciones 3, 4, 8, 9, 10, 11, 12, 14, 16, 17, 18, 20, 21, 22 Unidad 4 Lecciones 9, 10, 11, 12, 13, 14, 16 Unidad 5 Lecciones 2, 5, 9, 10, 11 Unidad 6 Lecciones 1, 2, 3, 4, 8, 9, 10, 11 Unidad 7 Lecciones 1, 2, 3, 4, 5, 9

© Houghton Mifflin Harcourt Publishing Company

MPP5	
Utilización de recursos matemáticos	Unidad 1 Lecciones 1, 2, 3, 4, 5, 6, 7, 8, 9, 10, 11, 12, 13, 14, 15, 16, 17, 18 Unidad 2 Lecciones 1, 2, 3, 4, 5, 6, 7, 8, 9, 10, 11, 12, 13, 14, 15 Unidad 3 Lecciones 1, 2, 3, 4, 5, 6, 7, 8, 13, 17, 18, 19, 20, 21 Unidad 4 Lecciones 1, 2, 3, 5, 6, 7, 8, 9, 10, 11, 14, 16 Unidad 5 Lecciones 1, 2, 6, 7, 8, 11, 12 Unidad 6 Lecciones 4, 11 Unidad 7 Lecciones 2, 3, 5, 7, 8, 9
MPP6	
Utilización de lenguaje matemático exacto	Unidad 1 Lecciones 1, 2, 3, 4, 5, 6, 7, 8, 9, 10, 11, 12, 13, 14, 15, 16, 18, 19 Unidad 2 Lecciones 1, 2, 3, 4, 5, 6, 7, 8, 9, 10, 11, 12, 13, 14, 15 Unidad 3 Lecciones 1, 2, 3, 4, 5, 6, 7, 8, 9, 10, 11, 12, 13, 14, 15, 16, 17, 18, 19, 20, 21, 22 Unidad 4 Lecciones 1, 2, 3, 4, 5, 6, 7, 8, 9, 10, 11, 12, 13, 14, 15, 16 Unidad 5 Lecciones 1, 2, 3, 4, 5, 7, 8, 9, 11 Unidad 6 Lecciones 1, 2, 3, 4, 5, 6, 7, 8, 9, 10, 11 Unidad 7 Lecciones 1, 2, 3, 4, 5, 6, 7, 8, 9
MPP7	
Ver la estructura	Unidad 1 Lecciones 1, 2, 4, 5, 6, 7, 8, 10, 11, 12, 13, 15, 17, 18, 19 Unidad 2 Lecciones 1, 3, 5, 6, 14, 15 Unidad 3 Lecciones 1, 2, 3, 4, 11, 14, 16, 17, 18, 19, 21, 22 Unidad 4 Lecciones 1, 2, 3, 13, 16 Unidad 5 Lecciones 1, 4, 6, 7, 10 Unidad 6 Lecciones 1, 2, 3, 5, 8, 11 Unidad 7 Lecciones 1, 5, 6, 7, 8, 9
MPP8	
Generalización	Unidad 1 Lecciones 1, 3, 5, 7, 8, 10, 11, 13, 15, 19 Unidad 2 Lecciones 1, 3, 5, 6, 10, 12, 14, 15 Unidad 3 Lecciones 5, 6, 14, 17, 18, 19, 20 Unidad 4 Lecciones 1, 2, 3, 4, 5, 6, 15, 16 Unidad 5 Lecciones 3, 6, 7, 8, 9, 10, 11 Unidad 6 Lecciones 1, 2, 4, 11 Unidad 7 Lecciones 3, 5, 8, 9

© Houghton Mifflin Harcourt Publishing Company

A

B

C

© Houghton Mifflin Harcourt Publishing Company

D

© Houghton Mifflin Harcourt Publishing Company

E

© Houghton Mifflin Harcourt Publishing Company

F

G

© Houghton Mifflin Harcourt Publishing Company

H

J

K

L

© Houghton Mifflin Harcourt Publishing Company

© Houghton Mifflin Harcourt Publishing Company

N

O

P

© Houghton Mifflin Harcourt Publishing Company

R

© Houghton Mifflin Harcourt Publishing Company

S

© Houghton Mifflin Harcourt Publishing Company

T

U

V

© Houghton Mifflin Harcourt Publishing Company

Tabla de multiplicación y tablas desordenadas (Volumen 1)

A

×	1	2	3	4	5	6	7	8	9	10
1	1	2	3	4	5	6	7	8	9	10
2	2	4	6	8	10	12	14	16	18	20
3	3	6	9	12	15	18	21	24	27	30
4	4	8	12	16	20	24	28	32	36	40
5	5	10	15	20	25	30	35	40	45	50
6	6	12	18	24	30	36	42	48	54	60
7	7	14	21	28	35	42	49	56	63	70
8	8	16	24	32	40	48	56	64	72	80
9	9	18	27	36	45	54	63	72	81	90
10	10	20	30	40	50	60	70	80	90	100

B

×	2	4	3	1	5	10	6	8	7	9
5	10	20	15	5	25	50	30	40	35	45
3	6	12	9	3	15	30	18	24	21	27
1	2	4	3	1	5	10	6	8	7	9
4	8	16	12	4	20	40	24	32	28	36
2	4	8	6	2	10	20	12	16	14	18
7	14	28	21	7	35	70	42	56	49	63
9	18	36	27	9	45	90	54	72	63	81
10	20	40	30	10	50	100	60	80	70	90
8	16	32	24	8	40	80	48	64	56	72
6	12	24	18	6	30	60	36	48	42	54

C

×	8	6	4	9	7	9	6	7	4	8
5	40	30	20	45	35	45	30	35	20	40
3	24	18	12	27	21	27	18	21	12	24
2	16	12	8	18	14	18	12	14	8	16
3	24	18	12	27	21	27	18	21	12	24
5	40	30	20	45	35	45	30	35	20	40
9	72	54	36	81	63	81	54	63	36	72
4	32	24	16	36	28	36	24	28	16	32
7	56	42	28	63	49	63	42	49	28	56
6	48	36	24	54	42	54	36	42	24	48
8	64	48	32	72	56	72	48	56	32	64

D

×	6	7	8	7	8	6	7	8	6	8
2	12	14	16	14	16	12	14	16	12	16
3	18	21	24	21	24	18	21	24	18	24
4	24	28	32	28	32	24	28	32	24	32
5	30	35	40	35	40	30	35	40	30	40
7	42	49	56	49	56	42	49	56	42	56
8	48	56	64	56	64	48	56	64	48	64
6	36	42	48	42	48	36	42	48	36	48
9	54	63	72	63	72	54	63	72	54	72
8	48	56	64	56	64	48	56	64	48	64
6	36	42	48	42	48	36	42	48	36	48

© Houghton Mifflin Harcourt Publishing Company

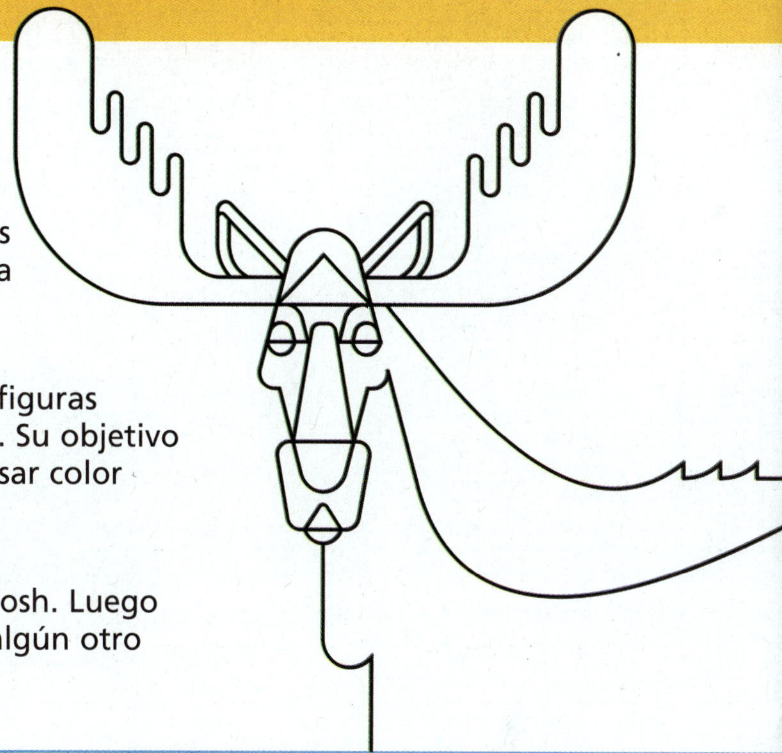

Ilustrador: Josh Brill

¿Alguna vez has intentado usar figuras para dibujar animals como el alce en la portada?

En los últimos 10 años, Josh ha usado figuras geométricas para diseñar sus animales. Su objetivo es hacer diseños que sean sencillos y usar color para que sean atractivos.

Añade color a este alce dibujado por Josh. Luego intenta dibujar un gato o un perro o algún otro animal con las figuras que ves abajo.

Caja de figuras

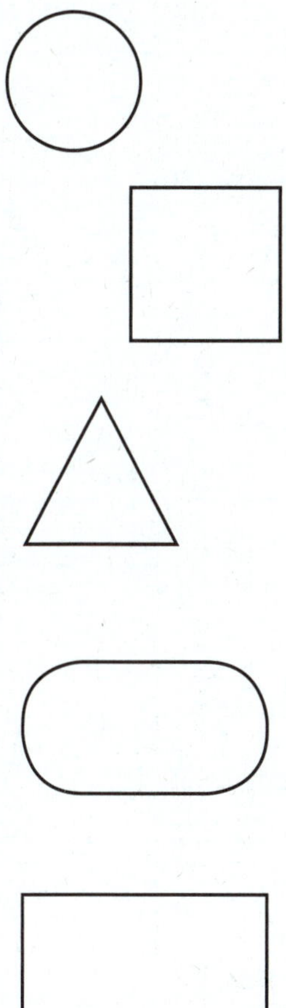

© Houghton Mifflin Harcourt Publishing Company